本书的出版受到云南省哲学社会科学学术著作出版专项经费资助、受到云南大学一流大学建设项目（小语种与外国语言文学学科建设项目）资助

新加坡媒体对中国形象的话语建构研究

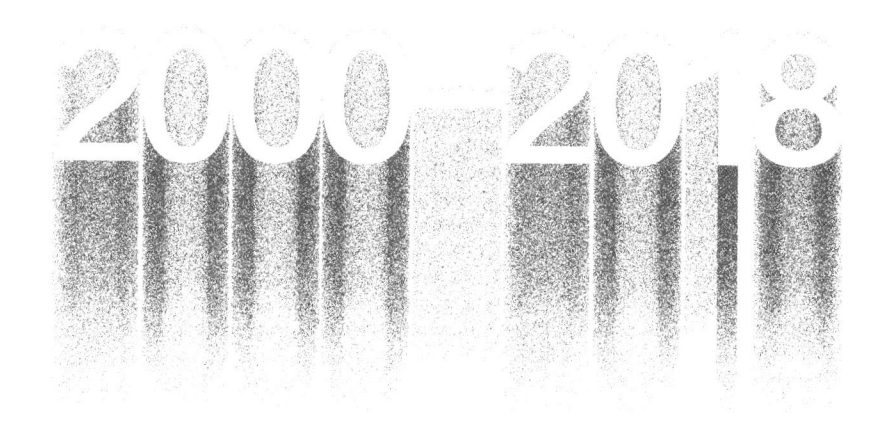

2000—2018

刘笑元 ◎ 著

中国社会科学出版社

图书在版编目（CIP）数据

新加坡媒体对中国形象的话语建构研究：2000—2018／刘笑元著．—北京：中国社会科学出版社，2022.3

ISBN 978-7-5203-9729-2

Ⅰ.①新… Ⅱ.①刘… Ⅲ.①国家—形象—研究—中国—2000-2018 Ⅳ.①D6

中国版本图书馆 CIP 数据核字（2022）第 027588 号

出 版 人	赵剑英
责任编辑	张　林
特约编辑	凌金良
责任校对	冯英爽
责任印制	戴　宽

出　版	中国社会科学出版社
社　址	北京鼓楼西大街甲 158 号
邮　编	100720
网　址	http://www.csspw.cn
发行部	010-84083685
门市部	010-84029450
经　销	新华书店及其他书店

印刷装订	北京君升印刷有限公司
版　次	2022 年 3 月第 1 版
印　次	2022 年 3 月第 1 次印刷

开　本	710×1000 1/16
印　张	16.5
插　页	2
字　数	242 千字
定　价	88.00 元

凡购买中国社会科学出版社图书，如有质量问题请与本社营销中心联系调换
电话：010-84083683
版权所有　侵权必究

序 言 一

在当今全球化的浪潮中，无论是西方发达国家还是第三世界发展中国家皆认识到，国家形象是国家战略发展的重要环节和国家实力的重要组成部分，因而都在积极开展国家形象的建设和传播工作。长期以来西方媒体始终坚持"妖魔化"中国的舆论策略，"中国威胁论"版本不一而足、不断翻新。中国在西方社会甚至全球的国家形象受到严重扭曲，导致中国的现实形象与国际社会的认知形象出现了巨大的反差，国家形象的研究和传播不足成为中国走向世界舞台中央的一大阻力。与中国有着深厚渊源的亚洲近邻新加坡是否同样秉持西方话语体系来看待中国、评价中国，它眼中的中国形象究竟如何等，这些问题的答案直接关系到我国"一带一路"倡议的顺利推进，对21世纪"海上丝绸之路"沿线国家开展的对外宣传工作具有重要的参考价值。

虽然有关新加坡主流媒体塑造中国国家形象的研究成果属于凤毛麟角，不过国内外研究国家形象的人不少，也取得了很好的研究成果。国外学者通常将注意力放在国家品牌、国家身份、软实力和声誉威望等具体现象的探讨上，产生了大量的研究成果，如《铸造国家、城市和地区的品牌：竞争优势识别系统》《国际政治的社会理论》《软实力》和《中国形象——外国学者眼中的中国》等。上述研究成果为国内的国家形象研究提供了极富价值的理论参考。实际上，国内研究大多都在不同程度上借助了国家品牌、国家身份、软实力和声誉威望等理论开展国家形象研究，尤其是建构主义国际关系学有关国家身份和共有观念的理论。相比于国外，中国国内的相关研究就显得更加地丰富，尤其自20世纪90年代以来伴随中国实力的大幅提升，中国国家形象研究成为国家战略的一个重要部分来看待。包括新闻传播学、国际关系学、政治学、文学、语言学和心理学等多个社会科学领域的学者纷纷投身于该领域，一时之间汇聚成为国家形象研究的热潮，得到了超乎寻常的关注。这些成果既有理论探讨又有实证研究，既有个案分析又有基础性研究，既有定量统计又有定性分析，它们的出现不但大大提升了国家形象的研究价值和意义，同时为我国政府自我形象的塑造以及对外传播的战略定位，提供了宝贵的参考借鉴。

正是在充分吸取了上述丰硕研究成果的基础之上，本书作者刘笑元进行了新加坡主流媒体上的中国国家形象研究。在理论上，该研究主张从媒介的视角（包括书籍、报刊和网络等）塑造多维度的国家形象，选取当代形象学作为理论指导，同时吸纳了建构主义国际关系的相关理论，采用语言学分析路径，从新加坡主流媒体报道中梳理中国形象。在研究方法上，该研究试图发挥语言学理论与方法的多元化优势，从语言特征出发有针对性地使用语料库语言学、功能语言学和认知语言学的相关研究方法，定量定性地开展话语研究。该研究发现，新加坡主流媒体建构的中国形象，虽在一定程度上基于中国社会现实，不过与我们国家现实状况还是存在着较大差异，同我们自身努力的方向有着一定距离。可以说，新加坡眼中的中国形象，是作为审视者一方的新加坡，按照本国社会模式，采用本土话语重塑的中国形象，是话语建构的结果。而新加坡主流媒体话语背后的深层逻辑，是推动这一切真正的动因；国家利益，才是新加坡主流媒体的首要关切。

基于上述实证研究的初步结论，该研究明确了国家形象的定义与内涵，确立了国家形象研究的性质与对象、重点与目标、方法论与理论框架以及主要研究问题，进而提出了国家形象研究的基本范式以及研究思路，具有一定的理论意义。该研究认为，建构性是国家形象研究的本质属性，国家形象从本质上说是创造式的，而非再现式的；他者形象是研究对象，通过对媒介中他者形象的研究，考察国际体系中国家主体间的互相作用；国家主体间持续地保持对话，增进了解与合作，不断扩大双方认知的范围，推进人类命运共同体的实现，这是国家形象研究的目标。该研究还建议，在对外传播中我国政府注意发挥各个媒介话语主体的独特优势，有针对性地开展中国国家形象的塑造和传播。

作者刘笑元于 2014 年以来一直在关注国家形象的话语研究。经过认真扎实地文献综述以及反复论证，她选择了新加坡主流媒体作为切入点，以小见大地去探讨国家形象研究的理论范畴，选题设计可谓巧妙。该项研究获得了 2020 年云南省社会科学出版基金项目的资助。同时她还负责着教育部人文社科项目"当代欧美国家话语体系对中国抗日战争国家形象的构建研究"的工作，研究成果即将陆续面世。经过过去几年的深入思考与实践，作者本人对于国家形象的话语研究积累了较为丰富的实证研究经验，收获了国家形象尤其是中国国家形象研究领域的一些理论心得。这些皆为本书顺利且高质量的完成提供了理论与实践保障。相信大家阅读此书时也会有同样的感受。

施 旭

教育部长江学者特聘教授、

杭州师范大学"当代中国话语研究院"主任

2021 年 5 月 29 日

序 言 二

欣闻刘笑元的博士论文通过出版社的最终审核、可以付梓的消息，非常高兴！八年前指导笑元的一些往事又浮现眼前，历历在目。

我于2013年遴选为云南大学文学院语言学及应用语言学专业的博士生导师，2014年开始招收博士研究生。笑元是我招收的第一位博士生，同时我们也是云南大学外国语学院的同事，可以说是亦师亦友。她在攻读博士学位时，已评为副教授多年，为了进一步提升自己，她选择了继续深造。

在职攻读博士是一次艰辛而漫长的旅行，要经历常人难以想象的困难：不仅要承担繁重的教学工作，搞好科研；还要照顾家庭，关注孩子的学习和成长；同时要完成博士阶段的各项学习任务。笑元在外国语学院研究生部承担教学工作，课时多，任务重。博士论文的写作往往是挤时间、熬夜完成的。

笑元在学习上具有吃苦精神，她肯钻研，对一些问题具有独到的看法。在指导她时，我主要倾向于把自己积累的系统功能语言学、话语分析等领域的知识传授于她，使她的研究和选题尽量朝着这个方向靠。这对于她来说，却是一个挑战，因为她攻读硕士期间主要研究美国文化。为了弥补相关知识，她大量阅读，积极参加学术活动。她参加了上海交通大学马丁中心举办的两次相关培训，还参加了杭州师范大学举办的话语研究会议等，这些学术活动极大地拓展了她的学术视野，提升了她的话语研究能力。

笑元克服了各种困难，认真完成了博士论文的开题、预答辩及答辩工作，其博士论文被答辩委一致评为优秀博士论文，并推荐参加云南大学优秀博士论文评选。在学期间，她还成功获批教育部人文社会科学研究一般项目"当代欧美国家话语体系对中国抗日战争国家形象的构建研究"，为博士阶段的学习画上了惊艳亮眼的一笔。她高质量的博士论文还获得了云南省哲学社会科学规划后期资助项目立项。

  本书是基于笑元的博士论文，经修改、完善后而形成的。中国国家形象研究是近年来学界较为热门的话题。该书探讨了与中国有着深厚渊源的近邻新加坡眼中的中国国家形象，并从社会、政治、经济、文化和科技等多维度考察了新加坡主流英文报纸《海峡时报》报道中的中国国家形象，尝试性地提出了有关国家形象研究的范式，以及话语建构国家形象的路径。该书借鉴了语料库语言学、功能语言学和认知语言学的相关研究方法，以当代形象学为主要理论基础，同时吸收了建构主义国际关系的相关理论，根据析取出来的多个议题如"中国制造""孔子学院"等，逐一分析和阐述新加坡主流媒体塑造的中国形象。

  该书的可贵之处是提出了国家形象研究的基本范式及研究思路，指出建构性是国家形象研究的本质属性，国家形象从本质上说是创造式的，而非再现式的。该书认为，新加坡眼中的中国形象是话语建构的结果，新加坡主流媒体话语背后的深层逻辑是关切国家利益，这是新加坡媒体的动因所在。

  可以说，这本书对中国国家形象研究、话语研究、国别与区域研究等多个方面都有深刻启示和重要的价值，可成为相关研究人员、高校教师、硕博研究生的参考书。

  在欣喜之余，我也衷心祝愿笑元的学术之路越走越宽广！

王晋军

广州大学外国语学院院长

2022 年 3 月 16 日

目 录

绪 论 …………………………………………………………（1）

第一章 当代形象学视角下的国家形象观 ……………………（30）
　第一节 当代形象学理论对国家形象研究的启示 ……………（30）
　第二节 国家形象研究的形象学理论诠释 ……………………（36）

第二章 《海峡时报》涉华报道内容概观 ……………………（45）
　第一节 理论阐述 ………………………………………………（45）
　第二节 研究内容 ………………………………………………（46）
　第三节 研究方法 ………………………………………………（46）
　第四节 分析与讨论 ……………………………………………（50）
　第五节 《海峡时报》塑造的宏观中国形象 …………………（68）

第三章 "元"（Yuan）的海外形象 …………………………（71）
　第一节 理论概述 ………………………………………………（71）
　第二节 研究内容 ………………………………………………（73）
　第三节 研究方法 ………………………………………………（74）
　第四节 分析与讨论 ……………………………………………（74）
　第五节 结论与启示 ……………………………………………（98）

第四章 "孔子学院"（Confucius Institute）的海外形象 (105)
- 第一节 理论概述 (105)
- 第二节 研究内容 (107)
- 第三节 研究方法 (108)
- 第四节 分析与讨论 (108)
- 第五节 结论与启示 (137)

第五章 "户口"（Hukou）的海外形象 (144)
- 第一节 理论阐述 (144)
- 第二节 研究内容 (146)
- 第三节 研究方法 (147)
- 第四节 分析与讨论 (148)
- 第五节 结论与启示 (161)

第六章 "中国共产党"（Chinese Communist Party）的海外形象 (167)
- 第一节 理论概述 (167)
- 第二节 研究内容 (168)
- 第三节 研究方法 (169)
- 第四节 分析与讨论 (170)
- 第五节 结论与启示 (181)

第七章 "神舟"（Shenzhou）的海外形象 (185)
- 第一节 理论阐述 (185)
- 第二节 研究内容 (187)
- 第三节 研究方法 (188)
- 第四节 分析与讨论 (189)
- 第五节 结论与启示 (208)

结　语 ………………………………………………………（216）

附录　《海峡时报》新闻报道数据来源 ……………………（226）

参考文献 ……………………………………………………（234）

后　记 ………………………………………………………（250）

绪　　论

一　研究背景

全球化的发展使各个国家的联系越来越紧密、互动越来越频繁，形成"你中有我，我中有你"的状态。在这样的大背景下，一个国家在国际上的形象就显得格外重要，它既反映了世界人民的人心向背，同时关系着这个国家的国际地位和声誉，并在很大程度上影响到该国自身发展战略的实现，还将深刻作用于全球战略的顺利推进。所以说，每个国家都非常重视本国的形象塑造，更为留意他国构建的本国形象，以便及时应对外部舆论的歪曲和偏离报道，树立和维护对外良好形象。中国长期处于西方发达国家负面宣传的舆论攻势之下，自身国际形象受到严重损害，给中国的和平发展带来很大障碍。因此，为了给中国的改革开放和中华民族的复兴伟业创造一个和平有利的国际舆论环境，中国的国家形象研究迫在眉睫。

国际社会的主流舆论在很大程度上左右着一个国家国际形象的判断标准。包括书籍、报纸和网络等在内的媒介在主流舆论导向中发挥着极其重要的作用。它们掌握着话语言说权和文本书写权，通过信息传播的方式悄无声息地改变着人们对世界的认知。报纸是其中影响力较为广泛的一种媒介。因此，研究一个国家在他国主流媒体上的形象就变得特别重要。自21世纪以来，我国学者对西方大国媒体中的中国国家形象的关注度较高，相关研究成果较为丰硕，相比之下东南亚国家媒体中的中国国家形象研究，尚处在较为薄弱的阶段，而该地区唯一发达国家——新加坡主流媒体对中国形象的塑造研究则更是屈指可数。因此本研究从新加坡主流媒体中选取其中影响力和发行量最大的英文报纸——*The Straits Times*（《海峡时报》）进行话语分析，探讨21世纪以来《海峡时报》新闻报道塑造的中国国家形象、遵循的话语体系以及新闻话语背后的深层逻辑。通过对以《海峡时报》为代表的他国媒体涉华报道的分析，我们可以从他者的角度来反观自己，积极查找原因，改善我们国家形象塑造的方法和策略，为将来更好地对外宣传中国国家形象提供有价值的参考依据，努力在国际上树立一个热爱和平、维护正义、合作共赢、共同发展的负责任的大国形象，促进中国与世界各国的交流、交往与合作，这既符合中国人民的利益，也符合世界各国人民的利益。

在地理位置上，东南亚与中国紧密相连，两者间有着最长的陆地共同边界，最大的海域相交面积。另外，中南半岛上的几条大河都发源自中国，这种地理位置的密切性是独一无二的。在地缘战略上，东南亚地处中国海上丝绸之路的必经之地，是未来中国参与地区合作、维持经济可持续发展的重要依托。长期以来中国和东盟广泛合作，有着坚实的基础，符合双方需求。中国—东盟自由贸易区于2010年1月1日全面启动，自贸区的贸易量占世界贸易总量的13%，是目前涵盖人口数量最多的自贸区。

在东盟十国中，新加坡的政治和经济地位都十分重要。新加坡位于马六甲海峡的出入口，是亚洲重要的服务中心和航运中心，同时还是世界第四大的国际金融中心。新加坡在东盟中经济水平最高，是东盟唯一的发达国家，政治稳定、法律体系健全、基础设施完善。在东盟内部，新加坡发挥着领头雁的作用，其发展政策方针对东盟具有很大的影响力。例如中国和新加坡关系（以下简称中新关系），在中国—东盟关系中发挥着促进和引领作用。在经贸合作方面，中国与新加坡的密切往来长期处于东盟重要的位置，这主要归功于新加坡经济的开放和国际化模式，它总是能够先东盟其他国家一步，紧紧跟随国际最新形势，从正确的战略判断中获益。以2018年中新签署的《自由贸易协定升级议定书》为例，该议定书的签订在东盟内部引发不同反响，具有示范和引领作用。

自从1990年中新两国正式建交以来，两国的贸易发展迅速，年平均增长率11.2%，2011年贸易总额增至1010亿美元。自2013年开始，中国一直是新加坡最大的贸易伙伴国，而新加坡也一直是中国最大的投资来源国。两国高层交往逐渐频繁，两国关系日趋紧密，双边合作扩展到文化、经济、社会、安全和政治等多个方面。然而，自21世纪以来，中新关系的稳固性和紧密性开始面临巨大的挑战。伴随着中国的和平崛起，周边地缘政治格局的快速变化，尤其是美国"重返亚太"战略的推进，以及中国南海领土争端事件，新加坡能否继续与中国维持良好的双边关系，将是两国面临着的巨大挑战；新加坡作为东盟的重要成员国、美国的传统战略盟友，面临着巨大压力，在国际事务中必须选择自己的立场，努力在中美间寻找平衡点，而不是选边站队，这对新加坡而言既困难又微妙且难以把握，对中新关系也构成一大挑战和考验。

有鉴于此，为了解和掌握21世纪以来新加坡对华态度与政策，消除两国间可能存在的战略误判，增进双方的政治互信，同时也为了改进我国形象塑造的方式方法，对外树立起良好的国家形象，为和平发展创造有利的国际舆论环境，开展新加坡主流媒体上的中国国家形象研究，不仅具有学理上的价值，还具有实践意义。

二 方法论

（一）研究对象

历史缘由以及特殊的地理位置，造就了新加坡这样一个多元民族、多元宗教与多元语言叠加的复杂社会，种族和睦与社会安定自然成为国家发展的首要目标和根本保障。为此，新加坡政府采取了多项举措，比如多元语言政策、多元宗教共存和发展国家意识等。而在新闻行业推出大量新闻立法，尤其是在传播制度上推行"发展新闻"（Development Journalism），这成为新加坡政府的创举。新加坡政府提倡，媒体应积极传播国家意识、支持和宣传政府政策，从而成为政府促进种族和睦与社会安定、发展国民经济的有力帮手。新加坡政府认为，作为一个多种族和多宗教的亚洲国家，新加坡社会所奉行的亚洲价值观①与西方价值观有着本质的差异，其独特的国情背景和社会环境决定了政府对媒体实施监管是极为必要的，而媒体应当自觉接受政府的监管，并积极报道政府政策和国家的正面信息，为国家发展服务。在"发展新闻"制度的引导下，新加坡媒体普遍能够做到有效宣传国家政策、引导舆论正确导向，帮助民众在选择和识别中增强判断力，从而增强了整个社会抵御不良舆论影响的能力。②

  1984年，在新加坡政府的推动下，全国主要的华文报纸和英文报纸全部归入新加坡报业控股有限公司（Singapore Press Holdings Ltd，简称SPH），形成了长期由单一集团垄断新加坡报业的局面。经过30多年的发展，SPH已经成为新加坡乃至东南亚地区报业的"巨无霸"，用四种语言（英文、华文、泰米尔文和马来文）共出版17份报纸，每天约有300万的读者，数量占到新加坡15岁以上人口的79%。③《海峡时报》是SPH同时也是新加坡发行量最大的英语旗舰日报，平均日发行量约为36.58万份。该报以高质量的消息报道与深度分析、有影响力的评论引导着新加坡民众对国内外新闻事件的舆论导向，是新加坡名副其实的主流报纸。作为主流媒体，《海峡时报》自觉接受新加坡政府的政策引导与监督，积极报道国家政策，传播国家意识，从而在很大程度上反映着新加坡的国家意志。本研究以21世纪以来《海峡时报》涉华报道为样本，探讨新加坡主流媒体构建的中国形象、秉承的话语体系，以此一窥新加坡政府的对华态度和立场。

---

① 新加坡倡导的亚洲价值观，是相较于西方价值观而存在的独特观念体系，包括国家至上社会为先、家庭为根社会为本、社会关怀尊重个人、协商共识避免冲突、种族和谐宗教宽容等五大共同价值观。
② 赵勒秋、郝晓鸣：《新加坡大众传媒研究》，中国传媒大学出版社2012年版，第45页；黎相宜：《新海丝路上的新加坡与中国》，世界知识出版社2017年版，第75页。
③ 赵勒秋、郝晓鸣：《新加坡大众传媒研究》，中国传媒大学出版社2012年版，第101—102页。

（二）语料收集

本研究的语料收集①分为两个阶段。首先，通过 LexisNexis 新闻数据库②收集到 2000 年 1 月 1 日—2016 年 12 月 31 日《海峡时报》的涉华报道共计 17935 篇，以此为基础创建"海峡时报—中国形象"语料库，对其中抽样语料进行内容分析，从新闻学的宏观视角考察《海峡时报》对中国事务的关注程度以及关注重点。第二阶段的研究，以第一阶段的初步结论为参考依据，围绕该报的关注重点、分议题（包括经济、文化、社会、政治和科技③）继续收集相关中国报道，将语料库更新至 2018 年 2 月④（即 2000 年 1 月 1 日—2018 年 2 月 28 日），分别创建"海峡时报—元""海峡时报—孔子学院""海峡时报—户口""海峡时报—中国共产党"和"海峡时报—神舟"等 5 个语料库，共计 871 篇报道。对其中语料逐个进行话语分析，在当代形象学理论的指导下考察《海峡时报》对中国经济、文化、社会、政治和科技等领域的形象塑造，勾勒新加坡主流媒体视域下的中国国家形象。

（三）研究步骤

依据语料收集的两个阶段，本书的研究步骤同样分为两个阶段来开展。

第一个阶段整体采用新闻传播学的内容分析法，考察《海峡时报》对中国事务的关注程度以及关注重点。具体来说，首先采用构造

---

① 说明：本研究所有语料均来自新加坡主流媒体《海峡时报》，因此在引用相关报道时，只需注明具体时间，不再标注报道来源。

② LexisNexis 公司专业从事法律、商业、新闻信息和出版服务。该公司推出的 LexisNexis 数据库世界知名。其中，LexisNexis 新闻数据库的资料来自世界 9000 多个数据源，资料种类包括全球大报、国际杂志和学术期刊等。

③ 本研究之所以未涵盖关注度排名第四位的外交议题，是因为外交事务无处不在，大到两国关系，小至礼宾宴请，都与外交密不可分，它已经融入一个国家的方方面面，对经济、文化、社会、政治和科技议题的考察不可避免地都会涉及外交问题。

④ 本研究收集的语料包括两个阶段，一是 2000—2016 年《海峡时报》的涉华报道，于 2017 年上半年完成。因此这一阶段的数据无法包括 2016 年之后的报道。而第二阶段的工作于 2018 年 3 月完成，在此期间，LexisNexis 数据库收藏的《海峡时报》更新至 2018 年 2 月，所以第二阶段的时间跨度扩展至 2000—2018 年 2 月。

周抽样法对"海峡时报—中国形象"语料库中的语料进行抽样，依据常规方法自制编码框架。接下来根据样本实际情况，将包括体裁、篇幅、稿件来源、发稿地点、主要消息来源和议题内容等板块的信息录入编码表中。最后是针对编码表中每个项目进行数据统计，由此总结《海峡时报》塑造的宏观中国形象。

第二个阶段以第一阶段的初步结论为参考依据，首先要在经济、文化、社会、政治和科技等领域确定议题，围绕议题收集语料、创建语料库，接下来结合自制语料库中文本的语言特征，分别选取不同的话语分析理论及方法，对文本语料进行微观考察。

1. 确定"元""孔子学院""户口""中国共产党"和"神舟"等中国经济、文化、社会、政治和科技等领域的五大议题，既参照了中国外文局2018年2月17日发布的《中国话语海外认知度调研报告》，同时也有基于本书研究目标自身的思考。该调研报告以拼音外译为切入点，研究中国话语在英语世界主要国家民众间的传播情形，借此考察中国话语在世界的认知状况。纳入该调研范围的中国话语包括以下几个类别：政治经济类、经济科技类、社会生活类和历史文化类。最终调研报告公布了认知度最高的100个中国话语词条。本书正是从这份报告中获得灵感、进而设计、开展此项研究的。

第一，确定具体议题。作为本书的研究对象，新加坡同样被纳入《中国话语海外认知度调研报告》的调查对象；借鉴该报告的经验与结论，同时结合本书的研究目标，在确定具体议题时本研究尽量做到：首先能够较为全面地考察包括硬实力与软实力在内的中国形象全貌。从《中国话语海外认知度调研报告》选出四个中国话语词条："中国共产党""户口""元""嫦娥"，另外增加了"孔子学院""神舟"和"北斗"等三个，充分覆盖中国政治、经济（包括制造业与金融业）、社会、文化与科技创新等五个领域，多维度地考察中国综合实力的发展状况，展现立体多元的中国形象。其次能够较为客观地代表当代中国之精神。"中国共产党""户口""元""孔子学院""神舟""嫦娥"和"北斗"等皆属于当代中国文化符号。有别于耳熟能详的中国传统文化符号,这些符号更加能够代表中国改革开放40年来锐意进取、改革创新之时代精神,更加能够展现中华民族伟大复兴、砥砺奋进的中国风貌。

第二,确定检索词。参照《中国话语海外认知度调研报告》,本研究在检索上述七个中国话语词条的过程中,分别采用英文翻译同汉语拼音两种检索方式,最终明晰了新加坡主流媒体通常采用的报道方式,同时也能够一窥中国话语词条融入其话语体系[①]的真实状况:"元"采用汉语拼音,全部译为"yuan",无英文解释;"孔子学院"为英文翻译,全部采用"Confucius Institute"译法;"户口"采用汉语拼音,全部译为"hukou";"中国共产党"采用英文翻译,多译为"Chinese Communist Party",偶有"Communist Party of China"和"China's Communist Party"等形式;"嫦娥""神舟"和"北斗"全部采用汉语拼音,分别译为"Chang'e""Shenzhou"和"Beidou"。[②]

2. 对文本进行话语分析。这一步骤既是第二阶段同时也是本研究的主要部分,研究思路是发挥语言学理论及方法的多样性,对文本语料进行微观考察。第一步要对文本内容进行研读,掌握每个议题的主要内容。第二步是采用语料库语言学的方法、利用AntConc软件[③]对语料库文本进行高频词统计、围绕关键词查找词语搭配、类联接和语义韵等现象,通过量化研究初步掌握各个语料库文本的基本语言特征。第三步是依据前两个步骤的初步结论选取功能语言学和认知语言学的理论方法对文本进行聚焦式微观话语分析,详细步骤请参看第三章、

---

① 话语体系是"能使特定话语群体有效解决特定领域问题的交际体制和交际方略的综合系统"(施旭、谢秀婷,2018:20),它是一个既包括话语主体的价值观念和原则策略等主观要素,又包括话语媒介和话语发生场合等客观要素的整体,是内容与形式的统一。
② 在这些检索词当中,《海峡时报》报道对"yuan"和"hukou"没有区分大小写,其余三个是以专有名词形式出现的。
③ AntConc是一款功能强大的语料库检索软件,拥有索引、共现、高频词统计、搭配和词族提取等多项功能,能够高效地进行文本处理。

第四章、第五章和第七章的第三节。① 第四步基于微观分析，梳理出围绕每个议题新加坡主流媒体勾勒的中国国家形象。

3. 从话语体系的构成要素出发，考察每个议题中主要发声的话语主体，及其话语内容、话语策略、话语能力、话语目标和话语媒介等，总结新加坡主流媒体涉华报道中遵循的话语体系。② 具体操作是借鉴 UAM 软件③统计小句中参与者成分的做法，对话语主体的种类和数量进行统计，然后以话语主体为切入点，探究不同话语主体发出的话语内容、采取的话语策略以及达到的话语目标等。最后结合第二步的结论，总结《海峡时报》塑造中国国家形象过程中遵循的话语体系，挖掘新加坡主流媒体话语背后的深层逻辑。

（四）主要研究方法

在研究方法上本研究不拘一格，充分发挥新闻传播学与话语分析手段多样化的特点，以微观研究为基础，将微观研究同宏观阐述有机融合，采用理论探讨与实证研究相结合、定量分析与定性分析相结合、跨学科交叉综合研究等方法，力图达到研究结论言之有据、科学有效。

1. 理论探讨与实证研究相结合的研究方法

本研究选取新加坡主流媒体《海峡时报》涉华报道作为研究样本，旨在探讨他者眼中的中国国家形象、主流媒体话语遵循的话语体系及其背后的深层逻辑。针对以《海峡时报》为代表的新加坡主流媒体进行的案例分析，以扎实可靠的数据作支撑，为构建国家形象研究

---

① 第六章采用的是新闻传播学的框架理论，而非语言学的研究方法，这样做是因为笔者认为，框架理论更加能够鲜明地展现中国共产党形象的历时变化。虽第六章的研究步骤略有不同，但是同样基于话语分析方法梳理中国形象，同属话语分析的范畴。

② 施旭：《什么是话语研究》，上海外语教育出版社 2017 年版，第 89—90 页；陈汝东：《论话语研究的现状与趋势》，《浙江大学学报》（人文社会科学版）2008 年第 6 期；陈汝东：《论国家话语体系的建构》，《江淮论坛》2015 年第 2 期。

③ UAM Corpus Tool 是一款集建库、检索和统计于一体的语料库软件，根据系统功能的语言学理论开发研制，用于系统环境下的文本分析。目前国内学者多采用该软件进行有关系统功能语言学方面的研究，比如白丽梅（2014）、王琳（2001）和彭宣维（2012）等。

的基本范式提供了实证研究的基础。在当代形象学理论框架的指导下，本研究明确了国家形象的定义与内涵、国家形象研究的性质和主要研究问题等，并提出采用话语分析路径开展研究，实现多元文化交流和共同发展、不断扩大共有观念范围的研究目标，从而最终确立了国家形象研究的范式。

2. 定量分析与定性分析相结合的研究方法

新闻传播学的主要研究方法——内容分析法和构造周抽样法，语料库语言学中高频词、类联接、共现行、词语搭配、参与者成分和语义韵的统计方法，以及语义网络分析的统计操作，都属于定量研究的范畴；而及物分析、概念隐喻、宏观主题、情态隐喻、评价语义分析以及框架理论等，则属于定性分析方法。这些研究方法综合运用、相互补充甚至相互支撑，较为科学地厘清了《海峡时报》视域下中国国家形象的硬实力和软实力。其中，语料库语言学的研究方法是首要的，用统计数据来凸显高频词、类联接、共现行、词语搭配和语义韵等语言现象，能够初步确定语料特有的语言特征，为进一步的定性定量研究明确方向。

3. 跨学科交叉综合研究的方法

国家形象研究涉及语言学、文学、新闻传播学、国际关系学、符号学、政治学和心理学等多个学科理论。本研究直接或是间接地借鉴了上述学科的理论知识和研究方法来开展研究，在实证研究的基础之上采用跨学科的视角来探索国家形象研究范式以及话语建构国家形象的路径。

三 主要研究问题

本研究主要探讨新加坡主流媒体塑造的中国形象、新加坡主流媒体遵循的话语体系和新加坡主流媒体话语背后的深层逻辑三个问题。

（一）新加坡主流媒体塑造了怎样的中国形象

长期以来西方媒体始终坚持"妖魔化"中国的舆论策略，"中国威胁论"版本层出不穷、不断翻新。中国在西方社会甚至全球的国家形象受到严重扭曲。从20世纪末的"威胁全球经济的奸商""偷窃知识产权的海盗""民族主义死灰复燃"到近期的"非市场行为论""新帝国主义论"和"锐实力论"等,西方话语体系炮制的"中国威胁论"成为误导国际舆论、贬低中国国际形象的重要推手。那么亚洲近邻新加坡,是否同样秉持西方话语体系来看待中国、评价中国呢?它眼中的中国形象究竟如何?这些问题的答案直接关系到我国"一带一路"倡议的顺利推进,对"21世纪海上丝绸之路"沿线国家开展的对外宣传工作具有重要的参考价值。国内外学者普遍认为,一个国家的国家形象是该国整体实力的表现,包括其在国际社会面前展现的整体面貌,和国际社会对其整体面貌的感受与评价两个层面。中国政府对自身的"大国形象"定位①已呈现在世人面前,而国际社会如何理解、对此有何评论我们尚且不甚明晰,因此他国对我们的形象建构研究就显得非常有必要,只有明晰他国眼中的中国形象,我们才能够塑造出为世界所认可、接纳甚至尊重的自我形象,构建出传播中国好声音、讲好中国故事的中国话语体系。本研究从社会、经济、政治、文化和科技等领域入手,覆盖中国国家形象硬实力和软实力的多个方面,来探讨新加坡主流媒体对我国形象全面立体地刻画,具有一定现实价值和意义。

(二)新加坡主流媒体遵循怎样的话语体系

新加坡主流媒体建构的中国形象,是新加坡眼中的中国形象,是作为审视者一方的新加坡,按照本国社会模式,采用本土话语重塑的中国形象,是话语建构的结果。那么在新加坡核心价值观念的指导下,新加坡主流媒体遵循怎样的话语体系、如何发挥话语要素的功能来建构中国国家形象呢?具体到"元""孔子学院""户口""中国共产

---

① 2013年12月30日习近平总书记强调,要注重塑造我国的国家形象,重点展示中国历史底蕴深厚、各民族多元一体、文化多样和谐的文明大国形象,政治清明、经济发展、文化繁荣、社会稳定、人民团结、山河秀美的东方大国形象,坚持和平发展、促进共同发展、维护国际公平正义、为人类作出贡献的负责任大国形象,对外更加开放、更加具有亲和力、充满希望、充满活力的社会主义大国形象。

党"和"神舟"等议题,我们需要思考:谁在讲话,讲了些什么,如何说话,运用什么媒介,产生怎样的影响,为了什么等问题,弄清楚话语主体与话语对象分别有着怎样的思维方式和世界观、各话语要素之间的协调、效力如何等问题,最终明晰在怎样的话语体系下,话语主体——新加坡是如何建构出中国的他者形象。

(三)新加坡主流媒体话语的深层逻辑是什么

国际社会对某国整体面貌的感受和评价,与该国主动向国际社会展示的形象,它们之间经常存在着一定的差距,无法做到完全统一。这是因为,国家形象在本质上具有建构性,是在一定程度上的塑造,属于主观印象,而非客观事实,是处于一定文化社会历史环境中的社会集体想象物,是审视者心目当中的他者。新加坡主流媒体视域之下的中国形象无论以何种形态呈现,归根结底都取决于新加坡自身。在新加坡的战略定位中,中国这个"他者",究竟以怎样的形象出现于新加坡国民甚至国际社会面前,决定权在新加坡,在于新加坡对政治、经济、文化、历史与新中关系等综合因素的考量,在于新加坡的核心价值观。这个自身弱小、绝大多数生活必需品都依赖进口的国家,如何能够在诸多大国层层包围的环境中生存、发展,最终成为世界发达国家?新加坡的核心国家利益何在?新加坡国家行为体在应对来自亚洲近邻政治、经济、文化、社会和科技等领域的各种挑战、"威胁"与机遇时,秉持着怎样的价值观念?而新加坡主流媒体又是采用哪些话语策略去传递这些价值观的?通过《海峡时报》对中国国家形象多个方面的形象刻画,我们或可一窥。

四 研究文献综述

在当今全球化的浪潮中,无论是西方发达国家还是第三世界国家皆认识到,良好的国家形象是国家战略发展的重要环节和国家实力的重要组成部分,因而都在积极开展国家形象的建设和传播工作。为实现中华民族的伟大复兴,中国更加需要把握好国际形势积极融入全球化,制定相关战略,采取有效措施打造中国的国家形象工程。21世纪以来国内对国家形象的研究，已经从传播学扩展到语言学、政治学、国际关系学甚至心理学领域；有层次地对国家形象研究进行拓展，采用新理论和新视角对国家形象进行研究，推动现实层面的国家形象塑造，大批研究成果不断涌现，分析了我国国家形象的现状，从理论出发构建了理论模型，同时探讨了传播国家形象的媒体策略和在形象传播过程中的突发事件处理等具体问题，形成了国家形象研究的热潮。相比之下，有关新加坡主流媒体塑造中国国家形象的国内外研究成果皆为凤毛麟角，因此，这一部分对国外文献综述的梳理将围绕国家形象的相关国外研究展开，而国内研究现状则考察国家形象的主力军——新闻传播学界、文学界和新闻话语研究领域的研究成果。

（一）国外研究状况

1. 相关理论概述

最早提出"国家形象"概念的是美国著名政治学家肯尼斯·博尔丁（Kenneth E. Boulding），他在《国家形象和国际体系》（*National Images and International Systems*）一文中提出了国家形象的三个维度：物理实力维度、心理态度维度和地理空间维度。博尔丁认为心理态度维度属于国家形象的本质属性，国家形象是"主观想象，而非客观实在"。[①] 在他来看，世界是一个关系性的系统，国家之间处于相互影响的状态之中；一个国家的形象不是本身固有的，而是在特定的国际体系中、在国家行为体间持续的互动中获得的主观印象。因此说国家形象不是一个客观既定的事实，而是国家行为体交往互动的结果。博尔丁之后，阿尔伯·拉什（Alpo Rusi）、奥利·霍尔斯蒂（Ole Holsti）和罗伯特·杰维斯（Robert Jervis）等国际关系学者继续推进国家形象问题的研究。但正如李智所言，他们并未严格界定和挖掘国家形象的内涵，致使国家形象概念长期处于游移、开放的状态，这在某种程度

---

① Kenneth E. Boulding, "National Images and International Systems", *Journal of Conflict Resolution*, Vol. 3, No. 2, 1959, p. 120.

上阻碍了国家形象理论研究的深入。①

随着经济全球化的迅猛发展,国际贸易规模呈指数上涨,从事商业营销研究的西方学者尝试着从自身的学术视角来诠释国家形象,把国家形象具体化为国家品牌,于是"微软"和"麦当劳"成为美国的国家品牌,"东芝"和"佳能"成为日本的国家品牌,"三星"和"现代"成为韩国的国家品牌。"国家品牌"这一概念是由英国企业顾问西蒙·安浩(Simon Anholt)于1996年首次提出的,他强调,"关于某个国家的正面体验,或有关其国民,或有关其产品的正面体验,都有可能在人们的头脑中创造出一种正面偏见,从而对该国的某些,甚至所有方面的评价产生影响"。② 国家品牌等同于国家形象,国家品牌无论好坏都反映一个国家的真实形象,因此,在塑造国家形象的同时打造一个优秀的国家品牌尤为重要。

当代美国著名的国际政治学者亚历山大·温特(Alexander Wendt)在其著作《国际政治的社会理论》(*Social Theory of International Politics*)中,对国家身份及其生成机制进行了建构主义的系统解读,从而将国家身份研究提升到至关重要的高度。他认为,国家身份是国际关系中的核心要素,是国际社会体系结构转换的最重要表征;一个国家的国家身份不是该国的特有属性,也不是本身固有的,而是在国际社会与别国互动中通过分享共有观念而获得的一种身份,是社会建构的认同关系。③

美国学者乔舒亚·库珀·雷默(Joshua Cooper Ramo)著有《中国形象——外国学者眼中的中国》一书,他在书中指出,国家形象问题是目前中国面临最难办的战略问题,应对不当将会在很大程度上影响中国改革发展的前途和命运。这其中的主要原因在于中国对自身的认

---

① 李智:《中国国家形象:全球传播时代建构主义的解读》,新华出版社2011年版,第12—13页。

② [英]西蒙·安浩:《铸造国家、城市和地区的品牌:竞争优势识别系统》,上海交通大学出版社2010年版,第45—46页。

③ [美]亚历山大·温特:《国际政治的社会理论》,秦亚青译,上海人民出版社2000年版,第287—292页。

识与外界对其看法之间存在着很大差异,中国在国际舞台上受到越来越多的猜疑与误解。他认为,对于中国而言目前急需的是积累声誉资本,尽可能降低国际冲突的成本。①

美国国际关系学者约瑟夫·奈（Joseph Nye）于20世纪90年代提出了国家软实力学说,他认为国家软实力属于一个国家的某种能力,能够通过吸引的手段来拉近国家间距离。这种能力来自该国的外交政策以及政治、文化价值观对其他国的吸引力。他提出,"软实力依靠一种不同寻常的手段（既非武力,也非金钱）,促成合作,它依靠的是共同价值所产生的吸引力,以及实现这些价值观所需要的正义感和责任感"。②他在《权力大未来》（*The Future of Power*）一书中指出,中国已将提高文化软实力纳入国家战略,近些年来中国软实力的发展不容小觑。③

由此可见,国外（通常是国际关系与国际政治学领域）学者早就展开了对国家形象的研究,只是研究多停留在应用领域,学者们将注意力更多地放在了国家品牌、国家身份、软实力和声誉威望等具体现象的探讨上;理论上没有进行深入系统地诠释,缺乏有针对性的国家形象理论论述。这种现象并不能说明西方不重视国家形象的塑造,而是他们更多从实用主义的角度出发,重在解决实际问题。对此国内学者支庭荣的观点是"国家形象传播概念在西方国家并没有明确提出,这并不奇怪,因为在实践上早就利用其发达的宣传机器,鼓吹资产阶级的生活方式和价值观,并且也十分讲究宣传技巧"。④不过,国外学者的上述研究成果为国内的国家形象研究提供了极富价值的理论参考,实际上,国内研究大多在不同程度上借助了国家品牌、国家身份、软实力和声誉威望等理论开展国家形象研究,尤其是建构主义国际关系

---

① [美]乔舒亚·库珀·雷默:《中国形象——外国学者眼中的中国》,沈晓雷等译,社会科学文献出版社2008年版,第42页。
② [美]约瑟夫·奈:《软实力》,马娟娟译,中信出版社2013年版,第11页。
③ [美]约瑟夫·奈:《权力大未来》,王吉美译,中信出版社2012年版,第289页。
④ 支庭荣:《国家形象传播——一个新课题的凸现》,《中国广播电视学刊》1996年第7期。

学有关国家身份和共有观念的理论。

2. 中国形象的历史流变研究

目前海外针对中国国家形象研究的成果较少，且多是有关"中国形象"的历史流变研究。主要论著包括：1958 年哈罗德·伊萨克斯（Harold Isaacs）的 *Scratches on Our Minds: American Images of China and India*，研究美国人对中国和印度的看法、转变及成因。该书有关中国的部分后译为中文版《美国的中国形象》，于 1999 年出版；1967 年雷蒙·道森（Raymond Dawson）的 *Chinese Chameleon: An Analysis of European Conceptions of Chinese Civilization*，分析了不同时代欧洲人对中国观念的巨大变化，可谓是欧洲的中国文明观梳理；1989 年科林·麦克拉斯（Colin Mackerras）的 *Western Image of China* 介绍了自罗马帝国至 20 世纪 80 年代西方世界的中国形象及其变迁过程；2013 年史景迁（Jonathan Spence）的《大汗之国：西方眼中的中国》论述了 13 世纪到 20 世纪西方作家笔下新奇多样的中国形象，有洞察、有幻想，也有偏见。总体而言，此类研究多是对中国人及中国的政治、经济、文化和社会等各方面的概括性介绍，属于观念史的研究范畴，并未聚焦"国家形象"研究课题。

3. 国际民意调查中的中国形象

此类研究主要是通过在世界主要区域进行问卷调查和访谈等方法，来收集海外中国形象的相关数据和材料，涉及中国外交、军事、文化、经济和政治等诸多方面，通常以调查报告的形式发布。比如美国皮尤研究中心开展的研究当中，有一项针对全球民意调查的"全球态度与趋势"项目，目的是了解世界主要国家彼此间的看法。据不完全统计，该机构 2014 年发布的与中国相关的调查报告就达到 12 份，2015 年有 7 份，2016 年 7 份，包括外国民众对中国的好感度、中国的国际地位、中国的经济实力、中国在世界范围的国家形象、中国与邻国关系和中美关系等板块。美国盖洛普公司从 1972 年以来，就有一项对美国公众做的外国形象民意调查，涉及中国的部分包括对中国和中国经济实力的评价，以及对中美关系的评价等。此类民调机构在海外影响力极大，发布的调研报告通常会在第一时间被海外主流媒体报道和转载，在很大程度上引导着海外民众的舆论导向。① 从历时的角度来看，各民调机构发布的有关中国形象报告，呈现出两条清晰的轮廓：一是总体而言中国形象以负面为主，二是中国形象正在出现可喜的变化，尤其是近些年来正面形象比例在逐步稳固提升。

（二）国内研究状况

相比于国外研究成果，国内的相关研究就显得非常丰富，尤其自20世纪90年代以来伴随中国实力的大幅提升，中国国家形象研究被当成国家战略的一个重要部分来看待。包括新闻传播学、国际关系学、政治学、文学、语言学和心理学等多个社会科学领域的学者纷纷投身于该领域，一时之间汇聚成为国家形象研究的热潮，得到了超乎寻常的关注。据笔者不完全统计，自2012年以来国家社科立项的项目当中，有不少于50个有关中国形象的课题；迄今为止出版的各类专著和编著多达100余种，公开发表的学术论文超过1500篇，可谓壮观。这些成果既有理论探讨又有实证研究，既有个案分析又有基础性研究，既有定量统计又有定性分析，它们的出现不但大大提升了国家形象的研究价值和意义，同时为我国政府自我形象的塑造以及对外传播的战略定位，提供了宝贵的参考借鉴。

1. 新闻传播学：中国国家形象研究的主战场

新闻传播学界首先意识到开展中国国家形象研究的紧迫性，提出了此项课题。该领域的学者们普遍认为，长期以来中国媒体的传播方式僵化且陈旧，不善于运用新方式和新概念来讲述中国，使中国的现实形象出现了巨大误差，致使国家形象的研究和传播成为中国走向世界舞台中央的一大阻力。新闻传播学界有责任也有义务扛起此项研究的大旗，于是中国国家形象研究成为21世纪以来"新闻传播学的核心课题"。② 在过去的二十年间，新闻传播学界不断摸索、大胆尝试，开

---

① 翟慧霞：《通过国际民调提升国际舆论话语权的探索与建议》，《国际传播》2017年第5期。
② 范红、胡钰：《国家形象多维塑造》，清华大学出版社2017年版，第6页。

展多层面的调研工作,进行多向度的定位思考、推进多维度的国家形象塑造、树立国家形象的立体传播模式,大量的学术成果不断涌现,数量和质量上皆有大幅提升,为国家形象研究的理论探讨打下了良好的基础。

(1) 探讨国家形象的定义和内涵

国家形象研究的早期成果多聚焦在对国家形象概念的界定、内涵与外延的讨论上。包括管文虎、刘小彪、孙有中、张桂珍和徐庆超等多位学者纷纷对国家形象概念进行界定。概括地讲,国家形象概念可划分为"反映说"和"感知说"两种。所谓"反映说"即从传播媒介的视角看待国家形象的塑造,认为国家形象形成于大众媒体和公众舆论。比如,徐小鸽认为:"一个国家在国际新闻流动中所形成的形象,或者说是指一国在他国新闻媒介的新闻和言论报道中所呈现的形象……国际新闻流动是形成国家形象的主要因素。"[1] 所谓"感知说",即从心理学的角度强调国家形象成型于国内外民众的主观印象。比如,张桂珍认为,国家形象是指"国家的客观状态在公众舆论中的投影,也就是社会公众对国家的印象、看法、态度、评价的综合反映"。[2] 其实,这两种观点并非相互矛盾,只是视角不同、强调的重心有差异,二者在本质上都认同国家形象的建构性质,认为国家形象带有强烈主观印象的色彩。

李智提出,本质主义视角下的国家形象观,在思维逻辑上犯了一个致命的错误。[3] 依据他们的观点,综合实力强的国家,国际形象随之也会较好,而综合实力较弱的国家,其国际形象必然不佳。而这一结论并不符合当今国际社会的现实。因此,他认为,国家形象的决定性因素不是一个国家自身拥有的本质属性,而是一定国际关系结构中国家之间互相建构的关系;国家形象并非一个国家历史发展的必然产物,而是国家之间基于共同的知识体系在互动关系中确立身份的产物。

---

[1] 徐小鸽:《国际新闻传播中的国家形象问题》,《新闻与传播研究》1996年第2期。
[2] 张桂珍:《中国对外传播》,中国传媒大学出版社2006年版,第13页。
[3] 李智:《中国国家形象:全球传播时代建构主义的解读》,新华出版社2011年版,第4页。

显然，李智是站在建构主义国际关系理论的角度来看待国家形象研究的，认为无论是"反映说"还是"感知说"，都属于本质主义的国家形象观。

（2）开展多层面的调研工作

通过充分的调研，我们可以了解国内外社会对于中国国家形象方方面面的认知和评价，制定出符合我国国情的国家形象战略规划。从这个思路出发，中国国内近些年开展了大量的相关调查研究。比如中国外文局自2011年起开始在全球不同国家与地区开展"中国国家形象全球调查"，及时了解海外的中国国家形象。国内高校联合专业调查机构也开展了一系列的海外调研，比如北京师范大学文化创新与传播研究院联合国际调研平台SSI开展的"外国人对中国文化认知调研"，北京大学"增强中国对外传播文化软实力深度研究"课题组的调研，暨南大学舆情与社会管理研究中心开展的调研等。迄今为止，上述研究机构发布的调查报告包括《外国人对中国文化认知调研报告》、《中国话语海外认知度调研报告》、《"一带一路"沿线主要国家的中国观》、《中华文化国际影响力问卷调查》系列（2016—2018）、《中国国家形象全球调查报告》系列（2013—2018）和《中国形象全球调查》系列等，调查对象遍布五大洲众多国家且范围仍在不断扩大中，调查内容较为全面，涵盖中国国家形象的方方面面。其中，《中国话语海外认知度调研报告》显示，对社会生活类和历史文化类中国话语知晓度最高的国家是新加坡和菲律宾。

（3）推进多维度的国家形象塑造

有学者从理论高度提出了推进多维国家形象塑造的构想。李正国认为，国家形象的构建是系统性的，每个方面都发挥着各自的功能与职责，共同发力塑造出一个立体、全面的国家形象。其中，军事实力是国家形象构建的基础，政治影响力是国家形象构建的主要内容，经济援助可大幅提升国家形象的构建效果等。[①] 2015年起清华大学国

---

① 李正国：《国家形象构建》，中国传媒大学出版社2006年版，第122—150页。

家形象传播研究中心陆续出版了《国家形象》系列丛书,包括《国家形象研究》《国家形象——创新与融合》《国家形象多维塑造》和《国家形象"一带一路"与品牌中国》等,将国家形象研究同国家战略发展紧密结合。范红提出,从构成国家形象的诸多要素出发来考察国家形象的塑造,注重从国家形象标识、国情介绍、政府形象、企业形象、城市形象、历史形象、文化形象和国民素质等八个维度塑造国家形象,强调每一个要素都会对国家形象的塑造产生不可或缺的影响。①

众多学者则分别将各自的学科同国家形象课题结合,探讨不同学科在国家形象塑造与传播中能发挥的作用。包括徐蓉的专著《核心价值与国家形象建设》、哈嘉莹著《汉语国际传播与中国国家形象构建》、陈晔等主编《国家旅游形象:战略研究与中国实践》、董青等著《体育符号:体育传播与国家形象建构》和王华著《民族影像与国家形象塑造——中国少数民族题材纪录片研究(1979—)》等。其中,《民族影像与国家形象塑造——中国少数民族题材纪录片研究(1979—)》立足于具体的影像文本,从民族、文化、政治、经济、城乡和性别等六个维度,对各少数民族的形象进行了观察和梳理,研究民族影像对中国国家形象塑造的方式。《汉语国际传播与中国国家形象构建》提出,汉语国际传播在构建国家形象方面发挥着巨大作用。作者认为,相比于汉语"走出去","引进来"拥有着诸多优势,来华留学生可以成为向世界传播中国好声音、介绍中国好形象的中国通,为中国发展创造良好的外部环境,因此面向来华留学生的汉语国际传播是塑造中国国际形象的一个十分重要的环节。

(4)进行国家形象的对外传播研究

学者张昆长期以来从事有关国家形象的研究工作,著有《国家形象传播》《中国国家形象传播报告2016》和《中国国家形象传播报告(2017—2018)》等专著,主编了《跨文化传播与国家形象建构》等研

---

① 范红:《国家形象研究》,清华大学出版社2015年版,第8页。

究文集。这些著作立足于中国塑造大国形象的四个基本理念，诠释了构建中国国家形象的总体目标和策略方法，提出了从理念与制度、话语体系与内容生产、渠道选择与组合、效果导向的确立与贯彻等四个方面加强中国国家形象传播的相应对策。其中《跨文化传播与国家形象建构》是本包容性极强的研究文集，收录了包括新闻传播学、文学、新闻话语研究和实证调研等领域在内的34篇研究成果，较为全面地代表了目前国内学术界在国家形象研究领域的现状。正如编者所言，编辑本书的目的就是要对本课题前期的研究做一总结，希望对当下中国的国家形象建构和国际传播起到一定的借鉴和引领作用。

众多学者则纷纷从国家形象建设主体出发，考察政府、企业、城市、领导者和公共外交等在国家形象建设和对外传播中发挥的作用，提倡树立国家形象的立体传播模式。主要成果有张冬梅编著《中国企业形象策划》、龙永枢等主编《领导者媒介形象设计》、唐钧著《政府形象与民意思维——社会稳定风险评估和新形势下群众工作 2010—2011》、吕尚彬等著《中国城市形象定位与传播策略实战解析——策划大武汉》和万晓红著《奥运传播与国家形象建构——以柏林奥运会、东京奥运会和北京奥运会为例》等。其中，《中国城市形象定位与传播策略实战解析——策划大武汉》从公众认知和媒体视角分析了武汉城市形象的传播现状，将武汉与国内外几大城市形象传播策略进行比较的基础之上，提出了武汉今后发展的形象战略定位。《奥运传播与国家形象建构——以柏林奥运会、东京奥运会和北京奥运会为例》则分别论述了奥运传播与国家文化、经济和政治形象的关系，总结出通过奥运来传播和建构国家形象的规律，提出国家形象的最佳传播渠道是文化。

（5）相关借鉴与不足之处

新闻传播学界的研究可谓异彩纷呈，学者们共同努力，旨在将国家形象研究打造成为一门独立的研究领域和学科范式。但是由于整体研究时间尚短，不足之处难免会存在。一是研究范围呈现泛化态势。新闻传播学的相关研究成果构成了国家形象研究的主要部分，从国家到个人、从身边小事到两国关系，从品牌到奥运会等，皆与国家形象有关，皆可纳入国家形象的研究中来，造成了研究范围的泛化，研究重点不突出、研究对象不明确。二是理论视野不够开阔。新闻传播学针对国家形象的研究，多采用国际关系学与政治学领域有关国家身份、国家声誉、国家软实力以及国际传播的相关理论做指导，较少从其他学科领域中吸纳新鲜血液，理论视野不够开阔，理论深度不足。但是，对新闻传播学领域中国国家形象研究的文献梳理，非常有助于本研究的开展，在国家形象研究的建构主义属性、多维度塑造以及传播主体方面提供了宝贵的启示和借鉴作用。

2. 话语分析研究：为中国国家形象研究注入新的动能

话语分析研究主要是从海外媒体（以平面新闻媒体为主，还包括电视节目、宣传片和网络媒体等）对中国社会的现实报道和评论中梳理海外中国形象问题，因此也被称作新闻话语研究。从事该领域研究的多半是新闻学与语言学界的学者。这方面的研究，通常以案例的形式，或共时或历时地分析全球主要国家的主流媒体，比如《纽约时报》、《时代》周刊、《泰晤士报》、《明镜》、《法兰克福汇报》和《朝日新闻》等，对中国发生的重大事件的报道，比如从西藏新疆问题、"一带一路"倡议、和平崛起、食品安全问题、人权问题、环境问题和经济腾飞等来剖析海外中国形象问题。此类研究具有国别研究的性质，把新闻话语分析同媒体所在国家国情研究紧密结合，置文本分析于特定的社会文化历史语境下考察，将微观分析与宏观阐释统一于国家形象研究之中。本研究便归属此类范畴。整体而言，现有研究成果多数采用的是新闻传播学领域的内容分析法、框架理论和议题设置等理论方法，语言学理论方法较少使用。

著作主要有何英著《美国媒体与中国形象 1995—2005》、刘继南等著《镜像中国——世界主流媒体中的中国形象》、孙有中著《解码中国形象——纽约时报和泰晤士报中国报道比较（1993—2002）》、刘立华著《纽约时报对华舆论研究——话语分析视角》、张玉著《日本报纸中的中国形象：以〈朝日新闻〉和〈读卖新闻〉为例》、周宏刚的博士论文《印度英文主流报纸的中国形象研究》、焦妹著《中国国家形象传播研究》、于运全主编《中国共产党国际形象研究》、唐丽萍著《美国大报之中中国形象的语料库语言学方法辅助下的批评话语分析》和潘霁著《文化框架：美国主流媒体中的"中国制造"》等。学术论文更是百花齐放，研究对象已从美、英、法、德、俄、日等多个西方大国主流媒体对中国政治、经济、军事、外交和文化等议题的研究，延展到全球五大洲的众多国家。比如《新加坡〈海峡时报〉关于中国报道的分析》《东盟英文报章在地缘政治报道中的中国形象建构——以〈海峡时报〉和〈雅加达邮报〉报道南海争端为例》《海外华文和英文媒体的中国报道——基于新加坡〈联合早报〉网站和 *The Straist Times*（〈海峡时报〉）网站的比较分析》《阿拉伯媒体中的中国形象分析》《西班牙媒体三大报纸上的中国国家形象分析——以"十八大"期间涉华报道为例》《俄罗斯区域媒体中的中国形象——以〈州报〉、〈实业界〉、〈乌拉尔政治网〉报道为例》《泰国主流媒体"湄公河事件"报道中的中国形象》《塔吉克斯坦〈亚洲之声〉传播的中国形象》《哈萨克斯坦主流网络媒体中的中国形象——以网络版〈哈萨克斯坦快报〉、〈哈萨克斯坦真理报〉为研究对象》和《国外知名媒体的中国形象探析——以半岛电视台英文频道为例》等。经过梳理，国内新闻话语研究领域的中国国家形象研究成果大致分为三类：新加坡主流媒体中的中国国家形象，不同议题中的中国国家形象以及西方主流媒体中的中国国家形象。

（1）新加坡主流媒体中的中国国家形象

有关新加坡主流媒体中的中国国家形象研究成果可谓凤毛麟角。《新加坡〈海峡时报〉关于中国报道的分析》一文选取《海峡时报》2011年上半年所有中国报道为样本，从报道数量、报道题材、报道主题和报道方法四个视角考察其中的中国形象，作者提出：中国在处理国内和国际事务中均发挥积极作用，充分展现了大国形象；中国经济和军事力量的强大给他国带来危机感；中国改革发展中存在一些问题，中国政府正以积极的态度进行解决。《东盟英文报章在地缘政治报道中的中国形象建构——以〈海峡时报〉和〈雅加达邮报〉报道南海争端为例》一文是在新闻框架理论的指导下，探讨两份东盟英文报纸在报道南海争端时采用的主导性框架，作者认为，报纸构建出了由"友善的大象"向"进击的巨人"逐步转变的中国形象。《海外华文和英文媒体的中国报道——基于新加坡〈联合早报〉网站和 The Straist Times（〈海峡时报〉）网站的比较分析》一文选取《联合早报》和《海峡时报》2015 年 1 月 1 日至 2016 年 12 月 31 日的涉华报道为研究样本，从新闻主题、新闻信息的来源和新闻立场等三个方面比较两份报纸在涉华报道内容上的特点，作者认为这两份报纸在涉华报道中聚焦相同的议题、秉持相似的态度立场，差别在于《联合早报》的报道内容较为正面，而《海峡时报》过多依赖西方通讯社的消息来源，负面内容较多。

（2）不同议题中的中国国家形象

《文化框架：美国主流媒体中的"中国制造"》一书在框架理论的指导下，以"中国制造"为主题，考察美国主流媒体涉华报道中通常采用的五种新闻框架；具体到"中国制造"产品质量问题报道时，探讨这些框架又是如何影响消费者的认知态度。最后本书还探讨了上述涉华新闻框架形成的媒体编辑部文化。

《货币战争中的中国形象——〈纽约时报〉有关人民币汇率议题报道的框架分析》和《从话语分析角度看人民币汇率报道中的形象构建》均是围绕"人民币汇率"进行话语分析的学术文章。前者采用框架理论来考察各方话语主体的态度倾向，归纳话语主题，从中梳理出美国大报选取道德框架建构中国形象的结论，也就是说，美国主流媒体将人民币汇率问题道德化，致使欣欣向荣的中国经济形象遭受损失。后者将概念隐喻同意识方块理论相结合，分析中美大报有关人民币汇率的相关报道，从中得出结论：中美主流媒体皆采用战争隐喻去描绘中美之间的争议，将自身概念化为积极正面的形象，而对方是消极负面的形象。

《孔子学院传播研究》专著的第二章"新闻媒体视野中的孔子学

院传播研究"采用批评话语分析和量化内容分析等方法,分别对海内外纸媒、网站和国外孔子学院官网上的有关报道进行统计分析,旨在思考孔子学院发展中的问题,提出针对性的对策。

《中国共产党国际形象研究》研究文集收录了 20 篇文章,系统性地梳理与分析了包括境外媒体有关中国共产党报道在内的海量信息,考察中国共产党在不同时期、多个重大活动中的境外媒体形象。本文集认为国外对中国共产党的研究正呈现多元立体态势;西方阵营就中国共产党形象问题产生分歧,而广大发展中国家越来越多地认可中国共产党领导下的中华人民共和国取得的辉煌成就,表示愿意学习借鉴。

（3）西方主流媒体中的中国国家形象

《解码中国形象——纽约时报和泰晤士报中国报道比较（1993—2002）》选取《纽约时报》和《泰晤士报》1993—2002 年间涉华报道作为研究样本,采用定量内容分析法,以及荷兰学者范·戴克（Teun A. van Dijk）的新闻话语分析研究方法,旨在挖掘英美两国涉华报道上存在的共性与差异,并在此基础上探讨中国形象的国际现状与战略定位。此书是涵盖议题最为丰富的一本专著,包括政治（中国共产党、台湾问题和人权问题）、经济、社会（长江特大洪灾）和文化（北京申奥）等四个方面六个议题,在六个案例分析的基础之上,作者提出了国家形象的定义以及内涵。

《美国大报之中中国形象的语料库语言学方法辅助下的批评话语分析》属于运用语言学分析方法进行国家形象研究的极少数专著之一。此书将语料库语言学同批评话语分析相结合,主要采用系统功能语法与评价理论等分析方法,从评价韵维度和语义韵维度,对美国主流媒体涉华报道进行话语研究。作者认为,在评价韵维度,美国大报构建的是负面的"正在崛起"与"共产主义"中国形象。在语义韵维度,美国大报构建的是负面的"被贴标者""被施益者""被规劝者""被赞扬者""被遏制者""被批评者"和"被惩罚者"中国形象。

目前,针对国家形象的实证研究与理论探索,无论是来自新闻传播学的,还是话语分析研究的,通常是各自为政,从各自的研究视角出发开展各自领域的国家形象研究。如此一来，难免会造成理论视野不够开阔、理论探讨不够深入等问题。更为严重的是，造成了实证研究与理论探讨的脱节。实证研究的结论，往往只是停留在数据统计与数字分析的层面，却未能站在科学数据的肩膀上，凝练出有关国家形象研究的新范畴、新思想、新理论。同样，理论探讨的结论，没有了实证数据的支撑，看起来总是让人难免产生怀疑，质疑结论的科学性及其客观性。

本研究主张从媒介的视角（包括书籍、报刊和网络等）塑造多维度的国家形象，认为国家形象形成于各种媒介和公众舆论，而新闻话语是其中一种媒介。本研究认为，国家形象的塑造既要基于国家自身

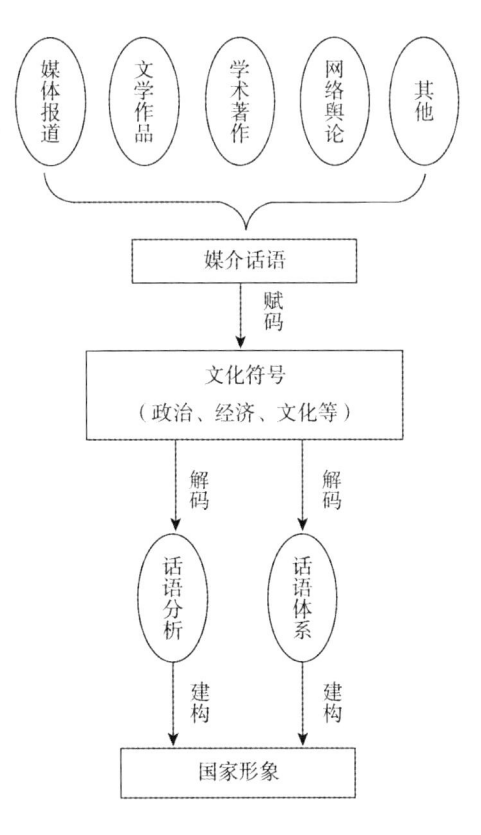

图 I　国家形象研究的话语建构路径

的综合实力，同时也要依据国际社会互动关系中确立的身份地位进行调整，国家形象始终处于与外部环境的互动之中。本研究选取当代形象学作为理论框架，同时吸纳了建构主义国际关系的相关理论，采用语言学分析路径，从新加坡主流媒体报道中梳理中国形象。本研究试图发挥语言学理论与方法多样化的优势，从语言特征出发有针对性地使用语料库语言学、功能语言学和认知语言学的相关研究方法，定量定性地开展话语研究。在大量可靠数据的支撑下，本研究从政治、经济、文化、社会和科技等多维度地考察《海峡时报》报道框架中的中国国家形象，尝试提出有关国家形象研究的范式，以及话语建构国家形象的路径，旨在为中国形象国际传播能力的提升提供动能，为中国国家软实力建设添砖加瓦。

"国家形象研究的话语建构路径"主张从媒介的视角塑造多维度的国家形象，因此选取国家形象的传播媒介（包括媒体报道、文学作品、学术著作和网络舆论等）是首要的；作为社会实践，话语在很大程度上反映着媒介的意志，同时通过媒介——社会主流的发声器引导着整体社会舆论的认知；文化符号能够反映一个国家、一个民族特有的精神特质，且以文化资源标识的形式凝结于媒介话语当中，为媒介话语所赋码，因而在国家形象话语描述与建构中，文化符号成为国家形象研究的突破口，成为主要信息传播载体；透过某国某民族的文化符号体系，国家形象研究聚焦于话语分析和话语体系两个维度进行话语建构研究。

五 主要学术价值

本研究具有一定的理论价值和实践意义，主要表现在以下七个方面。

（一）本研究尝试性地提出国家形象研究的基本范式

在明确国家形象的定义与内涵、确立国家形象研究的性质与对象、重点与目标、方法论与理论框架以及主要研究问题的基础上，本研究提出了国家形象研究的基本范式。

（二）本研究尝试性地提出国家形象研究的话语建构思路

选取传播媒介（包括媒体报道、文学作品、学术著作和网络舆论等）是国家形象研究的切入点，文化符号是国家形象研究的突破口，话语分析与话语体系是国家形象研究的维度，由此构成了国家形象研究的话语建构思路。

（三）本研究尝试性地提出从话语体系维度建构国家形象的框架

话语体系为从中观层面考察国家形象的建构提供了一个可行的研究视角：以话语主体为切入点，考察每个议题中主要发声的话语主体、话语内容、话语策略、话语能力、话语目标和话语媒介等要素，及其彼此间形成的合力与效力，从而建构起传播媒介塑造国家形象的框架。

（四）本研究提出了中国国家形象研究的新焦点，为此类课题提供了更为广阔的研究视角

本研究认为，包括"中国共产党""户口""元""孔子学院""神舟""嫦娥"和"北斗"等在内的当代中国文化符号，更加能够代表中国改革开放40年来锐意进取、改革创新之精神，更加能够展现当代中国之精神，因此可以成为中国国家形象研究新的切入点。

（五）本研究丰富了国家形象的研究方法

本研究采用跨学科的研究方法，借鉴多个领域的理论分析方法，大大丰富了国家形象的研究方法。换个角度来讲，也可以说是扩大了多个理论方法的适用范围。比如UAM软件，通常用于统计系统功能语法成分，本研究将之运用到话语主体要素的定量统计上，从而扩大了该软件的适用范围，同时也在一定程度上改变了话语分析的传统思路。

（六）本研究为中国国家形象的建设提供实证研究的参考

新加坡主流媒体建构的中国形象研究结论，可为中国国家形象的建设提供实证研究的参考，帮助中国政府在对外传播当中注意发挥每个话语主体的独特优势，有针对性地开展中国国家形象的塑造和宣传。比如发挥政府话语主体在国家形象话语体系中的主导作用，以自信的

姿态向国际社会介绍我国的大政方针和执政理念,以及发挥学术话语主体建言献策的职能等。

(七)本研究可为预测中新两国关系未来的发展前景,提供参考

六 章节安排

绪论部分着重概述本研究的研究背景、方法论、主要研究问题、研究文献综述、主要学术价值和章节安排等。除绪论之外,本书共分为七个章节。

第一章是整部书的理论框架部分,旨在探讨当代形象学在构建国家形象研究理论中发挥的作用。本研究认为,在确定国家形象研究的研究性质、研究重点和研究方法等方面,当代形象学发挥了重要的理论指导意义;当代形象学关注他者形象研究和社会集体想象物研究,诉诸以文本内部研究为基础、内外分析有机结合的研究方法,这些都为国家形象研究的理论构建提供了指导。基于此,本研究提出,建构性是国家形象研究的本质属性,国家形象从本质上说是创造式的,而非再现式的;他者形象是研究对象,通过对媒介中他者形象的研究,考察国际体系中国家主体间的互相作用;国家主体间持续地保持对话,增进了解与合作,不断扩大双方认知的范围,推进人类命运共同体的实现,这是国家形象研究的目标。

第二章是本书研究步骤的第一环节,主要采用新闻传播学的内容分析法,考察自2000年以来《海峡时报》对中国事务的关注程度以及关注重点。

第三章至第七章是本书研究步骤的第二环节,同时也是本书的主要部分。这五个章节充分发挥话语分析理论和方法的多样性优势,分议题对文本语料进行微观考察,旨在厘清《海峡时报》对中国国家形象的多维话语建构。

第三章采用认知语言学的概念隐喻理论来分析中国金融行业中"元"的海外形象,分别以中美双方为话语主体,考察各方围绕该议题发出的话语内容、采取的话语策略以及由此呈现给读者的媒体形象。

第四章以范·戴克的宏观结构理论为指导，运用 ROST CM6 软件进行语料的语义网络分析，由此梳理出《海峡时报》报道"孔子学院"的新闻主题，在此基础之上，剖析每个主题结构形成的过程以及社会结构与社会心理等影响要素，深入挖掘"孔子学院"海外形象的建构机制。

第五章考察社会议题中"户口"的海外形象。该章采用语义韵的方法进行统计分析，快速凸显文本的话语特征，挖掘其中的隐蔽性表述，最终描绘出"户口"海外形象的宏观层面以及不同话语主体眼中的具体形象。

第六章探讨的是政治议题中"中国共产党"的海外形象。本章以《海峡时报》围绕中共十六大、十七大、十八大和十九大展开的一系列报道为研究样本，梳理 21 世纪以来《海峡时报》对四届党代会的主要关注点和报道情况，历时考察新加坡主流媒体对于中国共产党认知的动态发展。

第七章研究的是科技议题中"神舟"的海外形象。本章以系统功能语法为理论指导，对语料的情态系统和评价系统进行文本分析，深入探讨《海峡时报》对中国航天科技形象的态度与倾向。

著作的结语部分基于中国实际，从国家发展战略的高度对中国话语体系构建提出了初步设想，包括建设中国话语体系的核心要素以及建设国家形象话语体系的功能分布等。

第一章

当代形象学视角下的国家形象观

当代形象学中的形象，指的是某一国家某一民族文学作品及其他文化产品中，作家和社会集体共同塑造、描绘与阐发的异国异族形象。它们既可以存在于文学作品、游记、信函、日记和报纸杂志等文字载体中，也可以存在于各种风俗、器物、景物和工艺品等非文字载体中。本研究拟在当代形象学理论框架的指导下探寻存在于新加坡主流媒体中的中国形象，从《海峡时报》涉华报道入手，研究作为审视者一方的新加坡眼中的他者——中国国家形象观。

第一节 当代形象学理论对国家形象研究的启示

形象学最初产生于20世纪的比较文学。早期的形象学研究，聚焦于文学作品中的异国形象，也因此被称为比较文学形象学，其奠基者是法国比较文学大师让－玛丽·卡雷（Jean－Marie Carré）。卡雷在研究世界文学关系时，主张不拘泥于对异国形象真伪的考证，而要注重不同国家人民间的相互认识、民族间的相互解读和作家间的相互阐释等。因此，他将形象研究定义为"各民族间的、各种游记、想象间的相互诠释"。[1] 卡雷由此开拓了比较文学的形象研究领域，开宗明义地确立了形象研究跨学科的基本准则，即形象学研究极具"跨越性"和

---

[1] 孟华：《比较文学形象学》，北京大学出版社2001年版，第19页。

"渗透性"，涉及社会学、人类学、民族学、历史学和心理学等相关领域。

1951年卡雷的学生马里奥斯-法朗索瓦·基亚（Marius–François Guyard）在其专著《比较文学》中留出一章专门来探讨形象学，为形象学正式成为比较文学中一个明确的研究方向指明了道路。后经达尼埃尔-亨利·巴柔（Daniel–Henri Pageaux）、让-马克·莫哈（Jean–Marc Moura）、胡戈·迪塞林克（Hugo Dyserink）和彼也尔·布吕奈尔（Pierre Brunel）等多位学者长期不懈的努力，到了20世纪中后期，形象学在欧洲获得快速发展，它借鉴了哲学、符号学和接受美学等众多人文社科中的研究方法和理论观点，取得大量的成果。20世纪末形象学进入中国，在国内获得了长足发展的动力。乐黛云编著的《文化传递与文学形象》专门介绍了比较文学与形象学在欧洲的发展情况。孟华主编的《比较文学形象学》一书以及她译介的多篇文章，为比较文学形象学在中国的推广奠定了理论基础。杨乃乔主编的《比较文学概论》、曹顺庆主编的《比较文学学》和《比较文学论》以及陈惇等主编的《比较文学》皆对比较文学形象学的概念、研究方法、研究特点及研究前景进行了系统地论述。其中杨乃乔主张形象学应该"在事实联系的基础上所进行的跨语言、跨文化甚至跨学科的研究"，[①] 说明形象学研究已经跨入当代形象学发展阶段，研究对象从文字载体向非文字载体扩展，研究内容和方法不断丰富。近年来，国内采用跨学科、跨文化和跨语言的方法进行形象学研究的学术论文和专著不断涌现，尤其是对西方话语体系中的中国形象建构给予了极大的关注。那么，作为理论系统完备、实践已成规模效应的当代形象学，能够为中国国家形象这一具有国家战略意义的选题，提供怎样的理论指导与实践参考呢？本研究认为，当代形象学或可在以下三个方面发挥重要作用。

---

① 杨乃乔：《比较文学概论》，北京大学出版社2014年版，第262页。

一 他者形象

形象学研究的形象，是"异国的形象，是出自一个民族（社会、文化）的形象，最后，是由一个作家特殊感受所创作出的形象"。[①] 莫哈在《试论文学形象学的研究史及方法论》一文中明确了形象学的研究对象，该研究对象包括三个层面：首先是异国的他者形象，而非自我的本土形象；其次是作者心目中的他者形象，带有作者鲜明的个体意识特征；最终也是最为重要的是深受本土历史社会文化因素影响、打上了时空印记的他者形象，是本土社会集体想象的产物。换个角度来看，形象学的研究对象也可理解为：从内容上看，他者形象是对异域国家民族的历史文化现实的描述。从表现形式上看，他者形象是由作家通过某种言说方式创造出来的。从生成机制上看，他者形象是以作家为代表的审视者群体情感思想的一种主观表达，属于本土社会集体想象的产物，也就是说，存在异域历史文化现实发生"变异"的可能，从而同他者的实际情况有差异。

巴柔在《从文化形象到集体想象物》一文中进一步赋予他者形象以丰富的内涵。在他来看，他者形象"是一种文学的或非文学的表述，它表达了存在于两种不同文化现实间能够说明符指关系的差距"。[②] 巴柔是将他者形象置于他者文化与自我文化的互动之间进行考察，他者成为一个与自我相互比较的他，一个与此在相比的彼处。在巴柔那里，异域与本土、他者与自我，构成了两组二元对立的范畴，自我与本土存在的意义取决于他者与异域的存在及其存在形式，证实抑或颠覆了自我与本土的存在价值；而他者和异域的存在价值则在于肯定或是否定自我与本土，维护抑或是推翻自我与本土的现实。二者缺一不可，互相印证，成为彼此真实存在的证言；二者形成对立，同时又互为补充、相互参照的辩证关系，基于"能够说明符指关系的差

[①] 孟华：《比较文学形象学》，北京大学出版社2001年版，第19页。
[②] 孟华：《比较文学形象学》，北京大学出版社2001年版，第121页。

距"各自获得了价值。

二 社会集体想象物

巴柔认为形象是"在文学化,同时也是社会化的过程中所得到的关于异国看法的总和",因此,"异国形象应被作为一个广泛且复杂的总体——想象物的一部分来研究。更确切的说,它是社会集体想象物的一种特殊表现形态:对他者的描述"。① 在巴柔来看,异国形象不再是异国异族文化的必然产物,它是形象制造者审视他者的创造物,即"特定社会群体在某一历史时期对一个异国或异域社会文化之整体所做的阐释",因而必定受到置身于其中的具体社会文化系统的影响。② 莫哈把社会集体想象物看为文化生活的范畴,认为它"是对一个社会(人种、教派、民族、行会、学派……)集体描述的总和,既是构成,亦是创造了这些描述的总和"。③ 在莫哈看来,审视者言说他者是想要揭示自身文化在言说他者时所特有的原则和规律,即言说他者是为了反观自我。因为"所有的形象都源于一种自我意识(不管这种意识是多么微不足道),它是对一个与他者相比的我,一个与彼处相比的此在的意识"。④ 所以,言说他者形象必须将他者放在更为广阔的自我文化生活背景下进行考察。

根据法国哲学家保罗·利科(Paul Ricoeur)有关人类"想象"和"社会想象实践"的分析与阐述,莫哈将这种"自我意识"区分为"意识形态的"和"乌托邦的"两种,出于这两种自我意识审视者对他者形象进行的描述分别被定义为"意识形态的"形象和"乌托邦的"形象。莫哈提出,意识形态的形象是指审视者按照本社会模式、采用本土话语塑造的异国形象。这是一种否定他者的形象刻画,凸显他者的相异性,从而达到对自我身份的高度认同与强化,最终实现维护本社会稳定之目的。相反,乌托邦的形象指的是审视者背离本社会的既定模式,塑造出

---

① 孟华:《比较文学形象学》,北京大学出版社2001年版,第120—121页。
② 曹顺庆:《比较文学学》,四川大学出版社2005年版,第207页。
③ 孟华:《比较文学形象学》,北京大学出版社2001年版,第30页。
④ 孟华:《比较文学形象学》,北京大学出版社2001年版,第121页。

一种获得高度认同的异国形象。这是一副为世人所普遍向往的他者形象，其相异性甚至会致使本族群体质疑本国现实、抛弃本国文化。可以看出莫哈笔下的形象，无论是作为意识形态还是乌托邦想象之结果，都不可能完全等同于作为想象之"原型"的他者本身。二者之间必定存在相应的差异，该差异即为社会集体想象物所致。

吴家荣认为，"社会集体想象物与异国异族形象既相同又相左"，存在着第三种关系。① 这是一种既有否定成分又有认同感的他者形象，异国异族形象或符合抑或背离社会集体想象物，形成意识形态形象同乌托邦形象并存的局面，二者时而相互分离、时而相互包容，辩证统一于他者形象之中。这同时意味着，社会集体想象物具有两极性的特征。正如莫哈所言，"全社会对一个集体、一个社会文化整体所作的阐释，是双极性的阐释"。② 乌托邦形象与意识形态形象无法截然分离，二者相互渗透，形成辩证包含关系。

三 以文本内部研究为基础，注重内外分析的有机结合

当代形象学主张以文本内部研究为基础，结合外部研究来考察文学作品及其他精神产品中描述的异国形象。文本内部研究是形象学研究的基础，正如巴柔所讲，"形象学的核心是文学的深层区域，即各种象征所构成的网络，文化想象物是通过这些象征得以体现、汇合或分离的"。③ 立足文本，挖掘文本中"各种象征所构成的网络"，探究这些网络中传递的信息、包含的情感、言说的他者形象，才能够抵达"文学的深层区域"。而文本内部研究需同外部研究有机结合，灵活使用各种跨学科的研究方法，也才能够"使形象分析更加趋于开放和深入，日臻成熟"。④ 内外文本相结合的形象学研究方法论，从文学和文

---

① 吴家荣：《比较文学新编》，安徽教育出版社2004年版，第153页。
② 孟华：《比较文学形象学》，北京大学出版社2001年版，第24页。
③ [法]达尼埃尔·亨利·巴柔：《比较文学意义上的形象学》，孟华译，《中国比较文学》1998年第4期。
④ 吴家荣：《比较文学新编》，安徽教育出版社2004年版，第165页。

化的深层次模式着手，分析其中的规律性所在，考察形象产生变异的过程和原因。

文本内部研究总的来说涉及三个层次：词汇、等级关系和故事情节。词汇是构成形象的最小单位，我们总能够在本国文化中发现一些描述异国形象的词汇，而这些词汇往往能够整齐划一地呈现出异国形象的一些特有部分，比如中国人的勤劳、法国人的浪漫和德国人的严谨等。这些词汇能够跨越时空的界限，长久地储存在本国文化中，为一代又一代的本国民众所认同和接受，最终塑造形成整个社会的集体想象物。等级关系正是基于对词汇使用情况进行统计而产生的自我与他者、本土与他国、审视者与被想象者之间的对立关系。而故事情节则将文本研究上升到了语篇的层面，于是叙事有了经典的故事桥段和典型的故事情节，出现了程序化的套路等。

文本外部研究同样涉及三个层次：形象制造者身处的社会文化环境、其自身状况以及描述的异国现实。形象制造者身处的社会文化环境，代表着本国的主流文化价值观和主流意识形态，是其所在社会的集体意识，即社会集体想象物。而形象制造者描述的异国现实就是社会集体想象物的产物，是对异国社会（人种、教派、民族、行会、学派等）集体描述的总和。形象制造者自身状况主要是指作者独特的视角，自成一体的书写习惯和个人经历等。同一时代的孟德斯鸠与伏尔泰都生活在法国，然而他们眼中的中国形象却完全不同，这恐怕就与作家自身的因素有很大关系。形象学的文本外部研究属于文学社会学性质的研究，涵盖本国社会与异国社会的各方面，需要研究者收集大量资料，进行筛选、考证与分析等，才能够总结、抽象概括出一个总体的他者形象轮廓。

自20世纪90年代以来，伴随比较文学形象学的理论著作传入中国，国内学者相继呼应，形象研究成为中国比较文学研究中的新热点。孟华称得上向中国介绍形象学研究的第一人，自90年代以来陆续译介法德形象学奠基人的一些重要学术论文，并于2001年出版他编著的《比较文学形象学》，将欧洲大陆学者的13篇形象学研究成果系统地介绍给中国学者。姜智芹长期关注英美文学中的中国形象问题，对英美不同历史时期中国形象的定型化塑造，进行理论阐释与文本分析。她认为隐藏在中国形象背后的，是英美社会出于自身需要对中国欲望化的虚幻和想象。代表著作有《当东方与西方相遇——比较文学专题研究》《美国的中国形象》和《西镜东像——姜智芹教授讲中西文学形象学》等。学者周宁研究西方的中国形象视野开阔、成果丰硕，他提出的跨文化形象学研究属于观念史研究范畴，以跨文化研究视角看待中国形象，探讨中国形象的世界观念体系。代表作有《中国形象：西方的学说与传说》系列丛书、《天朝遥远：西方的中国形象研究》和《跨文化研究：以中国形象为方法》等。在形象学中，形象通常是指文学作品中人物的性格特征和事物的典型风貌，根据对人物事件具体描写的梳理与考证，得出有关民族与国家的形象总括。而国家形象研究涉及文化、军事、经济和政治等构成的国家综合实力，及其在国际社会中的评价，研究对象较为宏观，研究范围也较之更为广泛。不过，正如李正国所言，将形象学引入国家形象的研究中，可以"从一个新视角来拓展国家形象的理论视野"[①]，在国家形象研究的初创时期为其提供来自交叉学科的理论支撑，可以更好地满足跨学科研究的理论需求，从而在不同理论指导下提取规律，为进一步的研究提供参考。当代形象学可为国家形象研究提供较系统的理论框架，在研究性质、研究重点、研究对象和研究方法等多个方面提供理论指导。

第二节　国家形象研究的形象学理论诠释

一　国家形象研究具有建构属性

当代形象学认为，文字或非文字载体传递的异国形象并不是人们所感知的异国现实的复制品，而是被审视者创造出来的想象物；形象

[①] 李正国：《国家形象构建》，中国传媒大学出版社 2006 年版，第 26 页。

学研究的真正价值,并不在于通过考证来鉴别形象与原型的相符程度,而是要考察审视者遵循的社会规范以及秉持的文化模式,即社会集体想象物。当代形象学的主要研究内容之一,就是探讨特定社会群体对某一异国社会文化整体的阐释。在形象学来看,形象在本质上是"创造式"的,而非"再现式"的。因此本研究认为,当代形象学可为国家形象研究性质的确定提供理论指导。

实际上,国家形象研究从来就是一个具有建构性质的命题,"国家形象是一个互动的、构成的社会结果,它不是一个既定的、客观的事实,也不是等待被发现或指认的,而是通过社会建构形成的"。[①] 21世纪以来中国的强势崛起,受到全世界的广泛关注,其中也有赞美之声,但主要还是各种不怀善意的解读,以及各种版本的"中国威胁论",大大损害了中国的国际形象。西方国家借助强大的信息技术以及现代传播体系,极力打压非西方主流意识形态的话语影响力,以达到维护自身的话语霸权地位,随心所欲地塑造他国的他者形象,制造舆论声势、为自身利益服务之目的。

基于国际社会的现实语境,国内外学者普遍承认,国家形象既是物质性建构,更是社会性建构。一方面,国家形象是该国综合实力的体现,包括其在国际社会面前展现的整体面貌,和国际社会对其整体面貌的评价与感受两个层面,正如管文虎所言,国家形象是"国家的外部公众和内部公众对国家本身、国家行为、国家的各项活动及其成果所给予的总的评价和认定……是一个国家整体实力的体现"。[②] 这一视角将国家形象看作自身固有属性,来自其物质本源——硬实力与软实力构成的实力综合体。而另一方面,国家形象是"一个国家对自己的认知以及国际体系中其他行为体对它的认知的结合"[③],强调国家形象的心理认知层面,认为国家形象是主观想象,而非客观实在。博尔

[①] 蒙象飞:《中国国家形象与文化符号传播》,五洲传播出版社2016年版,第28页。
[②] 管文虎:《国家形象论》,电子科技大学出版社2000年版,第23页。
[③] Kebbeth E. Boulding, "National Images and International Systems", *Journal of Conflict Resolution*, Vol. 3, No. 2, 1959, p. 121.

丁指出，"国家形象在本质上是谎言，至少是歪曲事实的观点"。[①] 这个视角强调的是国家形象的社会建构性质，认为是观念建构了国际社会行为体之间的身份关系以及利益关系，造成了各自国家身份的认同。实际上，物质性建构视角同社会性建构视角并不矛盾，二者统一于国家形象的建构性之中：物质本源是国家形象的基础和根本保障，坚实的物质基础保障了国家强大的话语实力；而国家行为体间共享的观念在国家形象的塑造中发挥着决定性作用。或许二者不可能完全统一，但是社会性建构的国家形象可以不同程度地接近物质性建构的国家形象。正如孙有中所言："……国内形象与国际形象，两者之间往往存在很大差异。国家形象在根本上取决于国家的综合国力，但并不能简单地等同于国家的实际状况，它在某种程度上是可以被塑造的。"[②] 国家形象，如同当代形象学视野下的异国形象，不可避免地受到异域文化社会历史环境的影响而成为社会集体想象物的产物，也即博尔丁所言的国家形象之心理态度维度。国家形象必定会出现一定程度的变异，被建构成为审视者心目当中的他者。本研究认为，国家形象是以一个国家的综合国力为基础、在与国际体系中其他行为体互动过程中形成的对本国社会、文化、经济、政治和军事等多个方面的身份认同。国家形象的内涵是本国社会的主流价值观念。而国家形象构建的基础是一个国家的综合国力，包括硬实力和软实力两个方面；国家形象构建的主要内容是一个国家在国际体系中的影响力，包括文化、政治价值观以及外交政策对他国的吸引力。

二 国家形象研究强调自我与他者的主体间性

当代形象学将他者形象放在他者与自我的互动关系中进行考察，他者形象是形象制造者按照本国的价值观念、文化模式与意识形态等对异国异族的一种解读。形象制造者代表一种文化现实，他所制作的

[①] Kebbeth E. Boulding, "National Images and International Systems", *Journal of Conflict Resolution*, Vol. 3, No. 2, 1959, p. 120.

[②] 孙有中：《国家形象的内涵及其功能》，《国际论坛》2002年第3期。

异国异族形象代表的是另一种文化现实，两者之间的差异正是通过形象来表达的。因此，形象在本质上关涉的就是自我与他者的主体间性，异域与本土、他者与自我，构成了两组二元对立的范畴，用巴柔的话说，就是"我'看'他者；但他者的形象也传递了我自己的某个形象"。[1] 自我与他者二者缺一不可，互相印证，形成对立、互补、互为参照的辩证关系。因此本研究认为，当代形象学可为国家形象研究重心的确定提供理论指导。

实际上，国家形象研究同样将国家形象放入自我与他者的互动关系当中，并考察二者之间的主体间性。本研究认为，国家形象是本国话语与他国话语相互博弈的结果，双方话语能力的大小、话语体系的强弱直接影响着话语建构形象的好坏。依据建构主义的国际关系理论，国家形象就是国家之间基于社会互动而相互认同的关系。国家行为主体的利益和身份，并非由其物质力量所决定，而是由国际体系当中的社会结构以及国际体系的共有观念来决定。温特将之称作"共同知识"。他认为共同知识是一种社会约定，建构了"规范、规则、制度、习俗、意识形态、习惯、法律"等。[2] 具体到国际社会，共有观念形成于国家行为体之间交往互动而产生的有关各方的认知，各方之间共享的观念越多，彼此相互认同的程度越高。共有观念无疑是互动层次的现象，取决于国家行为体各方的共同努力，而非一方的主观情愿。在这个互动的环境中，共有观念建构了行为体的利益和身份。简而言之，交往互动形成共有观念，共有观念建构国家身份，而国家身份在一定程度上就是一国的国家形象。

本研究认为，国家形象研究考察的重心就是国际体系各行为体通过话语建构的各方主体间性。国家形象研究就是要通过对国家形象主体间性的研究达到对他者文化的认知和对本土文化的自省，最终实现多元文化的交流和共同发展，搁置分歧，不断扩大共有观念的范围。

---

[1] 孟华：《比较文学形象学》，北京大学出版社2001年版，第123页。

[2] [美]亚历山大·温特：《国际政治的社会理论》，秦亚青译，上海人民出版社2000年版，第202页。

全球存在着多种发展模式和发展道路，以及作为基础的不同政治经济制度。这一文化的多样性，造成了文化实践的多元化。① 国家形象研究倡导尊重多元差异性，以平等的姿态对待每一种文化存在，探讨彼此开展对话、开展合作的可能，推动人类命运共同体的和谐发展。国家形象研究认为，虽然发展的模式和道路无法复制，但可以借鉴。成功的模式丰富了人们的认识，启发了人们的智慧和灵感，能够为包括发展中国家乃至发达国家在内的文化体提供有价值的借鉴意义。②

三　国家形象研究的话语分析范式

当代形象学提倡以文本内部研究为基础，注重内外分析的有机结合，近些年来文本内部研究在形象学整体研究中所占比重大幅增加，凸显出微观分析的重要价值；同时强调内外结合的必要性，在文本内部研究的过程中纳入外部语境的考察，重点探究文本与外部语境相互衔接的复杂情况。当代形象学在发展完善的过程中受到诸多思潮的影响，不断吸收其他领域的研究方法，包括符号学、女性主义、后殖民主义和接受美学等，大大突破了传统的描述性研究方法，确立了其研究方法的多样性特征。因此本研究认为，当代形象学可为国家形象研究方法的确立提供理论指导。

从媒介视角开展国家形象研究，同样是以文本内部研究为基础，注重内外分析的有机结合。话语分析范式侧重话语的运用，试图透过话语探究与之衔接的社会实践、社会活动以及社会实践活动各方的互动关系等。在这里，话语不同于文本，话语是一种社会实践，人们以话语的方式从事社会活动，参与社会交际。话语的含义，必须放在社会交际的语境中进行考察，脱离了语境的话语，就简化为了文本。

（一）话语是社会实践

现代学术界对"话语"的研究，恐怕要从米歇尔·福柯（Michel

---

① 施旭：《当代中国话语的中国理论》，《福建师范大学学报》（哲学社会科学版）2013年第5期；施旭、谢秀婷：《探索中国国家安全话语体系》，《浙江传媒学院学报》2018年第3期。
② 陈曙光：《中国话语：说什么？怎么说？》，湖北人民出版社2017年版，第21页。

Foucault）谈起。对"话语"的研究自始至终贯穿于福柯理论体系的构建过程中。其中，话语与知识的联系、与权力的关系成为福柯话语思想的核心。在他看来，话语是一种动态的话语事件，一种特殊的社会实践，而非语言学意义上的句子、文本和语篇等言语单位，"我们应把话语看作是我们做事的激情，或在任何情况下，我们置于话语之上的实践；正是在此类实践中，话语事件发现了规律的原则"。[1] 福柯认为，话语遵循一定的规则，而话语规则规定着话语陈述的类型，规定着什么事情是可以谈论的以及谈论的范围。依照话语规则，知识获得了理解世界的框架，成为真理的标准而逐步权威化，成为"由某种话语实践按其规则构成的并为某门科学的建立所不可缺少的成分整体"。[2] 因此，知识就是一种话语实践活动，而话语构成一切知识的基础，并在很大程度上限定知识的范围。

同时，话语也是一种权力，一种与国家权力和统治权力等同样具有威慑性、强制性和支配性的权力。不同之处仅仅在于话语是以不易察觉的方式渗透到日常生活的各方面。也即是说，话语权力有着其他权力所不具备的优势，隐蔽性强、影响力持久且深入。实际上福柯认为，一切权力皆由话语来实现，话语就是权力的外在表现、施展权力时的工具和掌握权力的关键所在，话语的实质就是权力。"话语传递着、产生着权力，它强化了权力。"[3] 福柯的话语思想对于源自西方的话语分析研究具有指导意义。

（二）话语分析研究

美国语言学家齐里格·哈里斯（Zellig Harris）于 1952 年首次使用"discourse analysis"（话语分析）这一术语。之后迈克尔·斯塔布斯（Michael Stubbs）的 *Discourse Analysis*、吉利安·布朗（Gillian

---

[1] Robert Young ed., *Untying the Text: A Post-structuralist Reader*, London: Routledge & Kegan Paul, 1981, p. 67.

[2] ［法］米歇尔·福柯：《知识考古学》，谢强等译，生活·读书·新知三联书店 2003 年版，第 203 页。

[3] ［法］米歇尔·福柯：《权力的眼睛：福柯访谈录》，严锋译，上海人民出版社 1997 年版，第 90 页。

Brown）与乔治·尤尔（George Yule）合著的 *Discourse Analysis*，以及诺曼·费尔克劳（Norman Fairclough）的 *Analyzing Discourse* 等学术研究推动话语分析的迅速成长，很快成为众多语言学家关注和研究的焦点。主要代表人物有迈克尔·韩礼德（Michael A. K. Halliday）、德尔·海姆斯（Dell Hymes）、哈维·萨克斯（Harvey Sacks）、范·戴克和费尔克劳等人。韩礼德的系统功能语法、海姆斯的民族志方法论、萨克斯的会话分析、范·戴克的话语分析的认知视角和费尔克劳的批评分析等多个学科领域的研究成果，促进了话语分析理论与方法的完善，造就了现代话语分析多视角和跨学科的总体研究态势。

依据研究视角的不同，詹姆斯·吉（James P. Gee）、范·戴克和黑玉琴将话语分析归入不同的类别，大致包括认知视角、批评视角和社会文化视角等。虽各个研究视角之间相对独立，研究目标、研究方法、所用理论各有不同，但是，这些研究领域普遍遵循话语分析的一般原则：话语是再现和建构世界的方式，文本（包括书面语和口语）分析是探索话语功能和建构方式的基础；话语是社会实践的形式，从文本解读中可寻找社会实践的痕迹，也能更好地理解社会活动；情景与社会历史文化语境的考察，在文本的解读过程中发挥着重要的作用。就像田海龙所讲，话语研究"需要涉及语言运用中的各方利益和价值取向，需要涉及在语言运用中发挥作用的各方权力及其关系"。[①] 正是基于这几点共识[②]，本研究获得了从语言学视角进行国家形象研究的理据：包括报刊在内的各种媒介对国家形象的建构，就是其主导思想观念和意识形态——语境在社会实践层面的话语表达，通过解读媒介文本来研究话语的社会功能，我们便可寻找社会实践的痕迹，探知社会实践各方的利益与价值取向，最终不仅能够勾勒出清晰的国家形象影像，同时能够挖掘出形象的建构机制。可以说，话语分析为国家形

[①] 田海龙：《话语研究的语言学范式：从批评话语分析到批评话语研究》，《山东外语教学》2016 年第 6 期。

[②] 本书认为，框架理论的研究注重对媒体报道内容的框架分析，而进行框架分析的出发点同样是基于上述这几点共识，因此框架理论同样可以纳入话语分析研究当中来。

象研究提供了充分的方法论依据。

综上所述,当代形象学研究在确定研究性质、研究重点和研究方法方面为国家形象研究提供了理论指导;而国家形象研究在实践层面为进一步完善当代形象学理论、扩大该理论的适用范围提供了参考依据。二者相互补充,汲取各自所需的养分,共同成长为理论体系完备的研究范式。在此,本研究尝试性提出国家形象研究范式。

在该范式中(见图1—1),国家形象的定义涵盖两个方面:综合国力和国际体系中的身份认同。其中,综合国力是国家形象构建的基础,而国际体系中的身份认同是国家形象构建的主要内容。建构性是国家形象研究的本质属性,国家形象从本质上说是创造式的,而非再现式的。国家形象研究的主要问题包括话语形象、话语体系及其背后运行的深层逻辑等,该研究以当代形象学为理论框架,采用话语分析

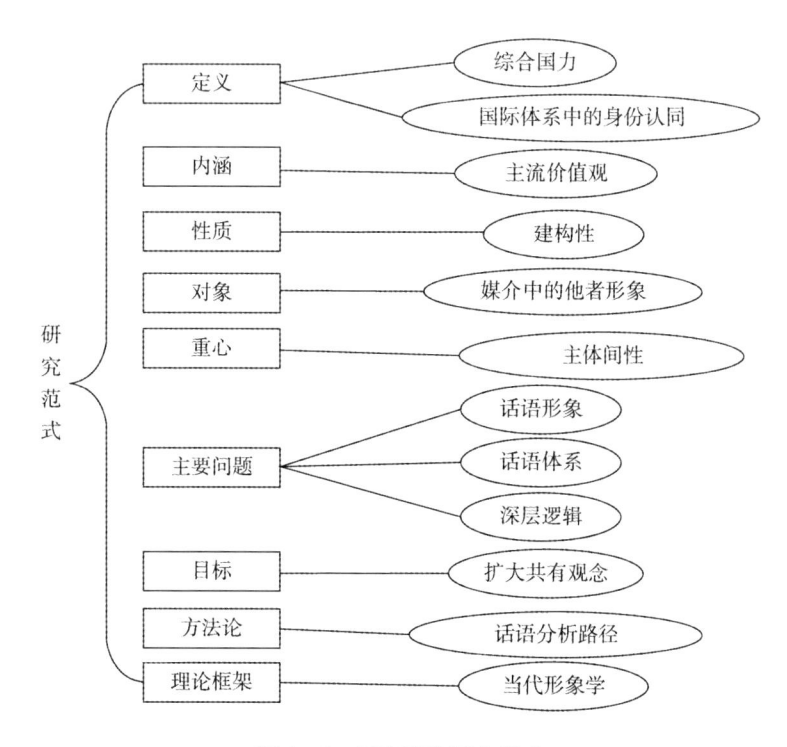

图1—1 国家形象研究范式

的路径（具体内容参看图Ⅰ）。他者形象是其研究对象，通过对媒介中他者形象的研究，考察国际体系中国家主体间的互相作用；国家主体间持续地保持对话，增进了解与合作，不断扩大双方认知的范围，推进人类命运共同体的实现，这是国家形象研究的目标。

第 二 章

《海峡时报》涉华报道内容概观

第一节 理论阐述

内容分析法是一种对文献资料进行量化描述的研究方法，以其系统性与客观性而广泛运用于新闻传播、图书情报、社会学、教育学和心理学等多个社会科学领域。美国学者伯纳德·贝雷尔森（Bernard Berelson）认为，内容分析法是一种"对显在的传播内容进行客观、系统和定量描述"的研究方法。[①] 在新闻传播学界，内容分析法因其能够有效"描述媒体内容特征、检验传播研究假设"而备受青睐，是研究人员经常采用的一种研究方法。[②] 经过长期的实践操作，新闻传播领域已经形成了有关内容分析法的诸多共识，其中包括：（1）具备鲜明规范的操作流程，通常是依次对抽样报道的篇幅、体裁、信源、稿源等板块进行数量统计，考察传播内容的整体情形；（2）信度检验是保证统计结果科学有效不可或缺的一环；（3）分析结论是建立在系统、精确的统计结果基础之上；（4）结论具有反复可验证性，即按照同样的操作可以得出同样的结论。[③]

[①] Bernard Berelson, *Content Analysis in Communication Research*, New York: Free Press, 1952, p.18.

[②] 李本乾：《描述传播内容特征 检验传播研究假设——内容分析法简介（下）》，《当代传播》2000 年第 1 期。

[③] 邹菲：《内容分析法的理论与实践研究》，《评价与管理》2006 年第 4 期；李本乾：《描述传播内容特征 检验传播研究假设——内容分析法简介（下）》，《当代传播》2000 年第 1 期。

《大众传媒研究导论》(Mass Media Research: An Introduction)一书提出，内容分析法通常有五个用途：描述媒体的传播内容，检测有关传播内容的假设，验证现实世界，评价社会团体形象和推测媒体的传播效果。[1]

内容分析法的具体操作步骤包括：确定分析单位：导语、标题、关键词、议题或是单篇报道；然后建立编码框架，记录各板块信息；接下来就是要确定抽样方法，实施抽样，进行各板块统计；最后一步是对统计的结果进行描述，并以此为证据回答研究假设。

采用内容分析法进行国家形象研究，在新闻话语领域已是非常普遍，诸如张玉、孙有中和刘继南等学者皆聚焦英、美、日、法、德等国主流媒体涉华报道，运用内容分析的方法对语料进行抽样，针对抽样语料进行报道篇幅、体裁、信源、稿源和议题等统计，从中考察主流媒体的立场态度，梳理本国意识形态下的中国形象。

第二节 研究内容

本章通过对2000—2016年期间《海峡时报》涉华报道进行定量内容分析，试图回答新加坡主流媒体有关中国报道的三个主要问题：

1. 在报道数量、体裁、稿源、发稿地点和信源方面有何特征；
2. 突出了哪些中国议题，各议题有何特征，凸显出怎样的立场与态度；
3. 以上统计数据描述出怎样的宏观中国形象。

第三节 研究方法

本研究采用的分析单位为一个单篇报道，包括样本中的消息、通

---

[1] Roger D. Wimmer and Joseph R. Dominick, *Mass Media Research: An Introduction*, Boston: Wadsworth, 2010, pp. 157-159; Klaus B. Jensen, *A Handbook of Media and Communication Research*, London: Routledge, 2002, p. 220.

讯、特写和言论等。

一 样本选择

本章的样本选取了2000年1月1日—2016年12月31日《海峡时报》新闻报道标题中含有"China"或"Chinese"的所有语料，创建"海峡时报—中国形象"语料库。然后，以每年随机抽取四个结构周的做法，得到抽样样本。这种报纸常用的抽样方法，被称为"构造周抽样法"。它是在整个语料库中随机抽取星期一至星期日的样本，并把这些样本构成"一个周"（即构造周）。例如，要抽取星期日的样本，可将语料库所有的星期日集中起来，从中随机抽取一个作为样本，以此类推，星期一、星期二、星期三……最终得到一个完整"周"的样本。任学宾提出，一年抽取两个构造周的样本就能够可靠地反映总体语料的真实状况。本研究将样本数量放大一倍，采用一年抽取四个构造周的做法，希望能够在更大程度上保障统计数据的代表性。①

二 编码表

本编码表在参考孙有中、周宏刚和张玉等多位学者相关研究成果的基础之上，根据本研究语料的特点设计而成。

0. 体裁：（1）消息报道；（2）通讯、深度报道；（3）特写专访；（4）言论（社论、评论）；

1. 篇幅：（1）300字以内；（2）301—500字；（3）501—800字；（4）801—1200字；（5）1201字以上；

2. 稿件来源：（1）本报记者；（2）撰稿人；（3）引自外媒；

3. 发稿地点：（1）新加坡国内；（2）北京；（3）上海；（4）中国香港地区；（5）中国台湾地区；（6）中国其他城市；（7）美国；（8）日本；（9）澳大利亚；（10）东南亚和南亚地区；（11）其他国家和地区；

---

① 任学宾：《信息传播中内容分析的三种抽样方法》，《图书情报知识》1999年第3期。

4. 主要消息来源：（1）新加坡领导人及其他政府官员；（2）新加坡社会知名人士；（3）新加坡民众；（4）新加坡媒体；（5）中国领导人及其他政府官员；（6）中国社会知名人士；（7）中国民众；（8）中国媒体；（9）美国领导人及其他政府官员；（10）美国社会知名人士；（11）美国媒体；（12）马来西亚；（13）印度尼西亚；（14）日本；（15）泰国；（16）印度；（17）澳大利亚；（18）越南；（19）菲律宾；（20）欧洲社会知名人士或媒体；（21）其他；

5. 议题内容：（1）政治；（2）经济；（3）军事；（4）文化；（5）社会；（6）环境；（7）科技；（8）外交；

6. 政治议题（中国政治）：（1）高层政治；（2）政法改革；（3）腐败问题；（4）西藏问题；（5）台湾问题；（6）南海问题；（7）香港问题；（8）钓鱼岛问题；（9）外交政策；（10）其他；

7. 外交议题：（1）中新关系；（2）中美关系；（3）中日关系；（4）中印关系；（5）中菲关系；（6）中国与其他国家关系；

8. 中新外交：（1）友好合作；（2）海洋权益；（3）人事任免；（4）官方交流；（5）签证问题；（6）核问题；（7）媒体角色；（8）国际地位；（9）"一带一路"；

9. 中美外交：（1）伊拉克问题；（2）台湾问题；（3）遏制中国；（4）友好交往；（5）反导弹防御系统问题；（6）伊朗问题；（7）气候问题；（8）南海问题；（9）越南问题；（10）中东问题；

10. 中日外交：（1）反恐；（2）反对核试验共识；（3）官方交流；（4）钓鱼岛问题；（5）与东盟国家关系；

11. 中国与其他国家的外交：（1）海洋权益；（2）经济合作；（3）医疗援助；（4）军事对比；

12. 军事议题：（1）中国军队的军事实力；（2）中美军事交流；（3）军事对峙；

13. 经济议题：（1）中国经济；（2）中新贸易合作；（3）中新贸易问题；（4）中新经济对比；（5）其他；

14. 中国经济：（1）经济增长；（2）经济减速；（3）金融；

（4）海外并购；（5）经济政策；（6）农业；（7）大陆—台湾贸易；（8）出口；（9）汽车业；（10）房地产；（11）IT产业；（12）山寨产业；（13）家电产业；（14）渔业；（15）酒业；（16）食品业；（17）旅游业；（18）自由贸易区；（19）家具业；

15. 中新贸易合作：（1）IT产业；（2）农产品；（3）能源；（4）金融；（5）交通（航空）；（6）制药；（7）人员交流；（8）酒店娱乐业；（9）自由贸易区；（10）投资；（11）旅游；（12）房地产；（13）保险业；（14）电子产品；（15）媒体报业；（16）物流；（17）食品；（18）服装、鞋子；（19）文具；（20）商场、超市产业；（21）医疗；（22）造船、航运业；（23）列车、汽车制造业；（24）酒业；（25）电力；（26）电子商务；（27）餐饮业；

16. 中新经济对比：（1）宏观经济；（2）基础设施；（3）IT；（4）发展模式；（5）金融；（6）物流业；

17. 中新贸易问题：（1）市场地位；（2）海外竞争；（3）政策壁垒；（4）增长缓慢；

18. 中美贸易问题：（1）贸易逆差；（2）海外竞争；（3）政策壁垒；（4）美国金融危机；（5）违反规则；

19. 中美贸易合作：（1）IT产业；（2）农产品；（3）金融；（4）纺织品；（5）投资；

20. 文化议题：（1）体育；（2）文艺；（3）教育；（4）旅游；（5）宗教；（6）影视；（7）软实力；（8）文物保护；（9）传统节日；（10）美食；（11）中医；（12）比赛；（13）语言；（14）传统文化；（15）其他；

21. 科技议题：（1）航天；（2）高铁；（3）医学研究；（4）创新力；（5）人才储备；（6）核技术；（7）建筑；（8）导弹防御系统；（9）媒体产业；（10）视频设备；（11）节能技术；（12）其他；

22. 社会议题：（1）社会保障；（2）犯罪；（3）灾难；（4）趣闻；（5）移民；（6）就业；（7）纠纷；（8）城乡发展；（9）信息化；（10）计生；（11）群体性事件；（12）人物；（13）交通；（14）法

律；(15) 建筑；(16) 快递；(17) 人才；(18) 整容；(19) 公益；

23. 环境议题：(1) 气候变暖；(2) 环境污染；(3) 环境保护。

三 信度检测

参加样本检索和编码工作的一共有两名编码员，他们都是应用语言学方面的在校硕士研究生，独立执行任务之前都接受了专门的培训。编码员的工作分为四个步骤：(1) 对"海峡时报—中国形象"语料库的抽样语料进行人工剔除，删掉那些与中国报道无关或关系不紧密的语料。期间，编码员曾就那些只提及中国或中国人、但并未以此为主题进行深入报道的篇章，是否应被收入语料库产生怀疑，后经讨论两人达成一致，重新确立标准。(2) 填写编码表，记录样本中每一篇报道的相关信息。(3) 判断议题。语料库中报道数量庞大，涉及议题多种多样，就如何归类问题起初两位编码员无法达成一致，后经讨论确定统一标准。(4) 为检验两位编码员对议题编码的效度，选出10%的议题作为样本，采用霍斯堤（Holsti）公式[1]对其进行检验，信度数值高达93%。[2]

第四节 分析与讨论

一 《海峡时报》涉华新闻报道总量

利用 LexisNexis 新闻数据库，搜索关键词"China"或"Chinese"、且出现在新闻标题中的报道，最终得到17935篇有关中国的报道，创建"海峡时报—中国形象"语料库，共计11171525词。每年报道篇幅分布如表2—1所示。通过图2—1所示的柱状图，更加能够显现出17年间《海峡时报》对中国事务的关注程度及其历时变化。

---

[1] 霍斯堤公式是一个以一致性百分比的公式来计算信度的公式，即信度 = 2M/（N1 + N2），其中 M 代表两个编码员一致的编码数量，N1 和 N2 分别代表两位编码员的编码总数。

[2] 李本乾：《描述传播内容特征　检验传播研究假设——内容分析法简介（下）》，《当代传播》2000年第1期。

从这两张图表可以看出，自 2000 年起，新加坡主流媒体对中国的报道频率呈现出一个由低到高、逐步趋于平稳的总体态势。21 世纪以来的 17 年间，《海峡时报》平均每年报道的篇数是 1055 篇。这一数字意味着该报读者在正常情况下每天都能够看到 2 篇以上的中国报道。具体而言，《海峡时报》对中国的关注度呈持续走高之势，至 2004 年达到第一个峰值。接下来的 2005—2013 年，报道篇数时高时低，2008 年、2009 年、2011 年和 2013 年报道量均低于年均值，2009 年数量偏低。2014 年往后的报道篇幅又趋于稳定。新加坡主流媒体涉华报道频率的大幅变化，通常与两国关系或中国国内重大事件的发生存在明显联系。2004 年中新关系出现较大波折。7 月 10 日，新加坡副总理李显龙不顾中方一再劝告，执意访问台湾，此举损害了中国的核心利益，破坏了中新关系的政治基础，引发中方严正抗议。8 月 22 日，新加坡新任总理李显龙在国庆群众大会上发表施政演说时一改之前强硬的态度，公开表示，新加坡一贯坚持一个中国的立场，坚决反对"台独"。紧接着 11 月份李显龙分别在不同国际场合两次会见中国国家领导人——国家主席胡锦涛和国务院总理温家宝，试图缓和不断紧张的双边关系。这一系列高层会见，成为《海峡时报》本年度的关注重点。而 2009 年的中新关系则处于风平浪静之中，确切地说，两国高层交往密切，经济、文化与教育等各领域合作成果丰硕，两国关系保持良好发展势头。关注负面报道历来是新闻媒体的一大特点，看来《海峡时报》也不例外，风平浪静的新中关系没有给新加坡主流媒体提供足够吸引读者目光的舆论话题。

表 2—1　　　　　《海峡时报》涉华报道年份分布　　　　单位:%

年份	报道量（篇）	百分比
2000	634	3.5
2001	864	4.8
2002	1086	6.1
2003	1099	6.1

续表

年份	报道量（篇）	百分比
2004	1226	6.8
2005	1056	5.9
2006	1118	6.2
2007	1099	6.1
2008	1017	5.7
2009	843	4.7
2010	1060	5.9
2011	982	5.5
2012	1153	6.4
2013	1006	5.6
2014	1229	6.9
2015	1229	6.9
2016	1234	6.9
年平均报道量	1055	5.9
总数	17935	100

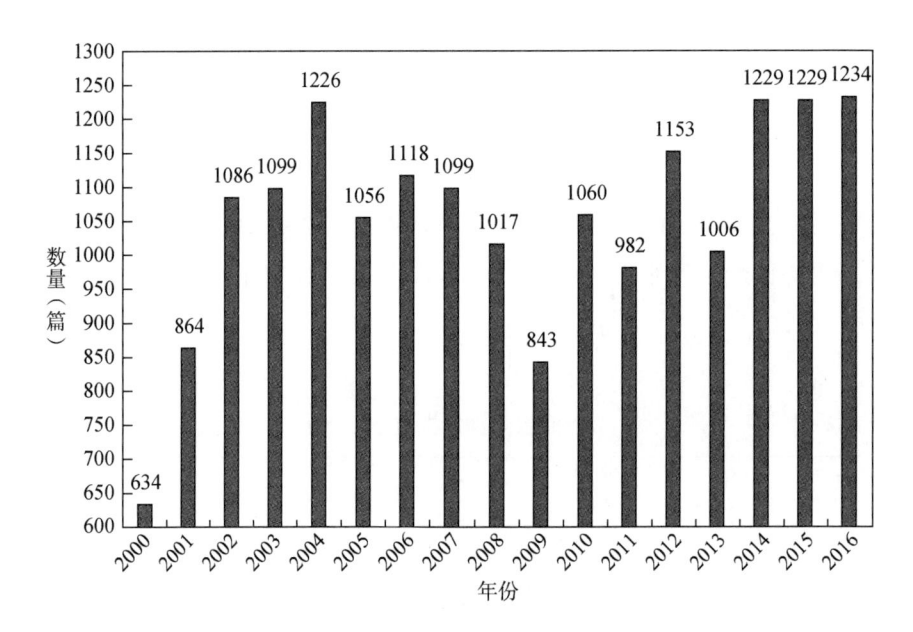

图2—1 《海峡时报》涉华报道年份分布

二 《海峡时报》涉华新闻报道样本量

运用构造周抽样方法，本研究最终从"海峡时报—中国形象"语料库中抽取到的样本数量为1381篇。具体日期分布见表2—2。

表2—2　　　　　《海峡时报》涉华报道样本日期分布

年份	星期日	星期一	星期二	星期三	星期四	星期五	星期六
2000	1月2日	5月8日	3月14日	3月7日	4月27日	2月18日	6月24日
	7月9日	10月16日	12月5日	8月30日	7月21日	9月8日	11月18日
	5月28日	4月3日	3月14日	3月22日	2月18日	6月18日	1月29日
	11月5日	7月3日	7月11日	12月20日	8月17日	9月23日	11月5日
2001	3月11日	6月25日	4月3日	1月31日	1月11日	2月24日	5月19日
	10月14日	7月30日	11月13日	9月26日	12月27日	11月23日	8月18日
	6月17日	1月1日	5月8日	2月7日	2月15日	3月23日	4月7日
	9月2日	8月6日	8月28日	12月12日	7月5日	11月16日	10月27日
2002	3月17日	6月10日	4月30日	4月3日	1月24日	5月31日	6月29日
	9月29日	7月15日	11月12日	12月25日	10月31日	11月29日	8月17日
	5月12日	3月18日	1月8日	1月16日	4月11日	6月21日	2月16日
	9月8日	7月8日	11月26日	12月11日	10月10日	11月8日	8月3日
2003	4月27日	2月3日	4月1日	1月29日	3月13日	5月30日	6月28日
	10月26日	8月4日	9月16日	11月19日	7月24日	8月22日	12月27日
	4月13日	2月17日	4月8日	1月15日	3月27日	5月9日	6月7日
	10月12日	8月18日	9月23日	11月5日	7月10日	8月8日	12月13日
2004	5月16日	3月15日	1月20日	2月25日	4月29日	4月9日	6月26日
	11月14日	7月19日	8月31日	10月13日	10月28日	9月17日	12月25日
	5月2日	3月29日	1月6日	2月11日	4月15日	4月2日	6月12日
	11月28日	7月5日	8月10日	10月6日	10月21日	9月3日	12月11日
2005	5月5日	1月31日	4月12日	3月30日	2月24日	2月4日	6月25日
	9月18日	12月12日	8月30日	7月20日	10月27日	8月5日	12月24日
	5月29日	1月10日	4月26日	3月16日	2月10日	2月18日	6月11日
	9月4日	12月26日	8月9日	7月6日	10月13日	8月19日	12月10日

续表

年份	星期日	星期一	星期二	星期三	星期四	星期五	星期六
2006	1月1日	4月10日	4月25日	3月29日	2月16日	5月26日	6月3日
	7月23日	10月23日	9月12日	9月27日	11月23日	8月4日	12月30日
	1月22日	4月24日	4月18日	3月8日	2月2日	5月12日	6月17日
	7月2日	10月9日	9月5日	9月20日	11月9日	8月11日	12月16日
2007	4月15日	2月5日	6月5日	6月27日	3月15日	1月12日	5月19日
	11月25日	11月5日	8月28日	12月19日	7月5日	9月7日	10月13日
	4月29日	2月19日	6月19日	6月6日	3月1日	1月26日	5月5日
	11月11日	11月26日	8月7日	12月5日	7月19日	9月28日	10月27日
2008	5月18日	1月14日	1月29日	4月2日	3月13日	2月22日	6月28日
	10月19日	8月4日	7月1日	7月16日	10月30日	9月12日	12月27日
	5月4日	1月28日	1月1日	4月30日	3月6日	2月1日	6月7日
	10月19日	8月4日	7月1日	7月16日	10月30日	9月12日	12月27日
2009	3月15日	2月2日	2月24日	5月8日	5月21日	1月16日	6月27日
	7月5日	11月2日	11月17日	9月30日	10月29日	8月14日	12月12日
	3月29日	2月23日	2月10日	4月8日	4月23日	1月2日	6月13日
	7月19日	11月16日	11月3日	9月9日	10月22日	8月28日	12月26日
2010	3月21日	3月1日	6月15日	1月6日	1月28日	5月28日	4月24日
	12月19日	8月2日	8月31日	7月7日	7月22日	11月26日	10月16日
	3月14日	3月30日	6月1日	1月20日	1月7日	5月7日	4月3日
	12月5日	8月16日	8月10日	7月28日	7月1日	11月12日	10月30日
2011	4月24日	1月10日	1月25日	6月8日	6月23日	5月27日	2月5日
	9月11日	7月25日	7月5日	10月19日	10月27日	12月2日	8月20日
	4月3日	1月17日	1月4日	6月29日	3月17日	5月6日	2月19日
	9月25日	7月11日	7月19日	11月16日	10月6日	12月30日	8月6日
2012	1月1日	1月30日	6月12日	5月9日	2月2日	2月24日	4月14日
	7月1日	7月30日	11月20日	10月24日	8月9日	9月14日	12月22日
	1月8日	1月16日	6月26日	5月23日	2月23日	3月2日	4月28日
	7月15日	7月16日	11月6日	10月3日	8月30日	9月28日	12月1日

续表

年份	星期日	星期一	星期二	星期三	星期四	星期五	星期六
2013	4月21日	3月4日	3月19日	1月16日	5月30日	6月28日	2月23日
	7月7日	7月22日	12月10日	10月2日	10月31日	8月2日	9月14日
	4月28日	3月25日	3月5日	1月30日	5月16日	6月7日	2月2日
	7月21日	7月29日	12月31日	10月23日	10月10日	8月23日	9月7日
2014	1月5日	2月3日	5月20日	4月2日	3月6日	3月21日	6月28日
	12月7日	9月15日	7月22日	10月1日	10月30日	8月22日	11月1日
	1月19日	2月24日	5月6日	4月30日	3月27日	3月7日	6月14日
	12月28日	9月8日	7月1日	10月15日	10月2日	8月1日	11月22日
2015	6月21日	2月2日	2月17日	4月1日	4月30日	1月30日	3月21日
	11月29日	8月17日	9月1日	9月30日	12月10日	7月17日	10月3日
	6月7日	2月16日	2月3日	4月22日	4月2日	1月9日	3月7日
	11月8日	8月3日	9月8日	9月23日	12月24日	7月3日	10月24日
2016	6月26日	4月18日	3月1日	3月30日	1月7日	5月12日	2月13日
	10月16日	8月1日	8月30日	12月7日	7月7日	11月25日	9月10日
	6月5日	4月4日	3月15日	3月23日	1月21日	5月26日	2月27日
	10月30日	8月15日	8月9日	12月21日	7月21日	11月4日	9月3日

对于这1381篇样本逐一进行人工筛查，剔除153篇只提及中国或中国人，并未以此为主题进行深入报道的篇章，最终得到1228篇有效样本，创建"海峡时报—中国形象"抽样语料库，共计832444词。具体到每个年份的报道数量，参看表2—3。

表2—3　　《海峡时报》涉华报道样本数量年份分布　　单位：%

年份	报道量（篇）	百分比
2000	43	3.5
2001	74	6.0
2002	82	6.7
2003	75	6.1
2004	89	7.2
2005	78	6.35

续表

年份	报道量（篇）	百分比
2006	67	5.45
2007	77	6.3
2008	69	5.6
2009	51	4.15
2010	75	6.1
2011	54	4.4
2012	69	5.6
2013	69	5.6
2014	78	6.35
2015	91	7.4
2016	87	7.2
年平均报道量	72	5.9
总数	1228	100

抽样样本分布如图2—2所示，其整体走势与图2—1大致相同。

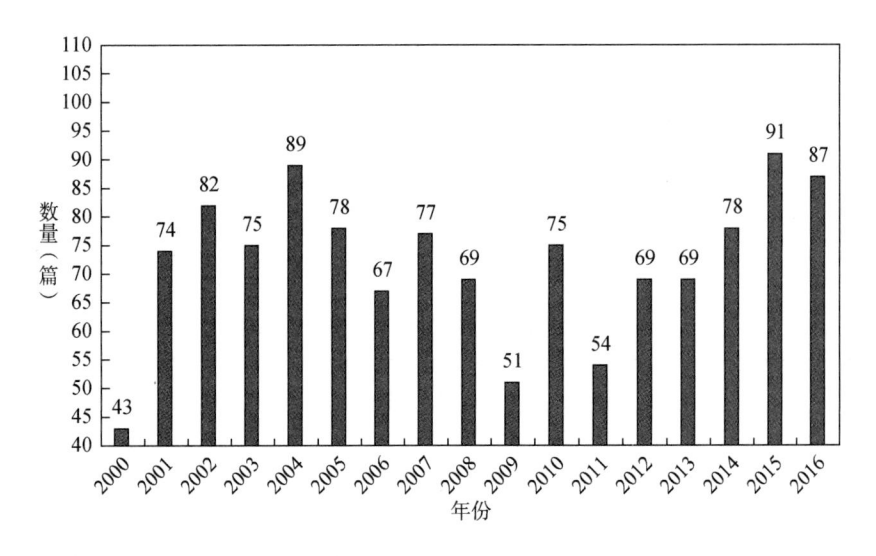

图2—2 《海峡时报》涉华报道样本数量年份分布

三 报道篇幅

《海峡时报》涉华报道篇幅统计结果，参看表2—4。其中，501—800字这一区间的占比最高，达到44.9%；位列第二的是301—500字这一区间，占比为29.2%。这两项一共占据语料库总数的74.1%，即是说《海峡时报》涉华报道以301—800字区间为主。

表2—4 　　　　　《海峡时报》涉华报道篇幅统计 　　　　单位:%

篇幅	篇数	百分比
300字以内	101	8.2
301—500字	359	29.2
501—800字	551	44.9
801—1200字	156	12.7
1201字以上	61	5.0
总数	1228	100

四 体裁

狭义的新闻专指消息报道，广义的新闻体裁则包括消息、通讯、特写、新闻评论和新闻摄影等。消息是以简单明了的文字快速及时地报道最新发生的事件，是最常见的一种新闻体裁。通讯是较为详尽、具体地报道新闻事实的一种体裁。特写则是对被报道对象富有代表意义的细节或片段，进行鲜明且形象报道的新闻体裁。言论是就某一新闻现象或当前重大问题加以评说，以便对舆论发挥引导和监督等导向作用。[①] 这几种新闻体裁特征鲜明，容易辨别，皆属于常见的新闻体裁。根据上述定义，我们对样本进行了分类，结果如下：

---

① 胡欣：《新闻写作学》，武汉大学出版社2012年版，第28、41、110、147页。

表2—5　　　　　《海峡时报》涉华报道体裁统计　　　　单位:%

文章体裁	篇数	百分比
消息报道	1107	90.1
通讯、深度报道	74	6.0
特写专访	4	0.4
社论、评论	43	3.5
总数	1228	100

表2—5显示，《海峡时报》2000—2016年1228篇涉华新闻中，消息报道有1107篇，占总数的90.1%；通讯、深度报道有74篇，占比6%；特写专访有4篇，只占0.4%；社论、评论有43篇，占总数的3.5%。这样来看，《海峡时报》的涉华报道，绝大多数是事实性新闻或者说是硬新闻，且此类报道的篇幅通常在1000字以下，符合表2—4的统计结果。

五　稿源

从新闻来源上看，涉华报道可分为引用外媒、撰稿人投稿和自采新闻三种类型。本研究的1228篇样本中，有1140篇是自采新闻，占比高达93%。这充分显示出新加坡报业控股有限公司强大的实力。其中，新加坡国内记者发稿量为508篇，占自采新闻总数的45%，而驻外记者的发稿量为632篇，占比55%。驻外记者发稿篇数较多的国家包括中国、美国、马来西亚、日本、印度尼西亚、菲律宾、印度、澳大利亚和泰国等。

撰稿人主要以自由撰稿人和相关领域的学者居多，占比为6%。引自外媒的篇数非常少，一共包括中国日报（1篇）、法新社（7篇）、星期日泰晤士报（1篇）、路透社（3篇）、纽约时报（1篇）和美联社（1篇），占比只有1%，如图2—3所示。

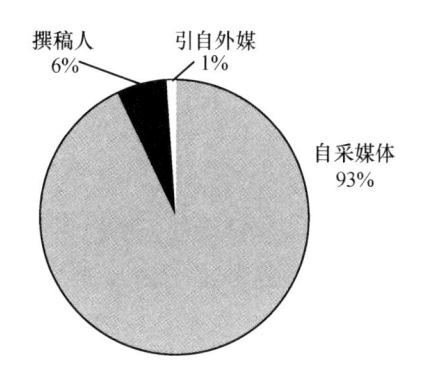

图 2—3 《海峡时报》涉华报道稿源统计

六 发稿地点

根据发稿地点可以判断报道是否是在现场采写。表 2—6 显示，涉华报道中有一半以上来自中国，共有 545 篇，约占总数的 44%，而来自新加坡国内的报道为 508 篇，约占 41%。涉华报道中有 44% 在中国境内采写，这在很大程度上既反映了《海峡时报》的经济实力以及全球推广的战略布局，同时也显示出该报在涉华报道中力求了解客观、真实的中国的目标。

表 2—6　　《海峡时报》涉华报道发稿地点统计　　单位:%

发稿地点	篇数	百分比
新加坡	508	41.4
中国北京	364	29.6
中国上海	21	1.7
中国香港	42	3.4
中国台湾	41	3.3
中国其他城市	77	6.3
美国	31	2.5
日本	25	2.0
澳大利亚	10	0.8
东南亚和南亚地区	70	5.7

续表

发稿地点	篇数	百分比
其他国家和地区	39	3.3
总数	1228	100

七 消息来源

涉华报道中，引用新加坡各界人士观点的篇幅为370篇，占比约30%，引自中国各界人士观点的篇幅为547篇，占比高达45%。引用美国各界人士观点的报道有46篇，占比约3.7%（具体数字参看表2—7）。如此来看，《海峡时报》多采纳中国信源进行涉华报道，这一结果与稿源和发稿地点的统计数字相互印证，符合新闻报道力求客观的特点，是可取的做法。

表2—7　　　　　《海峡时报》涉华报道信源统计　　　　　单位:%

主要消息来源	篇数	百分比
新加坡领导人及其他政府官员	68	5.5
新加坡社会知名人士	199	16.2
新加坡民众	92	7.5
新加坡媒体	11	0.9
中国领导人及其他政府官员	189	15.4
中国社会知名人士	148	12.1
中国民众	115	9.4
中国媒体	95	7.7
美国领导人及其他政府官员	27	2.2
美国社会知名人士	11	0.9
美国媒体	8	0.7
马来西亚	25	2.0
印度尼西亚	10	0.8
日本	33	2.7
泰国	4	0.3
印度	10	0.8

续表

主要消息来源	篇数	百分比
澳大利亚	8	0.7
越南	4	0.3
菲律宾	12	1.0
欧洲人士或媒体	26	2.1
其他	133	10.8
总数	1228	100

八 议题

21世纪的《海峡时报》报道中，涉华议题表现出哪些特征呢？经统计发现，《海峡时报》有关中国报道的议题包括政治、经济、文化、社会、外交、军事、科技和环境等八类。其中，最为重要的是"经济"议题，接近报道总量的1/3，其次是"文化""社会""外交""政治""科技""环境"和"军事"，依次排列。如表2—8所示。

表2—8　　　《海峡时报》涉华报道主要议题统计　　　单位:%

议题	篇数	百分比
政治	131	10
经济	409	33
外交	169	14
军事	20	2
文化	242	20
社会	215	17
环境	20	2
科技	22	2
总数	1228	100

若采用柱状图来表示的话，每个议题的占比更为清晰，如图2—4所示。

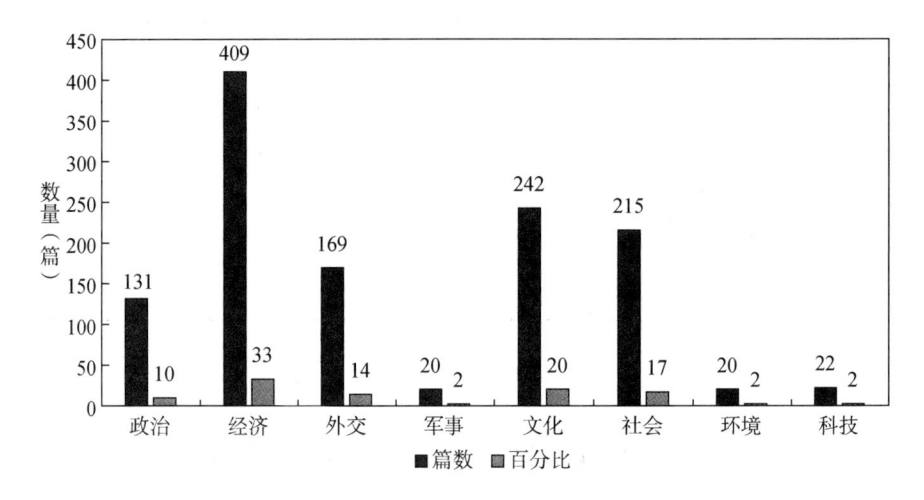

图 2—4 《海峡时报》涉华报道主要议题统计

这一结论与中新两国关系的实质和基础不谋而合。中新关系的核心是经济合作、贸易相通，经济领域双方保持着密切的沟通。如今，中国已经是新加坡的最大贸易伙伴，而新加坡则是中国最大投资来源国。两国间主要合作项目有苏州工业园区、天津生态城、广州知识城、吉林食品区和川新创新科技园等。同时，新加坡还同山东、四川、浙江、辽宁、天津、江苏和广东等 7 省市分别建有经贸合作机制。

不过，这一结论，同孙有中对英美报刊涉华报道、张玉对日本报刊涉华报道、周宏刚对印度报刊涉华报道的研究结论，均有所不同。日本主流媒体的涉华报道中，外交议题位列榜首，依次是政治、经济、社会和文化议题。而印度主流媒体《印度时报》涉华报道中，政治议题位列第一，接下来依次是军事、社会、文化、经济、科技和环境议题。美国主流媒体《纽约时报》的涉华报道中，政治议题位列第一，经济次之，之后是文化、社会等议题。英国主流媒体《泰晤士报》则将香港议题列为第一，依次是政治、文化、经济和社会等议题。

这充分说明，中国国家形象研究以国别为基本单位具有重要意义，双边的政治、经济、文化和社会等关系的整体态势在很大程度上左右着该国主流媒体对于中国整体形象的构建，而该国主流媒体对中国形象的构建又依次影响着本国民众的中国认知,无形之中强化着两国关系的实质。如此看来,外国主流媒体强大的舆论功能对于两国关系的未来走向,发挥着不可替代的影响作用,双方交往的立场、原则以及处理冲突的机制,皆可透过该国主流媒体的话语传递出来。而这正是本研究的重点之一。

(一)经济议题

表2—9显示,《海峡时报》优先关注本国同中国的经贸关系,包括中新贸易合作的多个领域,以及中新经济对比和中新贸易问题等,一共有182篇报道。中新贸易合作的领域涉及面极广,包括IT产业、农产品、能源、金融、交通(航空)、制药、人员交流、酒店娱乐业、自由贸易区、投资、旅游、房地产(租赁)、保险业、电子产品、媒体报业、物流、食品、服装鞋子、文具、商场超市、医疗、造船航运业、列车/汽车制造业、酒业、电力、电子商务和餐饮业等,遍布经济领域的方方面面,成为中新关系的合作基石。同时《海峡时报》对中国经济的关注也是一大亮点,有148篇报道,主要包括中国经济增长、中国对外贸易、中国经济减速、中国金融和中国经济政策等。"元"是中国金融行业话语词条的代表,透过它可以较为直观地考察中新经济关系的实质及其全貌。

表2—9   《海峡时报》涉华报道经济议题统计   单位:%

议题	篇数	百分比
中国经济增长	35	8.6
中国对外贸易	22	5.4
中国经济减速	15	3.7
中国金融	16	3.9
中国经济政策	14	3.4
中国经济的其他领域	46	11.2
中新贸易合作	166	40.6
中新经济对比	9	2.2
中新贸易问题	7	1.7

续表

议题	篇数	百分比
中美贸易	19	4.6
其他	60	14.7
总数	409	100

(二) 文化议题

表2—10说明，《海峡时报》对于中国文化有着浓厚的兴趣，关注着中国文化的方方面面，包括体育、文艺、教育、影视、旅游、美食、文物保护、传统节日、传统文化和语言等。其中关注度较高的有教育、文艺、体育和影视四个方面。

表2—10　　《海峡时报》涉华报道文化议题统计　　单位:%

议题	篇数	百分比
体育	34	14.0
美食	12	5.0
中医	4	1.7
比赛	5	2.1
语言	8	3.3
传统文化	11	4.5
文艺	37	15.3
教育	42	17.4
旅游	12	5.0
宗教	8	3.3
影视	26	10.7
软实力	5	2.1
文物保护	13	5.4
传统节日	12	5.0
其他	13	5.2
总计	242	100

中国软实力建设，令人瞩目地成为《海峡时报》的关注重点，为

本书第四章中国文化议题的选取提供了一个有价值的参考。作为中国文化走出去的成功案例，以"孔子学院"为切入点，考察新加坡主流媒体对于中国软实力建设的态度和立场，自然成为这一议题的不二选项。

（三）社会议题

《海峡时报》对于中国社会议题的关注，同样是面面俱到，涵盖了编码表中的19个子议题。表2—11表明，数量多的有社会保障、犯罪、灾难、就业、纠纷、计生和群体性事件等。之所以在第五章当中选取"户口"作为中国社会议题，正是因为"户口"议题同社会保障、就业关系紧密，甚至同犯罪、纠纷和计生等都存在着一定的联系，将"户口"作为研究的切入点，或可对中国社会的整体面貌获得较深入的挖掘。

表2—11　　　《海峡时报》涉华报道社会议题统计　　　单位:%

议题	篇数	百分比
社会保障	38	17.7
犯罪	43	20
灾难	13	6.0
趣闻	1	0.5
移民	9	4.2
就业	16	7.4
纠纷	15	7.0
城市发展	6	2.8
信息化	8	3.7
计生	24	11.2
群体性事件	12	5.6
人物	6	2.8
其他	24	11.1
总计	215	100

（四）外交议题

表 2—12 显示，在外交报道方面，《海峡时报》的首要关切不是中新关系，而是中美关系。与孙有中、张玉和周宏刚等研究结论做一比较，我们发现，英国主流媒体《泰晤士报》涉华报道中，中美关系位居第一，中英关系次之；美国主流媒体《纽约时报》涉华报道中，中美关系报道数量最多；印度主流媒体《印度时报》涉华报道中，中美外交排列第三，居于中印外交、中巴外交之后；而日本主流媒体《朝日新闻》涉华报道中，中日关系排名第一，中美关系第二。如此看来，中美关系在有关中国国家形象的国别研究中，占据着显著位置。中美两国作为全球两个超级大国，二者关系已远远超出了双边关系的范畴，成为一对影响世界的大国关系。这一结论在第三章中得到了进一步证实。

表 2—12　《海峡时报》涉华报道外交议题统计　　单位:%

议题	篇数	百分比
中新关系	45	24.2
中美关系	68	36.6
中日关系	18	9.7
中印关系	14	7.5
中菲关系	9	4.8
中国与其他国家关系	32	17.2
总计	186	100

（五）政治议题

政治议题指的是中国国内政治。表 2—13 显示，台湾问题成为《海峡时报》对中国国内政治的首要关切点，从一个侧面体现出新加坡的平衡策略。新加坡自建国以来与中国台湾就有着实质性的关系。二者互相需要，尤其在军事合作上。

选择"中国共产党"作为中国政治议题的代表,原因是中国共产党是我国的执政党,是国家最高政治领导力量。考察"中国共产党"相关报道,势必会涉及表2—13中列出的几乎所有子议题,而基于此类子议题基础之上的"中国共产党"形象,才具有最广泛的代表性。

表2—13　　　　《海峡时报》涉华报道政治议题统计

议题	篇数	百分比
高层政治	23	20.2%
政法改革	9	7.9%
腐败问题	7	6.1%
西藏问题	3	2.6%
台湾问题	43	37.7%
南海问题	14	12.3%
香港问题	6	5.3%
钓鱼岛问题	2	1.75%
外交政策	5	4.4%
其他	2	1.75%
总计	114	100%

(六)科技、军事和环境议题

《海峡时报》对中国科技、军事和环境议题的关注度较低,分别为22篇、20篇和20篇。其中,中国科技议题包括航天、高铁、人才储备、科技竞争、建筑、导弹防御、媒体、视频、节能和创新力等方面,对航天和高铁的关注度位列在前,分别是27%和22%,正因为如此"神舟"成为中国科技议题的代表。军事议题中,中国军队的军事实力是《海峡时报》关注的重心,包括军费开支、武器研发和海军发展等。其次是中美军事交流,以及地区冲突(如美国与伊拉克之间的冲突)。环境议题则主要围绕中国经济的高速增长引发的环境污染问题;尽管中国政府作出保护环境的种种承诺,但在《海峡时报》看来任重道远。

第五节 《海峡时报》塑造的宏观中国形象

作为新加坡的主流媒体,《海峡时报》给予了中国高度的关注,平均每天两篇的涉华报道量,足以凸显中国对于新加坡而言的重要意义;同时能够不断强化读者对中国事务的认知,通过设置议题,有意或是无意地引导读者的涉华立场和态度,最大限度地发挥主流媒体影响社会舆论的功能。

21 世纪以来的 17 年间,涉华报道数量虽在某些年份(如 2004 年和 2009 年)出现明显波动,但整体而言该报对中国的密切关注从未发生改变。

从体裁上看,90.1% 的报道是消息类新闻,属于事实性报道,篇幅以 800 字以下为主,比例高达 74.1%。其中,501—800 字区间的占比为 44.9%,301—500 字区间的占比是 29.2%。篇幅长达 501—800 字的消息类新闻,已经不仅仅只是单一事件的报道,而是属于分析性消息,加入了深度解读的部分,含蓄地传递着报道者的立场和态度。[1]

涉华报道中的稿源和信源,有接近一半来自中国(分别为 44% 和 45%),进一步证实中国在双边关系当中的重要性,《海峡时报》派驻大量记者到一线采编新闻(包括北京、上海、香港和台湾地区以及其他城市),力求近距离接触事发现场、接近事实真相、客观认知中国、全面公正地进行报道,帮助本国民众甚至是全球读者深入了解中国的政治、经济、社会、文化、军事、科技和环境等各个方面。

新加坡主流媒体涉华报道中,最为关注的是经济议题,占报道

---

[1] 刘明华:《新闻写作教程》,中国人民大学出版社 2002 年版,第 290 页。

总数的33%。其中，中国经济的发展状况占到该议题总数的36.2%，中国—新加坡双边的经贸合作占比为44.5%。作为《海峡时报》的聚焦点，经贸合作是两国关系的基础，经贸合作的健康发展为双边关系的长期稳定发挥着压舱石的作用；其他领域的合作交流都以经济合作为重要参考。自2012年以来，中国成为新加坡最大的出口贸易国，2015年新加坡对中国的出口贸易为655.52亿新元。新加坡的首要投资国也是中国，2014年的对华直接投资额达到1100.88亿新元。

文化议题位居第二。该报对中国文化怀有极其浓厚的兴趣，关注中国文化的方方面面，除了传统中医、节日、宗教和美食等常规领域外，重点关注当代中国文化的发展，涉及体育、比赛、语言、文艺、教育、旅游、影视、软实力和文物保护等。其中，教育位居榜首，占比为17.4%。近些年来中国同新加坡在教育与科技方面的交流与合作不断加强，双方签署了一系列相关文件，大力支持和鼓励这些领域的合作发展。

社会议题位居第三。除了关注具有鲜明新闻属性的犯罪、灾难、趣闻、纠纷和群体性事件等议题外，社会保障、移民、就业、城市发展、信息化、计生和人物等能够反映中国当代社会发展现状的议题，更加吸引了《海峡时报》的目光，此类报道的占比高达49.8%。当代中国民生问题，成为新加坡主流媒体的主要关注点。

外交议题位居第四。除中新关系占比24.2%，中美关系、中日关系、中印关系和中菲关系皆是《海峡时报》的关注重点，这意味着：（1）中美关系的发展对新加坡而言，意义重大；（2）中国与周边国家的外交关系，同属新加坡的首要关切；（3）同为亚洲近邻，中国的一举一动具有举足轻重的作用。

中国国内政治议题位列第五。该议题多为负面报道：腐败问题、西藏问题、台湾问题、南海问题、香港问题和钓鱼岛问题等。高层政治则主要关注高层人事任免，报道中多为主观臆断，揣测中国高层政治的人事变动，此议题比例竟高达20.2%。这与周宏刚对印度涉华报道的研究结论不同。他认为，高层政治议题不仅与他国的利益相关性不大，同时议题本身又比较敏感，所以在印度报纸中只占7.7%。①

科技议题占据第六位，军事和环境议题并列第七位，且报道数量较少。正如前面所言，如此产生的议题排列顺序，同新加坡本国的外交定位、中国的国际地位和中新双方的关系等因素息息相关。

---

① 周宏刚：《印度英文主流报纸的中国形象研究》，博士学位论文，华中科技大学，2013年，第37页。

第 三 章

"元"(Yuan)的海外形象

第一节　理论概述

长期以来隐喻一直被看作一种修辞现象，其功能是有助于语言表达更加生动形象。到了20世纪80年代这种"隐喻修辞论"受到了来自语言哲学和认知语言学的挑战，他们将隐喻当作一种思维方式，一种认知世界万物的工具。1980年，乔治·拉考夫（George Lakoff）和马克·约翰逊（Mark Johnson）合作出版了《我们赖以生存的隐喻》(*The Metaphor We Live by*)一书，该书系统阐述了认知语言学视角对隐喻的新见解。拉考夫提出，人类的思维离不开概念，而概念的形成离不开隐喻，即"我们的思想和行为所依据的概念系统本身是以隐喻为基础"。[①] 所以隐喻又被称为概念隐喻。简单地讲，隐喻是通过一件事物（源域）帮助我们经验和理解另一件事物（目标域），隐喻的主要作用并非是为了让语言生动形象，而是"理解"和"感知"。为了理解和感知某种陌生且通常较为抽象的事物，我们需要参照相对熟悉的事物来实现理解。例如，为了更加形象地理解发生于两国间的贸易摩擦，我们常常把贸易摩擦比作贸易战，即战争是源域而贸易摩擦是目标域。战争有敌对双方，有冲突、有输赢，还有策略。贸易摩擦同样如此。我们不仅是利用"战争"来谈论"贸易摩擦"，还通过"战

[①]　[美]乔治·拉考夫、马克·约翰逊：《我们赖以生存的隐喻》，何文忠译，浙江大学出版社2015年版，第1页。

争"来理解和体验贸易摩擦。一旦贸易摩擦这个目标域同战争源域之间建立起心理映射关系,即表明"贸易摩擦即贸易战"的隐喻形成,接下来该隐喻便会自动加工我们对贸易摩擦的感知,影响我们有关贸易摩擦的思维与决策。如此一来,隐喻就不仅仅只是修饰语,它更是认知和行动。

从本质来看,隐喻意义的理解实际上就是将源域的经验映射到目标域,从而达到重新认识目标域特征的目的。隐喻其实就是人类的认知系统从源域向目标域所作的一种心理映射。在拉考夫和约翰逊的隐喻理论框架中,心理映射具有单向性、系统性和具体性等多个特征。由于映射是从源域向目标域发出,因而具有单向性的特点;源域的结构而非单个特征系统地映射到目标域中,因而还具有系统性的特点,比如战争涉及的敌对双方具有冲突、输赢和策略等结构性特征,而这些特征通过心理映射系统地传递到目标域中;源域的功能是为了帮助理解目标域,因此源域通常是具体的事物,而目标域是抽象的。[①] 根据隐喻的构成,拉考夫将隐喻分为结构性概念隐喻、方位性概念隐喻和实体性概念隐喻三类。

当代新闻媒体话语经常将经济活动描述为战争,有价格战、商业战、货币战,还有近期中美之间的贸易战。杨洋和董方峰认为,战争隐喻已经成为一种普遍的文化现象,充斥于政治、经济、文化和社会生活的各个领域。[②] 新闻媒体在构建经济领域"摩擦与争端"主题时,经常采用战争隐喻,将相关各方的关系以战争隐喻形式再现,突出其中的对抗性、策略运用和输赢结果等。然而本章采用语料库统计的方法得出的初步结论却截然不同,有关"元"的整体形象刻画中,诸如"weapon""arms""war"和"battle"等词汇很少出现,也没有常见的战争源域,如斗争、军队、战场等描述。发生在中美之间的摩擦与争端,凸显的不是对抗,而是一方的蛮横无理,是美方指手画脚干涉

[①] 束定芳:《隐喻学研究》,上海外语教育出版社2000年版,第70—90页。

[②] 杨洋、董方峰:《当代中国媒体话语中的战争隐喻现象研究》,《外国语文研究》2017年第2期。

他国内政的世界警察形象。因此，本章决定采用概念隐喻理论框架进行深入的话语分析，探讨"元"涉及的话语主体形象。

第二节 研究内容

货币是经济发展的最主要推动力，同时也是主宰世界经济最有效的工具。中国法定货币是人民币，由中国人民银行1948年12月1日首次发行。70年来人民币在很大程度上已经成为中国经济的风向标，融入中国社会的方方面面，进入中国话语体系当中。在外文局发布的总榜单上，"元"和"人民币"分别占据第3和第9的位置，处在13个中国核心经济类话语词汇的头两位。

表3—1　　核心经济类话语词汇

词汇	排名	词汇	排名
元	3	代购	73
人民币	9	支付宝	78
大妈	20	中国制造	79
央行	41	小康	89
创新	63	网购	90
土豪	69	高铁	93

随着中国经济实力和综合国力的不断增强，人民币开始向国际化迈进，逐步成长为世界货币。2016年10月1日，人民币正式加入国际货币基金组织特别提款权（SDR）货币篮子，权重10.92%。2018年1月15日，德国和法国宣布把人民币纳入其外汇储备，人民币储备和结算的国际地位大步提升。

中国政府长期以来一直立足国内经济的基本面、稳步推进人民币汇率的改革。从1994年起，人民币同美元非正式挂钩，实行以市场供求为基础的、单一的、有管理的浮动汇率制度。2005年人民币同美元脱钩，实行以市场供求为基础、参考一篮子货币（Basket of currencies）进行调节、有管理的浮动汇率制度。

第三节　研究方法

一　创建语料库

作为中国经济的晴雨表，选择"元"和"人民币"为中国经济话语词汇的代表，再合适不过。经过初步考察，我们发现《海峡时报》更倾向于使用"元"来指称包括贸易、出口和银行等领域的中国金融事务。因此，我们以"元"为关键词在 LexisNexis 中进行检索，一共得到 147 篇报道，剔除不相关的，最终获得语料 139 篇。在此基础上创建"海峡时报—元"语料库，共计 88960 词。

二　研究步骤

首先利用 AntConc 软件进行量化统计，再结合文本分析法，确定"海峡时报—元"语料库的话语特色，进而实施针对性的话语分析。

1. 以美方为话语主体，考察美方的话语内容和话语策略，勾勒美方形象；

2. 以中方为话语主体，考察中方的话语内容和话语策略，塑造中方形象。

第四节　分析与讨论

21 世纪初，美国和日本联手引爆了人民币与世界主要货币（美元、日元和欧元）间的货币战争。原因自然还是中国经济的强势崛起，尤其是在全球经济困难，美、日、欧均复苏乏力的大背景下，中国经济却长期保持高速发展，成为世界经济增长的新引擎，世界各国甚至把全球经济能够复苏的希望放在中国身上。此番种种引发了西方发达国家的不满，它们开始采取各种策略在经济上对中国进行打压，还辅之以政治和外交上的压力。它们对人民币汇率发起的攻击，至今都不曾结束。

人民币升值，通常由中国经济体系内生的动力和外部的压力合力造成。内生动力一般来自外汇储备状况、经济增长状况、利率水平、国际收支、通货膨胀状况和物价水平等。外来压力主要是贸易伙伴间国际收支不平衡、外汇储备差距大导致双方产生的摩擦和纠纷。在《海峡时报》的报道框架中，来自外部的因素，或者说是主要来自美国的压力占据了主导。人民币升值问题，说到底属于中国内部事务，不容外部势力干涉，然而美国人却指手画脚，以种种理由为借口，敦促、迫使人民币升值，甚至将自己打造成为一个受害者的模样，以期达到不可告人的目的。

一 人民币升值问题成为中美贸易摩擦的焦点

"海峡时报—元"语料库显示，《海峡时报》对中国金融事务的报道，呈现历时的变化，分别在2003年、2010年和2015年出现三次高峰，清晰直观地反映出现实世界中发生的种种变化。如图3—1所示。

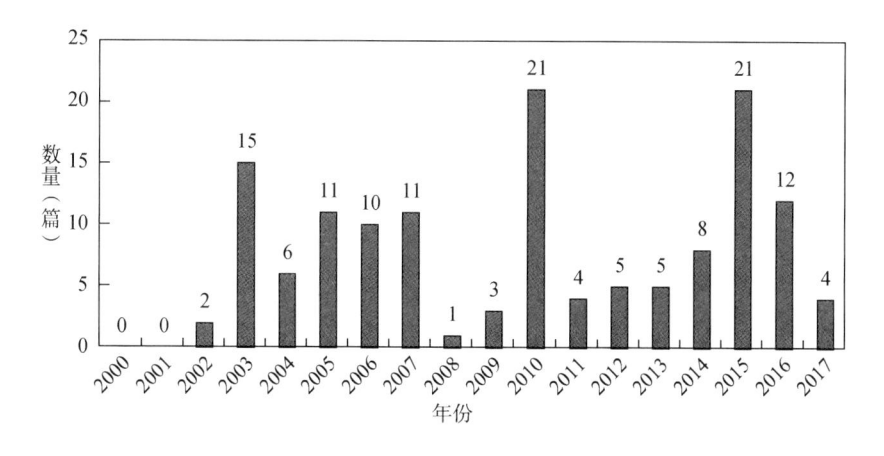

图3—1 "元"报道数量统计

2002年，以美国为首的西方国家拉开了针对人民币汇率的贸易战序幕，势头之猛，强度之大，可谓史无前例，让中国第一次感受到了贸易战的厉害。这一阶段一直持续到波及全球的2008年金融海啸，才不得不暂时偃旗息鼓。金融危机形势刚刚有所好转，西方国家就又卷土重来,于2010年迫不及待地发动第二次猛攻。势头较前次,有过之而无不及。2015年8月11日,中国央行再次启动新一轮的人民币汇率改革,但是这次"新汇改"与西方国家的预期目标南辕北辙,目的在于将人民币兑美元的汇率贬值近2%。这一改革举措,引起了包括《海峡时报》在内的外媒广泛热议,报道量呈现第三个高峰。据央行发布的消息,此次汇改的核心是不再控制汇率中间价,使其更具市场弹性,以达到人民币能纳入SDR篮子货币的基本要求。[①]

(一)"元"=人民币升值

各篇新闻报道的标题一目了然地显示出,人民币升值问题是《海峡时报》最为关注的议题。人民币升值问题,原本是一个涉及国内与国外多个方面的复杂问题,然而在《海峡时报》报道中,该问题在美国操控下无限缩小范围,简化成为一场中美之间的摩擦、争端与角逐,成为一场贸易冲突。

139篇报道的标题当中,出现频率最高的三个实词分别是"China"(101次,第1位),"yuan"(99次,第2位)和"US"(24次,第5位)。与这三个实体发生紧密互动的,是一系列表示人民币汇率及上下浮动性的词汇,如表3—2所示。

表3—2　　　　　指称人民币汇率及其浮动的词汇

人民币汇率(共12次)	汇率变化(共50次)
peg(6次)、rate(4次)、rates(1次)、value(1次)	rise(8次)、revalue(5次)、stable(5次)、up(4次)、rising(3次)、stronger(3次)、devaluation(2次)、appreciate(1次)、convertibility(1次)、convertible(1次)、devalue(1次)、devalued(1次)、fixed(1次)、flexibility(1次)、flexible(1次)、floating(1次)、free(1次)、lift(1次)、lifts(1次)、loosening(1次)、loosens(1次)、looser(1次)、revaluation(1次)、revalued(1次)、strengthen(1次)、strengthens(1次)、weaker(1次)

[①] 易宪容:《8·11人民币"新汇改"的走势》,《探索与争鸣》2016年第1期。

综上所述，新闻标题明确无误地呈现出一幅以中美双方为主体、就人民币汇率问题频繁发生互动、你来我往的场景。人民币究竟应当升值，还是保持稳定，或者人民币估值是低了还是高了等这些问题，在中美之间始终保持着热点议题的地位。

（二）互动仅限于中美之间

1. 高频词统计

针对本语料库的高频词统计显示，139篇新闻报道当中，"China"出现1547次，"yuan"出现1483次，"US"出现842次，同样是频率最高的三个实词。而涉及国家或地区的高频词中，中国名列第1位、美国排在第2位的现象，在其他章节也曾出现。

表3—3对各个章节涉华报道中主要国家行为体（China，Singapore和US）进行了排列顺序的统计。结果显示，第三章和第七章中的排列顺序均为China在前，US第2位，Singapore排在第3位。而第四章、第五章和第六章的排列顺序为China在前，Singapore第2位，US排在第3位。如此排列的顺序能够在很大程度上展现出新加坡、美国与各章议题之间的联系。本书研究的重点是《海峡时报》中的中国形象，因而China作为高频词出现并不奇怪。可是，US与Singapore的出现频率及排列顺序，因议题不同而有变化，这一结论就显得非常有意思了。它们的排名，应当可以作为一个重要判断依据，来揣摩各方与中国相关领域的密切联系程度。比如第四章当中，Singapore在整个章节高频词的排名位居第17位，紧随China之后，充分说明这章的议题"孔子学院"与Singapore国家主体之间有着紧密的互动关系，而第四章的结论也充分证实了这一点。在第三章中，US的排名更是距离China异常得贴近，China排在第7位，US在第12位；二者的联系毫无疑问成为《海峡时报》关注的重点，自然也就成为本章研究的焦点。

表3—3　　　　各章 China/Singapore/US 高频词统计

章节	China 频率	China 排列顺序	Singapore 频率	Singapore 排列顺序	US 频率	US 排列顺序
第三章	1547	7	294	43	842	12
第四章	960	11	782	17	273	58
第五章	607	10	84	120	35	288
第六章	913	11	128	107	107	122
第七章	1185	7	88	101	262	35

基于上述分析，我们的初步结论是：中美之间，围绕人民币升值问题，发生了频繁的互动；究竟是合作、协商，还是摩擦、冲突，需要接下来进一步的探讨。

2. 共现关系

在"海峡时报—元"数据库中，同为高频词的"China"和"US"还出现了语料库语言学意义上的共现现象。我们以"China"为检索词，以"US"为语境词，将左右跨距分别设为5时，搜索到155条共现结果；若将左右跨距设为10时，搜索到216条共现结果。作为对比，我们对"China"和"Singapore"也进行了同样的统计操作，结果是：左右跨距分别设为5时，搜索到43条；设为10时，搜索到55条。155∶43与216∶55，这两组数字的比率分别是28%和25%，也就是说中新共现结果大概都只相当于中美共现结果的四分之一。这充分说明，在"元"议题下，中美二者关系较中新关系而言，紧密程度提升4倍。而将中美紧紧拴在一起的正是人民币汇率问题。

二　美国：世界警察形象

（一）美方对他国内政指手画脚

中美之间巨大的贸易逆差，在较长一段时期内一直是中美两国经贸关系中的敏感话题，给双方关系带来了诸多变数和不确定因素。中方一直致力于采取增加进口、减少出口企业补贴和扩大市场等手段来降低对美贸易顺差；而美方却枉顾客观事实，拒绝从自身找原因，动辄使用"反倾销调查""开征反倾销税""限制进口配额"等经济大棒阻止中国商品出口,甚至指责中国"操纵汇率",严重影响中方国际形象。

在《海峡时报》的报道中,巨额贸易逆差成为美方控诉中方的便利武器。逐年甚至逐月递增的贸易逆差数字,反反复复地出现在美方的抗议声明中,堂而皇之地向读者传递着错误信息:在中美的贸易中,美方处于巨大亏损一方;与之相应的,是中方不断增长的贸易顺差数字;而产生如此惊人差距的原因,正是中方长期低估人民币汇率,维持着中国出口商品价格上的优势,海量廉价商品销往美国,从而造成对美巨大贸易顺差,致使美国制造业普遍不景气、大量工人失业的局面。

表3—4　　　　　　　　中美贸易差额统计

贸易逆差（美方）	贸易逆差数字（美方）	贸易顺差（中方）	贸易顺差数字（中方）
massive, snowballing, ballooning, bulging, huge, growing, soaring, swelling, burdensome, widening, record, hit a record	$103 billion, $162 billion, $200 billion, $201,6 billion, $226.8 billion, $232.5 billion, $233 billion（以年为单位）	ballooning, massive, phenomenal, oversized, bulging, swell, soar, shock jump, mammoth, hit/set a/another record/new highs	$101.88 billion, $103 billion, $116.6 billion, $157 billion, $168 billion, $260 billion（以年为单位）$12 billion, $32 billion, $53,9 billion, $90 billion（以月/季度为单位）

围绕"trade deficit"的描述一律是有关美方的,而围绕"trade surplus"的表述除两例外统统是针对中方的,二者数字相当,各有35列索引行。表3—4中所列词语与数据,清晰无误地传递出中方贸易盈余与美方贸易赤字,皆处于大幅上涨趋势,不断打破着往年最高纪录的明确信息;再辅以具体的天文数字,中美双方的竞争态势便一目了然。于是乎,美方急不可耐地以受害者身份粉墨登场,大范围制造新

闻舆论,试图逼迫中方妥协。通过对2000年以来《海峡时报》相关报道进行梳理,不难发现这一清晰的脉络,帮助我们进一步看清美方霸权主义的方式和实施手段,以及世界警察的丑陋嘴脸。

1. 施压中国

高频词列表当中,出现了一个意想不到的词汇"pressure",出现频率高达132列。对这132列检索行进行梳理后发现,除了第77列和110列以外,其余130列皆是围绕人民币汇率问题。而压力来源主要有外部施压、来自国内的压力、人民币低估对他国造成的压力等三类。其中,以外部施压为主,共有91列,占总数的70%,而来自美国的压力更是占到其中的77%。具体数字请参考表3—5。

表3—5　　　　　　　　　　外部施压统计　　　　　　　　　单位:%

压力来源	数量（列）	比例
美国施压	70	77
日本施压	5	5.5
欧盟施压	5	5.5
七国集团施压	2	2
国际社会施压	6	7
国际货币基金组织施压	2	2
其他	1	1
总数	91	100

有关"pressure"的索引行中,出现了关键词分别与"from""on"和"to"构成类联接的现象。其中,"pressure"与"from"的类联接现象出现15次,与"on"的类联接现象有36次,与"to"的类联接现象有16次,图3—2显示部分例句。每一个类联接都能够明确无误地呈现出以美国为首的国际社会向中国施压,敦促人民币与美元脱钩、人民币汇率尽快市场化、中方进一步推进汇率改革,企图迫使人民币升值、放开资本账户、开放国内市场等场景,以达到美方的一己私欲。

```
1    , aimed at expatriates, said. To ease upward pressure on the yuan, China will raise from
2    stock market and ward off mounting international pressure on the yuan. It hopes to do
3    and implement measures to ease the upward pressure on the yuan, largely caused by the
4           the demand for the yuan - hence reducing pressure on the yuan to appreciate. Another measur
5    growing at about 30 per cent, putting tremendous pressure on the economy, he noted. Small steps
6     Nirmal Ghosh Paul Jacob    BANGKOK - Rejecting pressure on China to revalue its currency, Preside
7              current visit to Asia to step up pressure on Beijing. But some analysts have argued
8              have to be seen to be putting pressure on Beijing to adopt a market-based
9    a Senate committee, pledged to continue putting pressure on Beijing to drop the fixed rate - 8.28
10          a yuan revaluation. There has been upward pressure on the yuan, with China's foreign
```

图3—2　"pressure"形成的类联接截图

来自中国国内的压力，包括2014年以来中国经济增速放缓后、人民币面临贬值压力的6列相关描述，其余29列皆是关于人民币升值压力的，其升值原因来自中国经济体系内部的动力，包括中国对他国尤其是对美长期的贸易顺差以及外国直接投资顺差造成国内通胀情况严重，国外热钱大量流入，严重干扰我国金融秩序，造成宏观经济失衡现象等。

第三个方面是人民币低估对他国造成的压力，共有4列。报道主要提及的是包括泰国和印度尼西亚在内的东南亚国家。人民币估值较低，会维持中国出口产品在价格上的竞争力，形成与东南亚国家对外出口的竞争态势。

2. 敦促人民币尽快大幅升值

围绕核心词汇"pressure"，语料库中出现了大量表示"敦促"和"迫使"等"施压性"语义韵词汇，提出诸如人民币升值、脱离盯住美元的做法、放开资本账户、人民币自由流通等一系列无理要求，勾勒出一幅恃强凌弱、干涉他国内政的画面："布什（Bush）政府……敦促北京放开管制，采用灵活的汇率制度"，"预计斯诺将敦促中方重估人民币汇率，以缓解国内对失业率上升的担忧"，"舒默—格雷厄姆法案促使中方采取行动"，"20国集团峰会上将不会公开批评中方，各国领导人更愿意私下里施压……""预计美国和其他发达国家仍将在多伦多敦促胡锦涛主席讨论人民币改革问题"等（Nov. 1，2003；Sept. 4，2003；Mar. 30，2006；June 25，2010等）。传递此类表示"施压性"语义韵的词汇包括"force""urge""prod""push"和"press",一共出现107次。其中,"force"出现15次,"urge"23次,"prod"5次,"push"48次,"press"16次。而发出此番话语的主体依然是以美方为首的西方国家。"施压性"词汇铺天盖地撒向中国,仿佛一张网把中国困于其中,此番舆论攻势的效果可想而知!

(二)美方貌似站在了道德的制高点

美方不断施压中方,蛮横无理、指手画脚,敦促中方干这干那。更有甚者,美方所做的一切都貌似师出有名。它将自己打造成为受害者的模样,打着维护公平正义的旗号,义正词严地谴责和控诉中国政府干预人民币汇率、只考虑自身利益而置他国利益于不顾,中方不仁不义在先,为维护本国百姓的权益美方才不得已而为之。自2002年起,这场美方自导自演的闹剧便堂而皇之地在国际社会拉开大幕,为其无理要求提供所谓的合理证词,反将中国置于不义之地。

1. 以受害者形象粉墨登场

包括下岗工人、工商界团体、国会议员甚至总统在内代表不同利益集团的多方美国人士,轮番上阵,批评、谴责甚至控诉中方为保护本国出口厂商的利益、人为低估人民币币值,这种行径大大损害了其主要贸易伙伴——美国人的利益,造成美方对中方贸易逆差逐年大幅增加,美国制造业受到重创,不得不大幅裁员,造成工人失业率急剧上升,国内经济出现萧条。

帮助构建"美国受害者"形象的词汇,主要有"charge"(12次)、"allegations"(7次)、"blame"(22次)、"accusation"(10次)、"complaints"(18次)和"claim"(9次)等,一共出现78次。如此密集的"公开谴责"语义韵——正义凛然地构建起美方的"受害者"形象,形成强大舆论攻势,令中方不得不高度关注、谨慎回应。以"blame"为例:

——Laid–off American workers blame China for factory closures-a burning issue for US President George W. Bush in the run-up to next year's presidential election.——美国失业工人将工厂倒闭的责任归咎于中国——这是美国总统乔治·布什在明年总统大选前夕面临的一个紧迫问题。(Sept. 4, 2003)

—They blame China's reportedly "undervalued currency" for America's record US＄201.6 billion (S＄328 billion) trade deficit with China last year.——他们将去年中美贸易逆差达到创纪录的2016亿美元（3280亿新元）归咎于中国所谓的"货币贬值"。(Mar. 15, 2006)

—…the newspaper said the US presidential race was one reason the yuan has been blamed for causing job losses in American factories.——……该报称，美国总统竞选是导致人民币为美国失业工人背锅的原因之一。(Sept. 3, 2003)

—The United States is looking to the World Trade Organisation (WTO) to settle a dispute over China's yuan peg, which American manufacturers have blamed for destroying millions of US jobs.——美国期待世界贸易组织（WTO）来解决人民币与美元挂钩产生的一系列问题，美国制造商认为正是这些问题毁掉了数百万美国人的就业机会。(Oct. 18, 2003)

韦氏词典对"blame"一词的解释是"to place the responsibility for"[1]，而上述例句无一例外传递的都是这个语义，且均采用"blame…on…"或"blame…for…"的用法，而"抱怨"跟"谴责"的对象皆为中国和人民币，认为二者应该对美国发生的一系列不愉快事件负责；控诉中国自1978年改革开放以来40年的经济增长，是建立在操纵货币汇率、侵犯知识产权、抢美国人饭碗的前提基础之上的，即中国采用"不正当手段非法操纵贸易"、侵犯知识产权，从而"搞垮"了美国经济。

---

[1] 兰登书屋辞书编辑室：《兰登书屋韦氏大学英语词典》，商务印书馆国际有限公司2016年版，第177页。

似乎造成美国长达十数载的经济萧条的罪魁祸首都是中国!

2. 控诉中方为"货币操纵国"

"货币操纵国"(currency manipulator)是美国扣给中国的大帽子。美国多个行业协会声称,中国采用不正当手段非法操纵人民币汇率,使得人民币购买力严重低估,大大阻碍了美对华出口,造成美中之间上千亿美元的贸易逆差,这一行径完全违反国际货币基金组织协定和世贸组织协定,因而要求美国政府积极交涉甚至寻求世贸组织争端机制来解决。

首先,中方被控采取不正当手段人为干预人民币汇率。

传达"人为"和"不正当"语义韵的词汇在语料库中的出现频率为 50 次,包括"artificial丨artificially"(17 次)、"deliberate丨deliberately"(7 次)和"unfair丨unfairly"(26 次)等词汇。以"unfair丨unfairly"为例,26 条索引行皆是指控中方为保护本国出口企业、人为低估人民币汇率、赢得了"不公平价格优势"(unfair advantage/edge, unfairly cheap/low)。因而,中方被控"货币操纵国"。如图 3—3 所示为部分例句。

```
1    manufacturers that China's exports enjoy an unfair price edge.  Mr Snow told reporters after
2    ly undervalued yuan has boosted Chinese exports unfairly, destroying jobs in their countries. Chin
3    to the US dollar, gives China an unfair advantage by depressing the price of its
4    manufacturers arguing that China's exports priced unfairly low have cost jobs and widened the
5    not violated the US technical criteria of unfair policies on exchange rates, thus ruling out
6    the yuan, hence giving Chinese exporters an unfair advantage.  In a report last Friday, the
7    the currency and gave Chinese exporters an unfair advantage. Barely half an hour later, Malay
8    artificially low and so making its exports unfairly cheaper than US goods. Even though China
9    undervalued and thus to keep its exports unfairly cheap. Members of Congress have been part
10   the yuan undervalued, thus keeping its exports unfairly cheap. Beijing, wary that social unrest m
```

图 3—3 "unfair丨unfairly"形成的语义韵截图

徐滇庆指出,通常情况下要符合两个基本条件才能被认定为货币操纵国:一是该国具备控制国际市场的实力;二是该国为谋取利益而不断调整汇率。[①] 显而易见,目前中国并不具备这样的实力,另外,

---

① 徐滇庆:《"汇率操纵国"悖论》,《开放时代》2010 年第 8 期。

据《海峡时报》（Jan. 9，2016）称，自2005年以来人民币兑美元升值近40%。中国为自己谋取利益之说，从何谈起？

而美方却对客观事实置若罔闻、一意孤行。2010年在国会做证时，美国彼得森国际经济研究所所长博格斯坦（Paul Bergsten）提出，经常项目占GDP的比重大于5%，就符合汇率操纵国的标准。[1] 如此简单、粗暴的定义标准，成为美方长期以来肆意妄为、随意挑起贸易挑衅、向对象国施压、威胁征收高额关税的有效武器。"操纵"（manipulate）一词在本语料库中一共出现21次，其中有10次表达的是中国被控"货币操纵国"（accuse China of being a currency manipulator），另外11处是指控中国政府操纵汇率（accuse the Chinese government of manipulating its currency），指责中方保持低估人民币汇率，是为了保护本土的出口企业，保持在对外贸易中的竞争优势。

（三）高举法律旗帜，扬言要制裁中国

美方不论是控诉，还是扬言制裁，或是威胁要加征高额关税，统统打的是维护公平正义的法律旗帜。美方宣称中方违反了美国相关法律比如"301条款"，违反了世贸组织或国际货币基金组织国际协定，因而采取反制措施，属于合理维护自身权益、捍卫国际秩序的正义行为。

1. 依据国内相关贸易条款制裁中国

"301条款"（Section 301）是美国国内的《1974年贸易法》（*Trade Act1974*）中的条款。该条款给予美国的贸易代表办公室以下授权：可撤销、中止或限制外国的免税待遇；可向外国商品征税或限制其进口；美方可单方面中止或撤回在相关贸易协议中作出的让步。一旦美国启用"301条款"，就意味着针对他国采取贸易制裁，对该国的打击是毁灭性的。[2] 在《海峡时报》的报道当中，包括全美制造商协会（National Association of Manufacturers）和美国劳工联盟及产业工

---

[1] 徐滇庆：《"汇率操纵国"悖论》，《开放时代》2010年第8期。
[2] 高低、肖万春：《中美货币战争纪实》，中央编译出版社2009年版，第57页。

会联合会（The American Federation of Labor and Industry Unions）在内的多个实力强大的社会团体，纷纷提出请求，希望政府动用"301条款"制裁中国。

另外还有 The Omnibus Trade and Competitiveness Act of 1988 法案，该法案规定，每半年美财政部需发布货币报告（Currency Report），对主要贸易来往国家的汇率政策进行分析，判断是否有国家操纵汇率存在贸易不公问题，从而影响到美国的经常项目和资本失衡。若有，该国被评价为汇率操纵国，可对其采取制裁。[①]

这两个法案在《海峡时报》相关报道中，时不时地被美方搬出来威胁中方。

2. 国会议员不断提交征税法案

2003年美参议员查尔斯·舒尔默（Charles Schumer）等提出法案，要求对来自中国的所有产品加征27.5%的关税。

2005年众议员查尔斯·兰格（Charles Rangel）提出 Fair Trade Law with China 2005；众议员费尔·英格利士（Phil English）提出 American Trade Rights Promotion Act。

2007年参议员麦克斯·鲍克斯（Max Baucus）和查尔斯·格拉斯利（Charles Grassley）提出 Monetary Exchange Rate Supervision Reform Act 2007。

2010年9月29日美国众议院通过 Fair Trade Currency Reform Act 的最新修正案。

2011年10月11日美国参议院通过了 Currency Exchange Rate Supervision Reform Act of 2011。

以上美国国会议员的种种威胁性举动，伴以国会与总统为代表的立法与行政机关之间你进我退的作秀，再加上行业团体的呼吁造势，集中出现在2003年至2011年间《海峡时报》的报道中。各方利益集团围绕各种"bill"和"legislation"展开了博弈，俨然以法律捍卫者

[①] 高低、肖万春：《中美货币战争纪实》，中央编译出版社2009年版，第85页。

自居，貌似站在了维护全世界公平正义的一方。"bill"和"legislation"之类的"立法"语义韵字眼一共出现68次，声势浩大、装腔作势地讨论针对别国的法律问题，将本国法律凌驾于他国主权之上，丝毫不觉得这种行径才真正是在违法，是在侵犯他国主权。

3. 诉诸国际争端机制

国际货币基金组织、世贸组织和世界银行，是世界三大经济组织，它们的职能是制定国际贸易规则，共同维护一体化的全球贸易，倡导实行多边的贸易体系。

在中美有关人民币汇率的博弈当中，美方试图利用三大国际组织的力量，施压中方。他们谴责中方作为多边贸易体系的受益者拒不履行国际义务，试图制造不利于中方的舆论，逼迫中方就范。国际货币基金组织、世贸组织和世界银行在中美贸易博弈中分别扮演了各自不同的角色。国际货币基金组织是其中最为活跃、与美方配合最为默契的一个：一方面是美方呼吁国际货币基金组织向中方施压；另一方面是国际货币基金组织积极发声、敦促中方加大进口、升值人民币、实现汇率的自由浮动，称这样做对中方有利，同时还提醒中方不要挑起贸易摩擦，破坏世界经济秩序（Nov. 19, 2005；Sept. 18, 2006；Mar. 18, 2010等）。世界银行在中美贸易摩擦中参与度虽不高，但支持国际货币基金组织的立场，同样称人民币升值对中国有益，若中美双方发生贸易战，将会对世界经济造成不可挽回的损失（Sept. 18, 2006；Mar. 18, 2010；Jan. 8, 2016等）。世贸组织并未直接参与到中美之间的争端中来，一直都是美方威胁中方将向世贸组织提出申诉，指责中方存在违反贸易规则的行为，以此作为对中国出口商品加征关税的依据。比如，中国长期以来实施的人民币盯住美元的汇率政策，构成实质上的非法出口补贴，应提交世贸组织裁决；中国违反世贸组织有关知识产权保护协定，将提请世贸组织裁决等（Feb. 2, 2002；Oct. 18, 2003；Apr. 14, 2010等）。

（四）美方的世界警察形象

所谓"世界警察"，是以本国的价值观来评判他国，将自己装扮成正义之师，到处指手画脚，企图干预他国内政。美国就是典型的"世界警察"。冷战之后，世界格局发生了重大变化，美国成为世界上唯一的超级大国，它以"人权高于主权"等西方价值观论调经常对别国内政说三道四，甚至不惜动用武力。在十多年的中美贸易博弈当中，美方施压中方升值人民币，控诉中方为"货币操纵国"，高举法律与道德旗帜扬言要制裁中国，一再借助国际货币基金组织、世贸组织和世界银行的影响力要挟中方。如此强大的反华势力，将其世界警察的霸权形象展露无遗。所以说，中美之间所发生的，不属于战争隐喻的范畴，没有双方剑拔弩张的对抗态势，有的只是美方一厢情愿、一意孤行地挑衅与干涉，这是典型的世界警察隐喻。

另外，由于抱有不可告人的目的，"世界警察"在发动攻势时只要结果，而不顾过程的合理性和手段的正当性，导致其在行动上的暴力性、非理性、对立性和强迫性等特点。美方在这场贸易博弈中的表现，恰恰证实了这一点。美方干涉中国内政，是企图达到遏制中国经济发展的险恶用心。然而事实却是，中美双方经济的深度融合、结构上的密切互补，已不容双方轻视；简单粗暴的沟通方式已无法满足中美之间现有经济关系的需要，其后果只能是"斗则两伤"，双方都承担不起。

其实，据《海峡时报》的观察，国际上除美国外的多方人士普遍认同，人民币汇率属于中国内部事务，应在充分尊重中方意愿的前提下交由中方处理应对，否则只会适得其反。正如新加坡领导人吴作栋坦言，"人民币问题是一个经济问题，应该悄悄地解决"。(the yuan issue, which was an economic problem, should be resolved quietly.) (Apr. 20, 2010)

三 中国：有理有利有节的自信形象

《海峡时报》的报道中，美方被刻画成为指手画脚、干涉他国内政的世界警察，占据了大多数的报道篇幅。与此相比，中方的形象显得弱小，声音不甚响亮。但是，在这看似弱小的形象外壳包裹下，彰显的是一颗奋力顶住巨大压力、坚决捍卫主权、坚定自身发展道路的强大内心,一个坚守、自信的中国形象。

(一) 有理:驳斥美方指控

1. 美方是将经济问题政治化

从中美之间有关人民币汇率争端的过程来看,美方对中国的金融改革进行干涉,还提交到国际货币金融体系的各种重要会议上进行讨论,实则是在将人民币汇率问题政治化,违背了(而非在维护)平等互利、相互尊重的国际关系基本准则。美方的此类行径,已经一览无余地暴露在本章第二节所述美国国会和政府对人民币汇率政策直接干涉的细节当中。

对此,中方予以了坚决地回击:温家宝总理指出,"人民币汇率属于经济问题,不应被政治化";(The rate of the yuan is an economic issue that should not be politicised.) (Sept. 25, 2010) 国务院副总理吴仪曾多次批评"贸易保护主义和将贸易问题政治化的企图";(trade protectionism and "attempts to politicise trade issues" among US politicians) (May 25, 2007) 商务部长陈德铭严正抗议,"美国一直将一些经济和汇率问题政治化,对此我们表示强烈抗议";(The US has continually politicised some economic and currency issues … I strongly disapprove of this.) (Mar. 7, 2010) 中国人民银行副行长苏宁警告美方,"不要把这一问题政治化——这是陷入困境的双边关系中的一个关键问题"(not to politicise the issue——a key thorn in troubled bilateral ties) (Mar. 15, 2010);外交部发言人秦刚重申了美方的这一立场"无助于任何一方"(will "help no one") (June 25, 2010);商务部发言人姚坚重申,"昨天例行新闻发布会上发布的讯息:'若汇率问题被政治化,那么在应对国际金融危机时,将无助于相关各方之间的协调'"。(the message at a regular news conference yesterday: "If the exchange rate issue is politicised, then in coping with the global financial crisis, this will be of no help in coordination between the parties involved.") (Mar. 17, 2010)

而《海峡时报》提及的非美方观点中，占主导的看法是人民币汇率问题承担了美国政界人士取悦选民、拉选票的政治说辞功能，即美国政客众口一词，谴责中国应为美国庞大的经常账户赤字和过高的失业率承担责任，其实是为了拉选票，尤其是在大选之际，美国政府就该问题发难中国的攻势必然是一浪高过一浪。"political | politically"在本章语料库中一共出现55次，其中有22处，均为各方人士就人民币升值的政治含义进行的雷同解读。例句如下：

——Beijing wanted to head off rising political and protectionist pressure in Washington. ——北京方面希望能够阻止华盛顿方面政治压力和贸易保护主义持续升温。（Dec. 15，2006）

——…the NAM and the coalition for a sound US dollar are waging a strong political drive… ——……"不结盟运动"和"健全美元联盟"正在发动一场声势浩大的政治运动……（Oct. 18，2003）

——Pressuring Beijing to appreciate the yuan may be politically expedient but it may not be the smartest thing to do. ——迫使人民币升值或许是政治上的权宜之计，但恐怕不是明智之举。（May 20，2010）

——It is politically expedient for US politicians to point a finger of blame at China to explain America's large current account deficit and its dismal unemployment rate. ——对于美国政客而言，将巨额经常账户赤字和持续低迷的失业率归咎于中国，属于政治上的权宜之计。（May 20，2010）

——…no matter how unjustified the pressures may be, China has to act to stop this highly political issue from escalating to crisis level. ——……无论这些压力多么不合理，中国都必须采取行动，防止该问题进一步政治化至失控的边缘。（Aug. 23，2003）

除了中国政府各级官员为数不多的几次明确表态以外，中方实际上极力避免在公开场合谴责美方将人民币汇率问题政治化的做法，中方更多的是希望通过摆事实、讲道理，尽力将问题的来龙去脉分析清楚，找到问题的症结所在，有针对性地共同、尽快地解决问题。中方"有理"应对中美贸易摩擦的形象特征，清晰明了地传递给了全世界人民。

2. 内部经济结构才是美国诸多问题产生的罪魁祸首

包括中方在内的各界人士普遍认为，美国对中国出现大规模贸易逆差，主要原因在于美国自身，其内部经济结构不合理——劳动力成本高、家庭储蓄低、对华出口设置种种壁垒等，才是造成国内工人失业、制造业下滑的罪魁祸首。中国人民银行行长周小川指出，"the exchange rate had a relatively small impact on the trade imbalance between the countries compared to deeper structural issues."（"与深层次结构性问题相比，汇率对国家间的贸易逆差影响相对较小。"）(Sept. 18, 2006) 世界经济与政治研究所的经济学家沈季茹教授进一步解释，"the problem with the American economy and the trade deficit is a structural one, caused by low savings and high labour cost, and not the value of the yuan."（"美国经济问题与贸易逆差问题属于结构性问题，是由低储蓄和高劳动力成本造成的，与人民币的价值无关。"）(Sept. 27, 2003)

中美两国的经济结构和贸易结构属于互补型，不存在竞争关系。中国出口产品廉价，是因为中国劳动力工资只有美国的 2.2%，"And Chinese exports are competitive not because of the cheap yuan, but because of low labour costs——just 2.2 per cent of those in the US – in the manufacturing sector."（"中国出口产品具有竞争力，并非因为人民币汇率低，而是因为中国制造业的劳动力成本较低——仅为美国劳动力成本的 2.2%。"）(Sept. 3, 2003) 更为重要的是，美国长期以来的出口管制妨碍了美国对华的技术出口。有专家指出，如果按照 2004—2009 年法国对中国的出口管制水平计算，美国若增加 595 亿美元的对华出口

（增加比例为108%），或可减少贸易逆差26%。[①] 另外，中方一直要求美方放宽军用高科技对中国出口的限制，因为，在陈德铭部长看来，这才是"the core of the Sino – US trade imbalance"（"中美贸易逆差的核心"）（May 25，2010）。他说，"without lifting export controls, the Sino – US trade imbalance won't be solved"（"不放开出口管制的话，中美贸易逆差问题恐难以解决"），就连美国人自己也承认，中方始终在为缩小双边贸易差距努力，"we reform the US economy to promote savings and investment, China is reforming its growth model to promote domestic demand and consumption,' said US Treasury Secretary Timothy Geithner at the start of the two – day talks."（"在为期两天的会谈伊始美国财政部长蒂莫西·盖特纳谈道：'美国国内在推动经济改革、促进储蓄和投资的同时，中国也在进行着经济增长方式的改革，拉动内需，促进消费'。"）（May 25，2010）

（二）有利：人民币汇率问题属于中国内政

中国反复强调，汇率制度及政策是我国内政，任何国家都无权干涉；任何国际组织都无权要求一个主权国家选择指定的汇率制度。中国政府指责美国和其他西方主要经济体向中国施压要求人民币升值，称其"指手画脚""缺乏建设性"，属"贸易保护主义"；中方表示，不会屈服于以美国为首的国际社会要求人民币升值的压力。温家宝总理宣布，"任何改变都将取决于中国的经济状况，而不是外部压力"。（any change will hinge on China's economic conditions and not foreign pressure.）（Mar. 17，2010）

"stability"——稳定，是中国政府一直以来秉承的汇率原则。正如外交部发言人所言，"the stable exchange rate of the renminbi is conducive to the economic stability and development of China, Asia and the world."（"人民币汇率保持稳定，有利于中国、亚洲乃至世界经济的

[①] 李彬：《技术湃｜美国对华出口的政治壁垒有多高？》，澎湃新闻（www.thepaper.cn/newsDetail_forward_1656276）。

稳定与发展。")（Sept. 3, 2003）"stability"理念在本语料库中高频出现，达到92次之多，且绝大多数讲述的都是有关中国汇率稳定、金融政策稳定和经济稳定的承诺、决心、保证以及益处等。其中"stable"与"yuan"形成的词语搭配高达22次，占总数的23.9%，成功传递出"有利"的语义韵话语。

1. 中国暂不具备人民币升值的条件

国内外的官员和专家都普遍认为，"任何匆忙让人民币升值的举动都有可能威胁到中国的金融稳定，最终损害中国的经济发展"。（Any hasty move to revalue the yuan could also threaten China's financial stability and undermine its growth, officials and experts in and outside of China have argued.）（Sept. 27, 2003）《中国日报》称，"中国必须坚持人民币汇率政策不动摇，中国的就业市场是靠出口产品的竞争力维持的"。（China must stick to its currency control, noting that the Chinese job market was sustained by the competitiveness of its exports.）（Sept. 3, 2003）国家主席胡锦涛指出，"这符合中国经济现状、金融监管水平和企业的可持续发展"。（It was consistent with the current state of China's economy, its level of financial regulation and the sustainability of its enterprises.）（Oct. 20, 2003）

《海峡时报》撰文《中国的大陷阱：人民币是否升值？北京陷入了困境》称："允许人民币升值或将导致中国出口下降，给中国带来约1000亿美元（合1400亿新元）的损失，导致就业岗位的减少——这是一个严重的国内问题，如果情况恶化，可能引发社会的动荡，削弱中国政府的合法性。"（allowing the currency to appreciate might cause Chinese exports to fall and lead to job losses——a major domestic problem that would undermine the legitimacy of the regime if it worsens. Beijing also fears that once it allows the currency to appreciate, that might attract speculative short-term hot money in the expectation the currency will appreciate further-thus worsening the current inflationary pressures.）（Mar. 17, 2010）《海峡时报》提出，中国政府还担心，如果人民币升值，投机

性的短期热钱就会涌入国内,从而加剧中国的通胀压力。

2. 中方采取的是负责任的态度

2002年起美日发起的货币争端当中,中方始终坚持人民币汇率保持稳定的原则,认为这才是真正对本国、亚洲乃至全球负责任的态度。2003年在亚太经合组织(APEC)领导人峰会上,中国领导人强调,中国一贯采取负责任的行动:1997年亚洲金融危机多个邻国的货币大幅贬值,中国采取负责任的态度仍坚持人民币汇率稳定,这次中国依旧会如此。"China made its contribution to financial and economic stability in Asia and the world at large …We will follow the same approach of responsibility to the renminbi exchange rate issue this time…"("中国为维护亚洲和世界金融市场与经济的稳定作出了贡献……对于此次人民币汇率问题,我们将采取同样负责任的态度……"),(Oct. 20,2003)2008年国际金融危机之后,中国同样坚持人民币汇率稳定的政策。李克强总理表示,尽管中国经济面临前所未有的巨大挑战,但中国将继续践行作为主要经济大国的责任,他承诺"不会让人民币贬值或过多干预经济"。(not to devalue the yuan or interfere too much in the economy.)(Mar. 25,2016)中国国家外汇管理局副局长说,这不仅有利于世界其他地区,也有利于中国应对国际金融危机。就连美国财政部长鲍尔森(Henry Paulson)也称赞中国在遏制金融危机的全球战役中扮演了负责任的角色。(Dec. 5,2008)

21世纪以来,中国始终坚持人民币汇率稳定,这既是对自己也是对贸易伙伴负责任的态度和立场。无论外部环境如何变化,中国坚持走自己的道路,坚持大政方针长期不变,积极主动地承担着作为世界大国的责任与义务。

3. 中方作出改革承诺

稳步推进汇率改革,一直以来都是中国的大政方针。在《海峡时报》的报道框架下,中国政府始终坚持既定方针,有条不紊地推进金融体制改革。在美方一而再再而三、蛮横无理地施压之下,中方不得反复重申"承诺":继续与美方进行经济对话;推进货币的改革;提

高汇率的灵活性；保持人民币汇率在合理水平；中长期范围内升值人民币；遵守世贸组织规则进一步开放市场等。"commit"一词形成的类联接现象"committed | commitment to"，传达出中方作出承诺的话语结构，图3—4显示部分例句。

```
1    that he was 'encouraged' by China's commitment to a currency float. He was also
2    world's top corporations - that China was committed to World Trade Organisation rules and wo
3    the frustration. 'I believe that China is committed to reforms, but we have to see
4    that he was assured that Beijing is committed to currency flexibility and slammed anti
5    Earlier yesterday, Mr Hu reaffirmed Beijing's commitment to an ongoing series of strategic econo
6    at the talks had said Beijing remained committed to the appreciation of the yuan over
7    onslaught of fund inflows, but China is committed to keeping the exchange rate at a '
8    in December. Mr Yi renewed commitment to US Treasuries, which he called the
9    to face calls for more transparency and commitment to a revalued yuan. 'China's teaser
10   Bader said Mr Wen reiterated Beijing's commitment to currency reforms, but gave no furthe
11   products." She adds: "Bank of China is committed to its mission of 'serving the society,
```

图3—4　"commit"形成的类联接截图

"改革"成为"commit"话语结构中的核心词汇。"reform"一词在语料库中共出现96次，足以可见中国的满满诚意。中国制定的是在自主决策、可控、循序渐进的原则下，稳步推进汇率改革的方针政策。在《海峡时报》的报道中，凸显的是中国"long-term"（23次）、"steady"（14次）和"gradual"（39次），即"长期""稳步"与"循序渐进"推进的原则。鉴于中国国内的现实情况，这才是真正符合中国以及世界利益的改革思路。

（三）有节：坚定信念

面对来自美国上至总统、国会议员，下到下岗工人、社会团体的强大舆论压力，中方始终保持定力、坚守原则，旗帜鲜明地表明了自己的立场和态度：中国将坚持稳步推进人民币汇率改革的政策。"有节"成为中国话语的标签，"firm"一词亮明了中国政府的决心。例句如下：

——China's monetary policy-makers are firm about not letting the yuan go up. ——中国的货币政策制定者们绝不允许人民币升值。

（July 5，2003）

——Beijing is firm on the yuan ahead of top-level US team's visit.——美国高层代表团访问前夕，北京对人民币汇率的态度始终坚定。（Dec. 9，2006）

——Less pointed but no less firm, Premier Wen Jiabao told a visiting US business delegation in Beijing…——接见正在北京访问的美国商业代表团时，温家宝总理态度坚决……（Aug. 23，2003）

——Premier Wen Jiabao yesterday firmly rebuffed calls for China to revalue its currency.——面对人民币升值的呼声，温家宝总理昨天予以了坚决回绝。（Mar. 15，2010）

——China firmly rejects calls to revalue yuan.——中国果断回绝了要求人民币升值的呼声。（Mar. 15，2010）

此外，中国政府一再重申：中国将保持货币稳定，不会在短期内让人民币升值；进一步推进汇率改革；逐步提高人民币汇率的灵活性，是为了保持国内经济和社会稳定；中国经济复苏基础并不稳固，人民币需要保持稳定；仅靠人民币升值是无法削减美国对华"沉重"的贸易逆差，美联储应采取加息措施；美国将人民币问题政治化，无益于问题的解决，对有关各方协调应对国际金融危机将毫无帮助等。例句如下：

——Mr Wen reiterated Beijing's commitment to currency reforms.——温总理重申了中国致力于货币改革的决心。（Sept. 25，2010）

——The People's Bank of China reiterated on Wednesday that it would maintain the yuan's stability this year.——中国人民银行周三重申，今年将保持人民币汇率稳定。（Jan. 8，2010）

——Foreign Ministry spokesman Qin Gang reiterated that US leaders will "help no one" by politicising the issue of a yuan revaluation.——

中国外交部发言人秦刚重申,美国领导人将人民币升值问题政治化"无益于任何人"。(June 25, 2010)

——Mr Zhou…reiterated the central bank's stance to gradually allow the yuan more flexibility at a pace that will maintain economic and social stability.——周先生……重申了央行的立场,在保持经济和社会稳定的前提下逐步允许人民币汇率更加灵活。(Sept. 18, 2006)

——Commerce Ministry spokesman Yao Jian reiterated the message at a regular news conference yesterday: "If the exchange rate issue is politicised, then in coping with the global financial crisis, this will be of no help in coordination between the parties involved."——商务部发言人姚坚在昨天的例行新闻发布会上重申:"汇率问题政治化,无助于国际金融危机应对中各方的协调工作。"(Mar. 17, 2010)

包括国家总理、中国人民银行行长、外交部发言人和商务部发言人在内的中国政府官员一再重申中方立场和态度,并一针见血地指出人民币汇率问题的根源,坚决捍卫国家主权。

(四)中方形象:自信满满

《海峡时报》里的中国声音,完全不同于美方的叫嚣、宣泄、冲动行事,中方始终传递的是一股自信,一种定力,坚持自己的发展道路,秉承国家的既定方针,有条不紊、持续推进。这一形象,透过同美方发起的贸易争端甚至是贸易战的每次交手,清晰地呈现给了读者。捍卫国家主权,是中国外交政策的首要考量,凡是危害切身利益、触及国家底线的举动,中国一定会坚决捍卫、绝不退让。中国政府坚定地推动金融体制改革,逐步推进汇率改革。这一切,都以中国自身的发展为首要考量,这是不能改变的原则性问题。该案例,清楚地向外界传递着这些声音。

第五节 结论与启示

一 结论

（一）新加坡主流媒体塑造的"元"形象

隐喻是人类思维活动中的重要组成部分，它们潜移默化地构建我们的认知框架，进而影响对自我、世界和他者的经验性理解。借助隐喻我们把有形的已知世界和无形的未知世界连接起来，去理解那些未知的抽象世界。具体来讲，隐喻通过一个概念来建构另一个概念，通常是用源域中具体的、较为熟知的概念去理解和经验目标域中抽象、较为陌生的概念。源域为目标域提供的隐喻框架，最终成为我们思考和讨论现实世界中实体和活动的依据。

自2002年起美方就拉开了针对中方的货币战序幕，将"元"的升值问题人为定义成为中美贸易争端的焦点，施压中方升值人民币，控诉中方为"货币操纵国"，高举法律与道德旗帜扬言要制裁中国，并一再借助国际货币基金组织、世贸组织和世界银行的影响力要挟中方。在此过程中美方将其世界警察无端干涉他国内政的霸凌形象，展露无遗。中美贸易争端中"美方是世界警察"这一概念隐喻，便以惟妙惟肖的方式出现在国际舞台，而美方企图遏制中国强势崛起之用心，必然也赤裸裸地展现在世人眼前。针对中方发动的货币战布局当中，美方把重点放了舆论造势上：在维护西方诸如法治、公平正义和国际秩序等普世价值观念的大旗下，它抗议、谴责、批评、施压，控诉中方人为操纵人民币汇率，损害了贸易伙伴的利益，违反国际公约及美国相关贸易法规。在这场声势浩大的舆论战中，从失业工人到利益集团，从国会议员到美国总统，步调一致、合力发声，死死揪住中方所谓违反公平正义的小辫子，将中方置于正义道德的对立面，群起而攻之。此间，美国像极了一只张牙舞爪的森林之王，率领着西方盟友对中国发动一波又一波的攻势，打着人民币汇率低估之名，企图行干涉中国金融体制改革、遏制中国崛起之实。而中国，更像是位智者，淡定、沉着、冷静应对,有理有利有节地揭露美方世界警察的丑陋嘴脸。美方这个世界警察的行事风格看似讲究规则、维持公平正义,实则手段粗暴、强制,思维逻辑非理性,同自身宣扬的普世价值观念背道而驰,格格不入。首先,人民币汇率问题属中国内政,应交由中方根据本国实际情况进行处理。其次,中美之间不断攀升的贸易差额,很大程度上是由美方内部经济结构造成的。然而美方枉顾事实,将责任一股脑扣在贸易伙伴头上,妄图达到给国内选民一个冠冕堂皇的所谓交代的真实目的。

(二)新加坡主流媒体遵循的话语体系

经 UAM 统计,围绕"元"议题出现的参与者主要有国家/地区/政府、国家领导人/政府官员、政府部门、社会机构、货币、中国经济、双边(中美)关系、投资商、民众和评论者等。具体包括:国家/地区/政府(China、Beijing、the Chinese government、Hong Kong、the Chinese authorities、the authorities、Shanghai、Malaysia、Asia、the US、Washington、US、the United States、the Bush administration、Singapore、authority of Singapore、Japan、Malaysia)、国家领导人/政府官员(Mr. Zhou、Mr. Hu、Mr. Wen、Mr. Chen、Chinese leaders、Chinese officials、Zhou Xiaochuan、Madam Wu、Chen Deming、Mr. Li、Premier Wen Jaibao、Mr. Xiang、Mr. Tse、Mr. Paulson、Mr. Snow、Mr. Bush、Mr. Bernanke、Mr. Obama、Secretary Henry Paulson、US lawmakers、Mr. Lee)、政府部门(the Central Bank、People's Bank of China、China's Central Bank、Xinhua news Agency、the Treasury Department、the White House、the legislation、Congress)、社会机构(Bank of China、Hong Kong banks)、货币(the yuan、yuan、the Chinese currency、the yuan's value、the value of the yuan、a stronger yuan、the undervalued yuan、a rising yuan、yuan notes、the yuan exchange rate、rmb、the ringgit、the US dollar、the dollar、the Singapore dollar)、中国经济(Chinese exports、Chinese exporters、China's economy、Chinese goods、the Chinese economy、China's trade surplus、Chinese companies、its exports、exporter、imports），评论者（analysts、reporters、some analysts、observers、economists、critics、most analysts、experts、the Straits Times），双边（中美）关系（both sides、bilateral relations、a currency war、the trade imbalance），投资商（investors、traders、speculators），民众（the Chinese、Chinese）。所有的参与者都发挥着话语主体的作用，出现频率共有1374次。这是各章节中话语主体数量最多、种类最为丰富的一个议题。

首先，"货币"成为本章的主要话语主体，一共出现330次，占比为24%；除新加坡元、美元和马来西亚林吉特（共28次）外，其余"货币"专指人民币，且皆围绕人民币汇率是升值或是贬值问题展开。

其次，"中美关系"而非中新关系成为话语主体之一，这是本章一大特色。中美两国围绕人民币汇率问题展开博弈，成为《海峡时报》关注的焦点。这充分说明中美两个大国之间的贸易关系是否稳定，对于其他国家而言意义重大，尤其是新加坡这样一个在大国博弈中求生存求发展的周边国家。

最后，中美双方的话语主体都较为丰富。美方国家领导人与政府官员（Mr. Tse、Mr. Paulson、Mr. Snow、Mr. Bush、Mr. Bernanke、Mr. Obama、Secretary Henry Paulson、US lawmakers）纷纷加入谴责中方的行列，制造出"人民币汇率升值"的舆论声势。面对美方发难，中方国家领导人和政府官员（Mr. Hu、Mr. Wen、Mr. Li、Premier Wen Jiabao、Mr. Zhou、Mr. Chen、Chinese leaders、Chinese officials、Zhou Xiaochuan、Madam Wu、Chen Deming、Mr. Xiang）积极回应，澄清事实真相。美方政府部门（the Treasury Department、the White House、the legislation、Congress）与中方政府部门（the Central Bank、People's Bank of China、China's Central Bank、Xinhua News Agency）同样形成了均势局面，凸显出美方一意孤行，执意挑起事端，中方也绝不退让，坚守原则立场。

(三) 新加坡主流媒体话语的深层逻辑

中国学者高低、肖万春合著《中美货币战争纪实》一书，详尽记录了21世纪第一个十年间中美博弈的每一回合。以此为参考，《海峡时报》的报道可以说是客观还原了整个事件的始末，为中美双方分别扮演的角色做出了公正严明的判断。这一结论，也可从新方领导人的发言中一窥究竟。国务资政吴作栋曾经说，"采取更加灵活的汇率制度符合中国的利益，对中国公开施压无益，因为这涉及的是主权问题"。(It is in China's interest to adopt a more flexible exchange rate system but overt pressure on the Chinese to do so is not helpful…because it is a sovereignty issue.) (Apr. 20, 2010) 新加坡主流媒体有关人民币问题的立场态度，与美方形成天壤之别，自然主要还是基于自身国家利益的考虑。

自1965年建国伊始，新加坡就以迈向"亚洲苏黎世"为目标，利用其作为国际贸易港的有利条件，加速发展金融市场。到2014年在新加坡720平方公里的国土面积上已汇聚了600余家各类金融机构，金融业成为新加坡的支柱产业之一。目前新加坡已成为世界第四大国际金融中心、全球第四大外汇交易市场。建国后，新加坡政府推出一系列的税收优惠政策，大力发展城市基础设施建设，建立健全金融法律制度，提高监管效率，将新加坡打造成为全球资本的重要集散地，市场资金充足，投资者易于筹措资金，在最大程度上保障了新加坡国际金融中心稳固的地位。

聚焦人民币与新加坡关系的《海峡时报》报道共有23篇，占到新闻总数的16.5%。有别于美方，新方关注的不是人民币升值问题（只有2篇报道以人民币升值为主题），而是中国政府推行的一系列金融体系的改革事项，以及人民币的国际化进程。也就是说，新加坡关心的并非人民币升值与否的问题，而是在中国金融市场开放中如何同中国开展务实合作，如何能够参与到人民币国际化进程中来，确立自己离岸人民币清算中心的地位，如何充分利用中国发展的契机，搭乘中国快车。例如在银行业方面，新加坡四大本地银行——华侨银行

（OCBC）、大华银行（UOB）、华联银行（OUB）和星展银行（DBS），纷纷扩大在华服务范围。2005年12月24日的报道称，大华银行已率先在利润丰厚的中国市场站稳脚跟。大华银行23日表示，厦门分行已获准向外国居民提供金融零售产品。这是该集团在中国内地设立的7家门店中获准开展此项业务的第3家。此举使得大华银行能够提供包括人民币和外币在内的更为广泛的服务项目，如贷款、存款和贸易融资，以及向外国个人、外国企业和外商企业提供汇款业务等。在开展离岸人民币业务方面，2011年4月26日的报道称，环球物流地产（GLP）近日宣布将发起新一轮融资活动，计划发行人民币30亿元（合5.67亿新元）固定利率债券。这将使得环球物流地产成为首家在新加坡发行人民币债券的上市公司。新加坡市场普遍预期，中国政府将进一步推动人民币国际化，离岸人民币市场正在迅速发展，而新加坡很有可能成为除香港外又一个离岸人民币交易中心。预计中国不久将会在新加坡建立第一家人民币清算银行，为以人民币计价业务的快速增长铺平道路。在参与"一带一路"建设方面，2015年6月18日的报道称，作为资本密集型投资项目，基础设施建设是中国"一带一路"倡议的关键。新加坡不断加强世界金融中心的地位，似乎也在为这一战略做准备。大华银行集团首席执行官表示，中国持续推动人民币国际化，在丝绸之路沿线开展基础设施建设、促进互联互通，对于新加坡而言绝对是一巨大机遇。大华银行已经着手扩大业务范围，推动人民币在全球贸易中的使用。

从扩大银行业务、开展离岸人民币服务到参与"一带一路"建设，新加坡企业都在摩拳擦掌，积极加入中国经济腾飞的改革大潮中来。上述报道鲜明地表达出新加坡国家利益首先依靠发展经济，没有经济的发展，其他一切无从谈起。新加坡的经济发展有着自身独特的优势，如何借助外力发挥优势成为政府考量的首要因素，而人民币国际化的广阔前景为新加坡金融业提供了融入全球化的新动能，抓住这个机会，成为新加坡政府的战略定位。

二 启示

中国举世瞩目的经济发展变化，引发了西方尤其是坚持美元霸权国家的不满，感觉自身受到了威胁。于是，自21世纪初美国人就拿起了人民币汇率这根经济大棒，需要时随时拿出来挥舞一番，致使中美之间原本日益紧密的经济交往增添了一股明显的政治成分。货币战过程当中，美方发动铺天盖地的舆论攻势、诉诸蛮横无理的手段，掩盖事实真相，打着人民币汇率低估之名，企图行干涉中国金融体制改革、遏制中国崛起之实。而中方，始终传递的是一股坚定自信，坚持自己的发展道路，秉承国家的既定方针，有条不紊、持续推进。这一形象，透过同美方发起的贸易争端甚至是贸易战的每次交手，清晰地呈现给了读者。有别于"中国制造"话语，"元"话语体系较为完备，话语内容清晰，拥有中国特色的范畴与概念：中国的汇率改革遵循自主、渐进、可控的原则，根据市场状况及国家战略和宏观调控的需要逐步推进。这一切，都以中国自身的发展为首要考量，这是不能改变的原则性问题；话语主体明确：中国政府领导人和各级官员以及政府机构，成功履行话语主体的职责，将国家政策与方针理念、态度与立场等清晰地传递给国际社会，从而赢得了中美货币战的话语权，维护了自身良好的国家形象。下面有关"元"汉语拼音在《海峡时报》中的使用情况可以充分证实这一结论。

有关"元"的报道全部采用了汉语拼音"yuan"。本章一共出现1483处，只有7处利用"renminbi"对其进行了补充说明，比例只有0.47%。而有关"人民币"的报道则全部采用的是汉语拼音"renminbi"，本章共出现35处。其中7处都是对"元"进行的补充说明，另有1处用"元"来替换"人民币"，二者同指中国货币。请看例句：

——The yuan is also known as the renminbin (RMB)
——the Chinese currency, also known as the renminbin (RMB)
——the yuan, also known as the renminbin (RMB)

—The yuan, also known as the renminbin (RMB)

—the yuan, or renminbin (RMB)

—the yuan, also known as renminbin (RMB)

—A more flexible yuan, or renminbin

—renminbi (yuan)

作为中国经济晴雨表的"元"和"人民币"已经形成自身话语体系，都毫无障碍地进入西方话语体系中。事实上，"元"是本研究探讨的中国话语词汇当中《海峡时报》认可程度最高的一个。"元"的认知度远远高过"人民币"，成为中国经济话语的代表，且在很大程度上受到国际社会的广泛关注，发挥着引领国际经济、贸易发展的作用，展现出中国经济的强大影响力。

第四章

"孔子学院"(Confucius Institute)的海外形象

第一节 理论概述

范·戴克的社会认知分析是批评性话语分析的重要方法之一,通常被称作"话语—认知—社会"三角分析方法。与其他批评性话语分析方法相比,社会认知分析不仅强调文本结构与社会实践的联系,更为注重二者的中介体——社会认知环节。范·戴克指出,文本结构本质上是不同于社会结构的,它们之间必须通过语言使用者(包括个体和社会群体)的心理表征发生联系。[1] 因此,社会结构是通过人们对社会环境的解读来影响文本和话语。相反,话语同样借助认知层面上的心理模式、知识、信念和意识形态来影响社会结构。

1977年范·戴克提出了用于篇章语义研究的"宏观结构"理论,从层次的视角来看篇章、探讨话语主题,在话语研究领域引起了较大反响。他认为,篇章语义结构属于层次结构,上一层次的语义是由下一个层次诸多基本命题单位共同组成,而语篇连贯的判断依据就是要看是否存在一个或一组最高层级的命题,能够包容整个语篇的命题内

---

[1] Ruth Wodak and Michael Meyer, eds., *Methods of Critical Discourse Analysis*, London: Sage, 2015, pp. 63–85.

容。① 若有则说明该语篇是连贯的，具有一个明确的话语纲要主旨，即主题，"我们用以研究主题……的理论基础是语义学的宏观结构"。② 在范·戴克看来，主题是对话语的全局性、宏观层次上的研究，是话语中最重要、最核心同时也是最基本的概念信息。③ 另外他还提出了一整套具体分析话语宏观结构的方法，即话语微观结构的研究。根据范·戴克，话语微观结构的研究构成了宏观结构研究的重要基础，微观结构研究关注句子中包含的基本命题，以及命题间的语义联系。研究语篇的微观结构，可获取整个语篇的若干微观命题；之后再依据宏观规则对其加以选择，或是删除或是替换那些与主题无关的，将基本命题组织起来建立一个更高层级的语义单位，如此一层一层搭建的宏观语义结构，最终就产生了最高一级的命题，也就是整个话语的主题。经过一步一步的语义推导，从众多微观语义结构中推导出一个宏观语义结构，就能够正确把握整个话语的主题意义。④

于是，主题研究成为范·戴克考察包括新闻话语在内话语研究的切入点。他曾经说，"与其他话语类型相比，新闻话语的主题分析更为关键"。⑤ 本章拟考察"孔子学院"新闻话语的主题，或将有助于弄清楚新加坡主流媒体所代表的群体认知是如何导致相关话语结构的产生和理解，而话语结构又是如何表征新加坡社会结构同时受其影响的。

---

① Marcel Just and Patricia A. Carpenter, eds., *Cognitive Processes in Comprehension*, Hillsdale, New Jersey: Lawrence Erlbaum Associates, 1977, pp. 3 – 32.

② Teun A. van Dijk, *News as Discourse*, Hillsdale, New Jersey: Lawrence Erlbaum Press, 1988, p. 31.

③ Teun A. van Dijk, *News as Discourse*, Hillsdale, New Jersey: Lawrence Erlbaum Press, 1988, p. 31.

④ Marcel Just and Patricia A. Carpenter, eds., *Cognitive Processes in Comprehension*, Hillsdale, New Jersey: Lawrence Erlbaum Associates, 1977, pp. 3 – 32.；钱敏汝：《戴伊克的话语宏观结构论（上）》，《当代语言学》1988 年第 2 期；钱敏汝：《戴伊克的话语宏观结构论（下）》，《当代语言学》1988 年第 3 期；徐赳赳：《van Dijk 的话语观》，《外语教学与研究》（外国语文双月刊）2005 年第 5 期。

⑤ Teun A. van Dijk, *News as Discourse*, Hillsdale, New Jersey: Lawrence Erlbaum Press, 1988, p. 30.

第二节 研究内容

外文局发布的总榜单中，共有 45 个历史文化类话语词汇上榜，见表 4—1，包括武术功夫类、节日民俗类、中华文化类、中国宗教哲学类和自然文化景观类。

表 4—1　　　　　　　　核心历史文化类话语词汇

词汇	排名	词汇	排名	词汇	排名	词汇	排名	词汇	排名
少林	1	功夫	16	天坛	34	孟子	49	春节	64
阴阳	2	太极	17	八卦	37	熊猫	50	华夏	65
故宫	4	师父	19	重阳	39	春联	53	蹴鞠	66
武术	6	老子	22	天安门	40	元宵	54	中秋	68
气	7	道	23	妈祖	43	中华	56	金丝猴	84
气功	8	凤	24	孔子	44	中庸	57	毛笔	85
麻将	10	武侠	25	长城	46	中国	58	灯笼	87
胡同	11	清明	26	孙子	47	端午	59	针灸	88
龙	13	长江	29	儒	48	黄河	61	兵马俑	97

表 4—1 显示，作为中国话语词汇，"孔子"位列第 44 位，而"孔子学院"并未出现在该列表当中。正如第二章所言，"孔子学院"是中国文化走出去战略的重要组成部分。围绕"孔子学院"的外媒报道来考察中国软实力建设在海外的发展影响，是一可取的研究视角。

随着中国经济的快速发展和国际地位的提高，中国同世界的交往日益密切和广泛，世界各国学习汉语的需求也日益增长。为推广汉语和传播中国文化，我国从 2004 年开始在海外设立非营利性教育机构"孔子学院"。全球第一所孔子学院 2004 年 11 月在韩国首尔成立，截至 2017 年 12 月 31 日，在全球 146 个国家（地区），共建立了 525 所孔子学院和 1113 个孔子课堂。孔子学院的成立虽然只是近些年的事情，但在世界范围内快速发展，已成为各国人民学习汉语和了解中国文化的重要平台，承担着中华文化走出去的重任。因此，探究外媒所持态度与立场显得更加有意义，可以帮助我们掌握情况，及时调整相关政策与布局，更好地发挥孔子学院传播中国文化的功能。

第三节　研究方法

一　创建语料库

我们选择"孔子学院"作为中国文化话语词汇的代表，以"Confucius Institute"为关键词在 LexisNexis 中进行检索，得到 123 篇相关报道。人工剔除不相关的报道，剩余 118 篇，共计 123307 词，创建"海峡时报—孔子学院"语料库。

二　研究步骤

首先利用 AntConc 软件进行量化统计，再结合文本分析法，确定"海峡时报—孔子学院"语料库的话语特色，进而实施针对性的话语分析。

1. 运用 ROST CM6 软件[①]中的语义网络分析功能，对语料库中的文本进行语义分析，生成语义网络图，更加直观地呈现出实词高频词之间的语义关系；

2. 根据实词高频词之间的语义关系，初步描绘出围绕"孔子学院"《海峡时报》关注的主题；

3. 在此基础之上，剖析每个主题结构形成的过程以及社会结构与社会心理等影响要素，深入挖掘"孔子学院"形象的建构机制。

第四节　分析与讨论

新加坡现有孔子学院一所，名为新加坡南洋理工大学孔子学院，

---

① ROST CM6 软件是一款功能强大的数据挖掘和分析软件，由武汉大学研发。

是中国国家汉办与新加坡南洋理工大学于 2005 年 6 月签署协议、由南洋理工大学与中国山东大学合作共建的。

一 孔子学院的性质

孔子学院章程第五条明确指出："孔子学院本着相互尊重、友好协商、平等互利的原则，在海外开展汉语教学和中外教育、文化等方面的交流与合作。"[①] 这是对孔子学院的基本定位。对此《海峡时报》予以充分认可，他们认为孔子学院同英国的文化委员会、德国的哥德学院和法国的法语联盟一样，同属语言与文化推广机构。

首先，孔子学院同其他语言推广机构在性质上别无二致。以 "British Council" 为关键词检索到 9 条索引行：

——CI（Confucius Institute）…will be similar in nature to language promotion institutions like the British Council, Alliance Francaise and Goethe Institute.——孔子学院的性质同英国文化委员会、法语联盟和歌德学院等语言推广机构雷同。（July 21, 2005）

——CI（Confucius Institute）…is similar in nature to language promotion institutions like the British Council, Alliance Francaise and Goethe Institute…——孔子学院在性质上类似于英国文化委员会、法语联盟和歌德学院等语言推广机构。（June 16, 2006）

——CIs（Confucius Institutes）are China's equivalent of the British Council, helping to promote Chinese language and culture.——孔子学院相当于中国的英国文化委员会，致力于中国语言和文化的推广。（Nov. 12, 2006）

——CIs（Confucius Institutes）are China's version of the British Council and promote Chinese language and culture.——孔子学院是中国版的

[①] 《孔子学院章程》，孔子学院总部/国家汉办（www.hanban.org/confuciousinstitutes/node_7537.htm）。

英国文化委员会，致力于中国语言和文化的推广。(Jan. 13, 2007)

——CI (Confucius Institute) …for Teaching Chinese as a Foreign Language – works like the British Council, Alliance Francaise and Goethe Institute.——孔子学院同英国文化委员会、法语联盟和歌德学院运作模式一样，致力于对外汉语的教学。(June 7, 2007)

——CI (Confucius Institute), China's relatively new counterpart of Germany's Goethe Institutes and Britain's British Council.——孔子学院相当于德国歌德学院和英国文化委员会的中国版，刚刚成立不久。(Apr. 10, 2009)

——CI (Confucius Institute) as a place for kids, literature and basic Chinese, similar to what the British Council or the Japanese Association offers.——孔子学院可为儿童提供包括文学和基础汉语教学在内的语言服务，类似于英国文化委员会或日本协会 (The Japanese Association)。(Sept. 6, 2009)

——CI (Confucius Institute) is similar to other language promotion institutions like the British Council and Goethe Institute.——孔子学院类似于英国文化委员会和歌德学院等语言推广机构。(Dec. 30, 2013)

——Cultural events and language courses, activities similar to those of the British Council, Germany's Goethe or China's Confucius institutes (CI).——文化活动和语言课程，类似于英国文化委员会、德国歌德学院和中国孔子学院组织的活动。(Apr. 12, 2014)

这9条索引行分别采用"similar""equivalent""version""like"和"counterpart"等表示比较指称的词汇将孔子学院与全球其他语言文化推广机构——英国的文化委员会、德国的哥德学院和法国的法语联盟等相提并论，认为在机构性质上并无二般，同属语言推广机构，致力于推广本国语言和文化。

其次，《海峡时报》认为孔子学院属于语言与文化推广机构。以"language and culture"为检索词一共得到61条索引行。在这些索引行

第四章 "孔子学院"(Confucius Institute)的海外形象 / 111

中，《海峡时报》分别采用"promote""spread""teach""organize""learn""lecture""have a knowledge of""visit""pick up""master""offer""exposure to"和"immerse"等表示动作的词汇，来突出孔子学院"传播""推广""教授""开设""帮助掌握""提供条件接触""汉语/中国文化"的机构性质。其中以"promote"出现频率最高。对"promote"采取进一步的语料库语言学方法分析，结果显示，在以"language and culture"为检索词、"promote"为语境词、左右跨距设为 5 的条件下，"promote"与"language and culture"存在共现关系，也就是说二者形成搭配模式。如图 4—1 所示。根据韦氏词典，"promotion"的意思是"the publicizing or advertising of a product, cause, institution, etc.",① 属于客观描述性词汇。《海峡时报》频繁采用这一词汇描述孔子学院，说明孔子学院作为汉语及中国文化的海外推广机构，定位准确没有引发歧义；同时《海峡时报》对于孔子学院的性质认定客观公正，符合实际情况。

```
1     to lend its expertise to promote Chinese language and culture. 'Many of our academia are
2     the British Council, helping to promote Chinese language and culture. At the same time, the
3     of the British Council and promote Chinese language and culture. In its latest efforts, Chin
4     d government-funded institutions to promote their language and culture abroad, Japan's efforts have
5     . Tokyo has traditionally sought to promote its language and culture through the Japan Foundation.
6     the past few years to promote Chinese language and culture. Singapore can have a share
7     groups are very keen to promote Chinese language and culture here, especially among the yo
8     , better known as Hanban, to promote the language and culture abroad. In many ways, the
9     more than 69 countries, aiming to promote Chinese language and culture. The CCP sees this as
10    me. These 'Confucius Institutes' promote Chinese language and culture, and are not unlike other
11    positive light. These institutes promote Chinese language and culture in different parts of the
12    set up worldwide to promote the Chinese language and culture. The Singapore institute at N
13    vastly expanded its ability to promote its language and culture abroad compared with regional
```

图 4—1 "promote"形成的词语搭配截图

二 围绕"孔子学院"的报道主题分析

徐赳赳认为，"van Dijk 的这种做法（从微观语义结构推导宏观语义结构）做起来相当繁琐……"② 难以适用于语料库的情形，因此本

---

① 兰登书屋辞书编辑室：《兰登书屋韦氏大学英语词典》，商务印书馆国际有限公司 2016 年版，第 1340 页。
② 徐赳赳：《van Dijk 的话语观》，《外语教学与研究》（外国语文双月刊）2005 年第 5 期。

章打算采用定量分析法进行。具体操作是,将本章所有语料输入ROST CM6软件,自动生成高频词列表,人工去除高频词中的虚词部分;再采用该软件的语义网络分析功能,自动生成实词高频词语义关系的图表,如图4—2所示。本图表可直观地呈现出语料中实词高频词之间的语义亲密关系,从而凸显出文本中的主题分布。

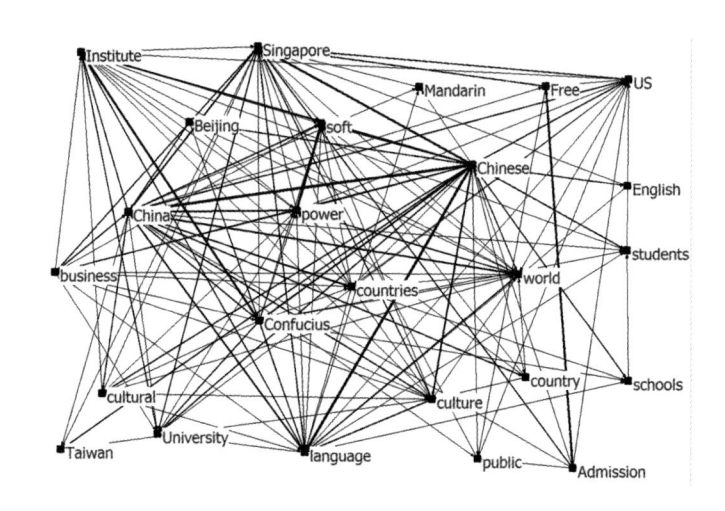

图4—2 实词高频词构成的语义网络分析

注:图中线条的粗细代表着高频词之间语义产生联系的次数多寡。

图4—2表明,本章语料库中的实词高频词之间呈现出复杂但有一定规律的语义关系。本图中一共显示出25个实词高频词,分别是"Institute""Singapore""US""Beijing""Mandarin""Free""soft""Chinese""English""China""power""business""Confucius""countries""world""students""cultural""culture""country""schools""Taiwan""University""language""public"和"Admission"。不难发现,这些词汇之间凸显的是孔子学院("Institute"和"Confucius")与新加坡("Singapore")和中国("Beijing"和"China")之间多种渠道的联系,既有语言学习("Mandarin""Chinese"和"English")的,也有文化传播("cultural"和"culture")的;既有民众("public"和"students")参与的,也有社会团体("schools"

第四章 "孔子学院"(Confucius Institute)的海外形象 / 113

"business"和"University")的身影;既有关于软实力建设("soft"和"power")的,也有全球多个国家和地区("US""world"和"Taiwan")的反应。因此我们认为,《海峡时报》中有关"孔子学院"的相关报道重点关注了以下四个方面:(1)新加坡各界积极参与孔子学院的建设与发展(第一主题);(2)孔子学院引领全球汉语学习热潮(第二主题);(3)中国的软实力建设(第三主题);(4)孔子学院的全球推广引发各国纷纷效仿(第四主题)。进一步的文本分析如表4—2所示:第一个主题占比最高,达41%,共有48篇报道;第二个主题共有8篇,占比为7%。第三个主题共有42篇,约占35%;第四个主题共有20篇,占比为17%。

表4—2　　　　　　　　　　主题统计　　　　　　　　　单位:%

主题	篇数	百分比
第一主题	48	41
第二主题	8	7
第三主题	42	35
第四主题	20	17

(一)新加坡各界积极参与孔子学院的建设与发展

新加坡主流报纸对于孔子学院十多年来在本国的推广发展,予以高度的认可和积极的正面评价,认为孔子学院获得本国各方支持,发展势头良好。

1. 新加坡孔子学院发展势头迅猛

首先,在合作双方签署的服务内容框架下,孔子学院开设一系列课程。自2005年11月第一堂课"当代中国介绍"面向20多名校长、部门负责人和老师们首次开放以来,孔子学院随后推出一系列文凭课程和培训课程。孔子学院还聘请中国著名的教授学者,编写适用当地的中国语言文化课程教学大纲,更好地促进汉语和中国文化在新加坡的整体发展(June 16, 2006; Nov. 19, 2007; July 29, 2015; Jan. 4,

2018等)。

其次,孔子学院结合当地民众的实际需求不断创新,全力满足市场需要。学院非常注重与当地民众的广泛接触,推出了众多有关中国文学、艺术和医疗保健方面的项目,得到了包括华人社团在内广大民众的支持。学院曾与当地艺术团体(比如四城书法与雕刻协会)合作,举办了以孔子为主题的书法作品展和中国歌曲创作研讨会等。孔子学院每年组织大约50个项目,绝大多数课程的报名人数都超过预期,反响热烈。据报道,在新加坡,汉语教师文凭课程和成人汉语会话课程是最受欢迎的课程之一(June 13,2008)。2008年,孔子学院与同仁堂新加坡分公司签订协议开设中医课程,利用这一平台参与探讨当代中国面临的诸多健康问题。另外,考虑到青年朋友对当代偶像的喜爱,学院特邀文化名人余秋雨和于丹等做客孔子学院。

《海峡时报》有一个栏目叫作"LIFE! – LIFE EVENTS",可以免费登载广告。经过统计,孔子学院组织的很多活动和课程,都是通过该渠道向社会广而告之的;一共登出17则广告,占本语料库总体篇数的14%。如此高频率的广而告之,极其有利于普通民众更多地接触到此类信息并参与其中。

《海峡时报》于2009年9月6日专门刊文,报道孔子学院近四年的发展态势,很好地展现了短短几年内取得的不菲成绩。现摘全文:

> The Confucius Institute, a Chinese language promotion centre, has doubled its enrolment in the last two years. Where 200——plus students turned up for eight weekly courses in 2007, more than 500 students attend over 20 such courses now.
>
> The increase is due to keener interest from working professionals in Chinese language and culture; they form three quarters of the students. Centre director Koh Hock Kiat said people initially mistook the institute as a place that promotes Confucian philosophy.
>
> But that perception has changed in the four years since the institute

第四章 "孔子学院"（Confucius Institute）的海外形象 / 115

was set up in 2005. It moved to Nanyang Technological University's (NTU) one-north campus in Buona Vista two years later.

"We started using a lot of contemporary icons to change people's impressions, like comics and popular living writers," said Associate Professor Koh. "Now, they know us as a place for kids, literature and basic Chinese, similar to what the British Council or the Japanese Association offers."

But what motivates most people to sign up is a desire to improve their Chinese for business purposes.

One such student is Mr Steve Wong, 52, director of management consultancy Synthesis Consulting Group. He is doing a three-month business Chinese programme at the institute.

"Most Chinese business people in Asia, like in Thailand and Indonesia, don't speak much English," he said. "To communicate effectively, you really have to know the (Chinese) language."

Another student is private banker Jerry Yong, 38, who works at Fortis Bank. "The Chinese market is growing and we have a lot of Chinese clients. Using more accurate vocabulary helps a lot in bridging gaps in understanding," he said.

The Confucius Institute here was jointly set up by the NTU and Beijing's Office of Chinese Language Council International, better known as Hanban. It also has China's Shandong University as its academic partner. It is among 331 Confucius Institutes the Chinese government has initiated in 83 countries and territories in the last four years.

These institutes, a projection of China's 'soft power', help display a warm and positive image of Chinese culture, say analysts. Programmes offered by the Confucius Institute in Singapore have diversified beyond Chinese language teaching.

Today, they also include traditional Chinese medicine, pop music composition and immersion camps for children. The growing number of programmes and students was made possible by the institute's funding level, said Prof Koh.

It receives ＄220,000 from the Chinese government every year in grants and research funds.

The NTU has been giving the centre ＄1 million a year in seed money for teaching materials, renovations and pilot projects, but plans to stop its funding soon, said Prof Koh. Two endowment funds started in 2007 help keep the centre going.

One is the ＄2-million NTU Confucius Institute Fund, set up with support from local businesses, clans and the Singapore government. It funds awards and research projects.

Another fund, the ＄600,000 Lien Shih Sheng Youth Chinese Literature Fund, named after a local Chinese writer, funded the institute's second – biggest – ever event at Ngee Ann Polytechnic yesterday. Over 1,400 people turned up to hear renowned Taiwanese author Yu Kwang – chung speak about Chinese writing and translation.

The institute had its biggest turnout – 1,700 people – two years ago when it invited Chinese motivational speaker Yu Dan.

Prof Koh hopes to invite more international speakers for future events and courses to provide high-quality, impactful programmes. (Sept. 6, 2009)

作为汉语语言推广中心，孔子学院在过去两年内入学人数翻了一番。2007年，仅有200多名学生参加了8门一周一次的课程，而现在，有500多名学生报名参加了20多门此类课程。

报名人数增加是因为职场人士对汉语和中华文化更感兴趣了，他们构成了四分之三的学生群体。孔子学院院长许福吉（Koh Hock Kiat）说，最初人们误以为孔子学院就是推广儒家哲学的地方。

然而，自该学院于2005年成立以来的四年时间内，这种观点已经发生了改变。两年后，孔子学院迁到了位于波娜维斯达（Buona Vista）的南洋理工大学（NTU）纬壹校区（One-North campus）。

"我们开始借助大量现代性符号来改变人们对孔子学院的固有印象，如漫画和当代流行作家，"许教授谈道："因此，现在人们知道孔子学院可为儿童提供包括文学和基础汉语教学在内的语言服务，类似于英国文化委员会或日本协会。"

但大多数人提升汉语水平是出于商业目的。

52岁的Steve Wong是综合咨询集团（Synthesis Consulting Group）的管理咨询总监，也是新加坡孔子学院的学生。目前，他正在学院参加一项为期三个月的商务汉语课程。"大多数在亚洲（比如泰国和印度尼西亚）经商的华商，不太会说英语"，他说道，"因此，为了有效地与他们进行沟通，你必须懂中文"。

38岁的私人银行家Jerry Yong目前在富通银行（Fortis Bank）工作。他说，"中国市场不断扩大，我们有很多中国客户。因而更加准确地使用中文有助于加强与客户之间的沟通"。

该孔子学院由南洋理工大学和中国国家汉语国际推广领导小组办公室（简称"汉办"）共同创办，已与山东大学达成学术合作，是过去四年间中国政府在83个国家和地区创办的331所孔子学院之一。

分析人士认为，这些孔子学院是中国"软实力"的投射，有助于展现友好、积极的中国文化形象。除汉语教学之外，新加坡孔子学院还提供多种多样的课程。

目前，相关课程还包括中医、流行音乐创作和儿童语言沉浸营。许教授表示，充足的资金使得孔子学院课程趋向多样化，学生数量不断增加。

每年南洋理工大学孔子学院能够获得中国政府22万美元的补助及研究基金。

许教授表示，南洋理工大学每年向孔子学院拨款100万美元的种子资金，进行教材研发、创新项目及试点项目，不过目前计划终止这一资助。原因是 2007 年成立的两项捐赠基金已经能够保障孔子学院的正常运转。

其中一项是 200 万美元的南洋理工大学孔子学院基金，该基金由当地企业和家族以及新加坡政府共同设立，资助奖学金项目和研究项目。

另一项基金是连士升青少年文学基金，总额为 60 万美元，以当地华文作家连士升命名。昨日，该基金资助了在义安理工学院（Ngee Ann Polytechnic）举办的活动，这也是南洋理工大学孔子学院成立以来举办的第二场大型活动。超过 1400 人到场聆听台湾著名作家余光中关于中文写作和翻译的见解。

两年前，该孔子学院邀请到了中国励志演说家于丹发表演讲，有 1700 人参加活动，是参与人数最多的一次活动。

许教授希望在未来的活动和课程中，孔子学院能够邀请到更多有国际影响力的主讲人，为学生提供高质量、有影响力的课程。（2009 年 9 月 6 日）

这篇报道分别就孔子学院招生规模不断扩大、推出的活动更加丰富多彩、民众对其性质和宗旨的认知改变等几个方面进行了深入地探讨，翔实的数据与打动人心的个人经历相互呼应，精彩地呈现出孔子学院在本地发展的良好态势。

2. 新加坡孔子学院迅猛发展的原因

新加坡社会各界积极拥抱孔子学院，乐意搭乘中国经济的快车为本国发展开疆扩土。这自然与新加坡的实际国情密不可分——长期实行的双语教育政策的大环境、占全国四分之三的华裔人口等，孔子学院的各项活动也因此得到了相关民间社团的大力支持和响应，加之新加坡政、商、学各界普遍认识到汉语学习的商业价值，大好环境下的利益驱动推动了新加坡孔子学院的迅猛发展。

（1）华人社团的大力支持

自成立以来，孔子学院的运作资金得到了社会各界的慷慨相助。

第四章 "孔子学院"（Confucius Institute）的海外形象

《海峡时报》分别于 2007 年 6 月 7 日、2008 年 7 月 26 日、2009 年 10 月 11 日和 2013 年 12 月 30 日刊文，着重报道了社会各界尤其是华人社团对孔子学院的资金支持。梳理之后的相关内容如下：孔子学院基金（Confucius Institute Fund）于 2007 年 7 月 14 日启动，启动资金达到 200 万美元。南洋理工大学校友、商界名人刘兴勋（音译）捐出了第一笔 10 万美元资助，随后南洋社区协会主席何侨生（音译）捐款 20 万美元，雪隆协会（Dabu Society）捐款 30 万美元。同年，该基金还设立了全球华人文学奖——南洋文学奖（Nanyang Literature Award），每两年举办一次，对各文学团体提名的文学出版物进行评选，旨在推动华人文学作品的创作与研究。2008 年 11 月 22 日孔子学院推出首届南洋文学奖评选活动，奖金 4 万美元外加出版补贴。这是迄今为止奖金最高的华人文学奖项。当地华人社区领袖、华人家族和商业协会纷纷参与，慷慨解囊。2007 年孔子学院还设立了"连士升华人文学青年基金"（Lien Shih Sheng Youth Chinese Literature Fund），鼓励更多年轻人关注新加坡先锋作家的作品。预计筹集善款 10 万美元，用于组织写作比赛、出版获奖作品、举办连先生作品年度公众论坛等活动。2008 年，孔子学院同郑和国际协会（Zheng He International Society）联合举办了一场有关郑和与孔子的研讨会，旨在弘扬两位伟大人物的精神和思想。国际郑和协会会长陈达生长期从事郑和研究，他曾出资 500 万美元在马六甲修建了一座郑和博物馆，希望郑和精神能够促进各国间的友谊与合作。他相信，参观者能够深切地感受到，郑和是一个爱好和平的文化传播者，东西方贸易网络的建设者，而非有些西方学者所妄言的军事侵略者和殖民者（June 7，2007；July 26，2008；Oct. 11，2009；Dec. 30，2013 等）。

正是这些华人华侨与爱国人士的大力支持，孔子学院才能够在获得广泛民众基础的同时在新加坡成功推广汉语和中国文化，以较快速度融入当地社会中去。

（2）新加坡各界普遍认识到汉语学习的商业价值

第一，预将新加坡打造成为本地区的汉语教学中心。

据《海峡时报》的报道称,在过去的几年里世界各地建立了大约180所孔子学院,到2010年想要学习中文的人数约1亿。汉语教师的市场需求高达400多万名。而当前的实际情况却是汉语教师缺口极大,尤其是接受过培训的二语习得教师。(Nov. 24, 2007) 新加坡显然已经看到了这一大好机遇,因此,"Singapore wants to be a player in this lucrative multi-million-dollar market."("新加坡希望成为这个利润高达数百万美元市场的参与者。") (Nov. 19, 2007) 2007年11月全球普通话论坛(the Global Mandarin Forum)在新加坡举行,与会专家称中国的全球化发展为世界带来了众多商业机遇,而新加坡"或可分一杯羹(can have a share of the pie)"。

首先,新加坡可以向印度尼西亚等周边国家输送汉语教师。汉语语言学会的副主席查先生(音译)表示,新加坡的汉语教师比中国同行更有优势,因为前者更加了解本地区状况,在教学经验方面更胜一筹。香港大学的杨维阳教授(音译)说,"with its experience in teaching Chinese as a second language, (Singapore) can be a starting point for foreigners who want to learn it."["(新加坡)凭借着对外汉语的教学经验,或将成为海外汉语学习者的起点。"] 她解释说,新加坡的双语环境是一大优势,因目前的汉语学习者以海外华人为主,而他们的第一语言主要是英语。她还表示,"Besides getting students to come here to study Chinese, Singapore can help train teachers to work in non-Chinese speaking areas."("除了吸引学生来此学习中文,新加坡还可以帮助培训汉语教师到非华语地区工作。")2014年2月8日,《海峡时报》采访孔子学院院长梁秉赋博士时,梁院长表示,作为新一届院长,他希望能够将新加坡孔子学院打造成为本地区的汉语教学中心,他认为,"Because of our strategic location and historical background, we can help train teachers who want to teach in the other South-east Asian countries."("由于优越的地理位置和历史背景,我们可以帮助培训汉语教师到其他东南亚国家工作。") (Feb. 8, 2014)

其次,新加坡可以帮助培训中国大学生。国家教育学院(NIE)

希望开设研究生课程，帮助中国大学生到美国或欧洲等地教授汉语。他们会为英语水平欠缺的汉语志愿者提供英语课程和专业培训等。同时他们还计划开设短期课程，帮助中国志愿者老师更快了解东南亚各国的具体情况。

第二，"通商中国"（Business China）：为培养双语双文化的青年人才助力。

新加坡前总理李光耀，在充分思考本国双语的发展历程后意识到，新加坡人需要懂得双语，了解中新两种文化，才能够理解中国在东南亚地区的影响力，才能够抓住中国发展带来的各种机遇。2007年11月，两国国家领导人在新加坡国立大学文化中心共同启动"通商中国"项目。自创立之日起，"通商中国"就通过组织论坛、座谈会、开设课程及学习之旅等多种形式，联通新加坡年轻人与商界领袖，为其更好更快地了解中国搭建平台。这样一个半官方半民间性质的机构及其推出的一系列活动项目，获得了《海峡时报》高度的关注，分别于2009年5月9日、9月4日、12月27日、2011年2月5日和7月16日刊文，介绍"通商中国"致力于推动双语双文化发展、培养"新中通"人才、加强新加坡与中国联系的一系列举措。

例如，2009年，"通商中国"推出E3工作坊（激发、探索和体验中国），为新加坡大学生提供到中国亲身体验的机会。曾任该组织首席执行官杨莉明（Josephine Teo）表示，将特别关注新加坡的年轻人。现任执行官张女士解释说，这个群体最有可能无法同中国产生接触，因为他们一旦进入职场，使用汉语的机会就会变得微乎其微。2009年7月，"通商中国"与新加坡报业控股公司（SPH）合作，推出了一个新的门户网站（cl.omy.sg），帮助新加坡年轻人提高汉语水平，并通过小测验、电子小说甚至歌曲的形式让他们接触到现代中国的方方面面。2010年还推出了一项由新加坡国际企业发展局（International Enterprise Singapore）资助的青年领袖项目，为新加坡企业招聘应届毕业生，然后送到这些公司的驻中国办事处接受为期6个月至18个月的工作实习。张女士表示，目前有7家会员公司已为年轻人提供了14个实习岗位，"We have already secured 14 placements with seven of our corporate members' companies in this programme and the first batch of new recruits will be leaving to work in China in March next year."（Dec. 27, 2009）

正是新加坡政府、高等院校、商界和社会团体的齐心合力，在短短的十几年间，孔子学院才能落户新加坡，并在汉语教育及中国文化传播上发挥重大作用。

（二）孔子学院引领全球汉语学习热潮

同新加坡一样，全球多个国家尤其是中国周边国家，深切感受到了中国经济腾飞为自身发展带来的难得机遇，纷纷将汉语纳入公立学校的选修语种。当地社会同样反应热烈，教育机构纷纷开设汉语辅导课程，掀起一阵阵汉语学习的热潮。除新加坡外，《海峡时报》还重点关注了美国（3篇）、印度（2篇）、印度尼西亚（1篇）和菲律宾（1篇）等国汉语学习的情况。

有关美国的报道分别刊发于2011年5月28日、2014年2月9日和2015年10月26日。报道一致认为，无论是美国政府还是美国民众，对于孔子学院在美国的发展均持积极态度，他们一致认为中国经济的持续增长，会给个人甚至两国政府合作带来更多机遇。报道称，美国人对中国和汉语的兴趣越来越强。（"growing interest in China and its language among Americans."）（"越来越多的美国人开始对中国和汉语感兴趣。"）（May 28, 2011）该结论是基于美国外语教学委员会公布的一组数据：2007—2008年度与2004—2005年度相比，公立学校学习汉语的学生人数由20292人增至59860人，增长了近三倍，"Comparing data between the academic years of 2004—2005 and 2007—2008, the American Council on the Teaching of Foreign Languages found that the number of public school students studying Chinese has grown nearly three times from 20, 292 to 59, 860. This 195 per cent increase made Chinese the fastest growing foreign language among students aged between four and 19."（"对比了2004—2005学年和2007—2008

学年的数据之后美国外语教学委员会发现,公立学校学习汉语的学生人数增长了近3倍,从20292人增至59860人。高达195%的增长率使得中文成为4岁至19岁学生当中增长速度最快的一门外语。")（May 28, 2011）一方面,父母希望子女有良好的汉语基础,很早便开始让孩子们接触汉语,把他们送去培训学校。另一方面,越来越多的成年人"…have enrolled in Chinese programmes at the tertiary level, hoping to polish their skills in the language."("……注册了中文学习的高等教育课程,希望提高自己的中文水平。")（May 28, 2011）他们学习汉语的目的主要是"我要经商",或是认识到,"中国未来将接管世界"。而美国政府同样认识到,"如果我们两国要在世界范围内进行更多的合作,那么会说彼此的语言、真正理解对方,是一个很好的开始"。(If our countries are going to do more together around the world, then speaking each other's language, truly understanding each other, is a good place to start.)（Oct. 26, 2015）2009年,奥巴马政府推出"十万人留学计划"（the 100, 000 Strong Initiative）,拟在五年内派遣10万名美国学生到中国学习,这一目标已于2014年实现。2015年,奥巴马总统又提出"100万强计划"（the "1 Million Strong" Initiative）,预计到2020年将有100万美国人学习汉语。另外,美国政府还推出Startalk夏季语言项目,旨在推广包括汉语在内的多种语言。据报道称,来自马萨诸塞州伍斯特圣十字学院19岁的大一新生Luke Thompson就是通过Startalk项目接触到中国的,他希望能够学习汉语和政治学专业,以后就职于美国外交部。他还为自己设定了另外一个小目标:"One day I will be able to go to a store in China and bargain for a better price entirely in Chinese."("总有一天我可以在中国商店里全程用中文讨价还价。")（Feb. 9, 2014）

有关印度的报道分别刊发于2010年10月8日和2014年2月9日。总体来看,印度政府对于汉语在本国的推广持审慎态度。2010年10月8日,《海峡时报》报道了针对汉语推广印度官方态度上的一大转变:印度政府宣布,将在中学开设汉语选修课。一位印度教育部官员表示,"the idea of introducing the optional lessons was the result of a 'long-term decision' stemming from India's recognition of China's importance and the growing trade and economic links between the two Asian giants."("印度认识到了中国的重要性,且两个亚洲大国间贸易和经济联系日益紧密,所以印度做出了引入中文选修课的'长期决策'。")(Oct. 8, 2010)要知道,就在一年前印度政府曾断然拒绝了中国汉办在印开设孔子学院与孔子课堂的提议。据新媒称,尽管中国是印度最大的贸易伙伴,印度公司也越来越多地在中国建厂,但是在印度学习汉语的机会却很少。此次印度政府的决定受到社会各界的热烈欢迎。但是即便如此,该项目真正落地也是时隔4年之后的事情。《海峡时报》于2014年2月9日对项目的后续推进进行了相关报道:从2014年起,印度的12所学校将开设汉语选修课。印度中级教育委员会负责制定教学大纲,并从中国招募22名教师授课和培训印度教师。不过,报道称印方对此依旧心存疑虑,"India had security concerns about allowing Chinese teachers into Indian schools."("印方担心允许中国教师进入印度学校教书或将存在安全隐患。")更有甚之,"印度安全部门对中国参与印度不同领域的行为持怀疑态度"。(Indian security agencies view Chinese participation in different Indian sectors with suspicion.)(Feb. 9, 2014)

有关印度尼西亚的报道刊发于2011年5月28日,题为《出于务实考量》。同新加坡一样,印度尼西亚对于汉语学习持积极拥抱的务实态度。他们表示希望与中国做生意,或有机会研究中国历史与文化,"they are united in their belief that they must understand China, a powerful economy whose products can be found in every country."("中国将其产品销往了全球各地,他们一致认为有必要了解这一强大的经济体。")(May 28, 2011)中国是印度尼西亚近邻,不能否认中国作为经济大国与战略伙伴对印度尼西亚的重要意义。据称,从20世纪90年代起,印度尼西亚人学习汉语的兴趣就开始增强。现在越来越多的中小学、大学和私立语言中心都在教授汉语,"In Jakarta alone, about 100 or so language centres offer Mandarin lessons."("仅在雅加达就有约 100 家语言中心开设中文课程。")(May 28, 2011)。公立学校把汉语设为课外学习项目,而"national-plus"学校已将汉语设置为一门必修课程。

有关菲律宾的报道刊发于 2011 年 3 月 12 日,题为《通往新岗位的道路:在三所公立高中教授汉语》。自 2011 年起,菲律宾政府将在选定的三所公立学校开设汉语课程,这将是菲官方首次之举。当局希望,此举终将为接受公立教育的菲律宾人带来新的就业机会。因为,中国是继日本与美国之后菲律宾的第三大贸易伙伴。菲律宾教育部外语司主任多明戈说,"an initiative the authorities hope will eventually open new job opportunities for state-educated children."("当局希望这一举措最终能为公立学校的孩子们创造新的就业机会。")(Mar. 12, 2011)

综上所述,多数国家将"中国崛起"看作机遇,或许心存芥蒂,但绝非威胁。他们普遍认识到,全球化浪潮带来的是国家之间多领域合作的日趋紧密,贸易保护主义和单边主义是行不通的。越来越多的国家愿意搭乘中国前进的列车,为自身发展谋求更多更好的机遇。而孔子学院是中国文化走出去战略的重要组成部分,为全球提供了了解中国的可能,提供了同中国展开合作的机遇。下面的统计数字充分证实了这一结论。

以"rise"的 5 种变化形式(rise、rising、rises、rose、risen)为检索词进行的检索一共得到 79 列索引行,人工剔除与中国不相关的,共有 42 列描述"中国崛起"画面的索引行,如表 4—3 所示。

表 4—3　　　　　　描绘"中国崛起"的索引行

顺序	索引行
1	a campaign by Beijing to promote a kinder, gentler image of a rising China
2	other issues in the world, such as the rise of China
3	the rise of Chinese power

续表

顺序	索引行
4	the rise of the Chinese economy and its military capabilities
5	the rising power creates fear in an established power
6	make us most competitive in dealing with China's rise
7	with the rise of China as an economic powerhouse
8	with China's rise, the world's eyes were focused on the language
9	despite the rise and fall of dynasties over the past 2000 years
10	the possibility of China's rising soft power reviving strong Chinese cultural pride is a cause for concern
11	the US should respond in a constructive way to the rise of Asia, especially of China
12	China's rise as a global economic power has sparked a "China fever" and a "Mandarin fever"
13	many Singaporeans are oblivious of the economic challenges posed by China's rapid rise
14	The dragon marks its peaceful rise
15	China views its rise as a peaceful one
16	China's rising hard power is seen as a threat
17	the country's rise should be viewed positively
18	to help Singaporeans engage, learn, work or do business with a rising China
19	the Americans were looking to challenge China's rising influence in South-east Asia
20	fuelled as much by intra-Asean tensions as the perceived threat of a rising China
21	a rising China increasingly dwarfs Taiwan in economic might as well as global clout
22	this trend corresponded to the rise of China as a global economic power
23	China was not a rising economic power in the 1960s
24	China's rise is now influencing many to pick up the language
25	to help them open doors to a rising China
26	the simultaneous rise of China and India is the biggest story of the 21st century
27	the rise has the potential to change the power and civilisational balance of the world
28	the rise of China, in particular, has inspired both admiration and fear
29	it would oppose any attempt to contain or impede its rise
30	China's doctrine of peaceful rise is at stake
31	The economic rise of China…have created more interest in Chinese culture
32	Chinese assertiveness over territorial disputes…has fuelled widespread concerns over its rise

续表

顺序	索引行
33	China's economic and military rise has made it a majority player on the world stage
34	China to project a peaceful image to other countries, which may feel threatened by its rise
35	Diasporic Chinese studies have gained attention with the rise of China
36	What I thought about issues like China and its rapid rise
37	It did help China achieve its peaceful rise in a relatively short time
38	China, currently on the rise, will of course not allow itself lose face again
39	one rising in stature, and expanding its footprint on the African continent
40	a rising, increasingly assertive, People's Republic of China
41	As China's economic star rises
42	on three topics: the rise of China, SAP schools, and issues arising from the majority race

其中，将"中国崛起"视为挑战、威胁的有第5、6、16、19、20、34、40条，共7处；引发担忧与恐慌，企图加以遏制的有第10、28、29、30、32条，共5处。而认同"中国崛起"对他国而言是机遇绝非威胁的，有第7、8、11、12、13、17、18、22、24、25、27、28、31、39、41、42条，共16处；称"中国崛起"走的是和平发展道路的有4处：第14、15、34、37条。其余10处，均客观报道了中国的崛起。从数量比例上来看，将"中国崛起"等同于"中国威胁"论调的相关报道，占比29%，其余71%的报道总体上接受"中国崛起"的事实，视"中国崛起"为自身发展的机遇，愿意同中国一道合作共赢。

（三）孔子学院成为中国软实力建设的一支生力军

《海峡时报》将孔子学院看作中国软实力建设与发展的一大推手，在中国政府的推动下，致力于中国语言和文化的全球传播，其性质和运作方式与英国文化委员会、德国哥德学院和法语联盟等雷同。在讨论中国软实力建设的同时，《海峡时报》无一例外地谈到中国的硬实力——经济与军事方面的发展，从软实力和硬实力两方面评价中国的外交原则和方针。

改革开放以来中国综合实力不断增强，面对中国的和平崛起，西方国家恶意攻击，长期叫嚣"中国威胁论"。中国政府采取提高决策透明度与释放善意等措施，向国际社会积极阐明我国"和平发展"的道路，主动回应"中国威胁论"。中国的善意，已经通过《海峡时报》传达到了世界更远的地方，"Why is soft power so important for China can be seen in terms of its claims of 'peaceful development'. It helps Beijing to stem and hopefully overturn perceptions that China might be a threat as it develops into a major power. By persuading other countries that China is not a threat, Beijing hopes to achieve an international environment conducive to its developmental goals."（"对于中国而言软实力为何如此重要，这个问题可从其'和平发展'的主张中一窥究竟。'和平发展'主张有助于中国政府遏制、并有望推翻中国威胁论等种种言论。中国政府希望说服他国相信中国并非威胁，从而获得一个有利于自身发展目标的国际环境。"）（Sept. 8, 2012）

经统计，语料库中描述"中国形象"的一系列修饰性词汇共有20个，分别是"good""kinder""gentler""softer""benign""soft""softly""gently""warm""positive""favourable""responsible""reliable""peace-loving""people-based""cooperative""tolerant""confident""peaceful"和"constructive"，可归属于两个语义韵类别，一是"温和友善"，二是"负责任"，塑造出中国形象的两层寓意，如表4—4所示。温和、友善、受人喜爱、亲和力强的中国形象，在很大程度上消除了外界对"中国崛起"的担忧甚至恐慌。新加坡资深外交官许通美（Tommy Koh）认为龙和熊猫都可以代表中国，但世界人民更希望中国成为一只可爱的熊猫，而不是一条可怕的龙（Sept. 22, 2010）。此类描述包括"good""kinder""gentler""softer""benign""soft""softly""gently""warm""positive"和"favourable"等词汇。而内涵丰富的"负责任"大国形象，包括"responsible""reliable""peace-loving""people-based""cooperative""tolerant""confident""peaceful"和"constructive"。其中，强调的重点在"负责任"（responsible）。

表4—4　　　　　　　　　　有关"中国形象"的表达

温和友善	负责任
a good international citizen	a responsible player
a good neighbour	a responsible world power
a kinder, gentler image	a peace-loving, people-based, cooperative, tolerant, confident and responsible power
a soft rather than hard image	
a softer image	a responsible global citizen
a softer image international image	a reliable partner
this image of a softer, culturally sensitive China	a peaceful image
this softer image	a constructive partner
a softly, gently approach in building its reputation	
the image of a benign China	
the image of a benign and responsible state	
a benign image of itself	
a warm and positive image of Chinese culture	
a positive image itself	
a positive image of innovation and the arts	
a favourable image of the country	

在《海峡时报》看来，中国希望树立一个友善、负责任的国际形象，以削弱硬实力发展或将引发的消极影响。一方面，积极推进软实力建设项目。一是多渠道进行学术文化交流，促进汉语和中国文化的传播。设立孔子学院，向全世界介绍中国丰富、多样、古老的文化遗产，吸引全世界的目光，积极构建平和友善的中国形象；向海外留学生提供奖学金到中国来学习；与海外高校合作，鼓励"一带一路"沿线国家的大学教师和科研人员到中国继续深造。二是精心打造文化企业网络、开展互动和交流。据新媒称，中国政府全力打造号称"航空母舰"的媒体推广项目，投入450亿元人民币支持四大国有新闻机构扩大海外的影响力；推出全天24小时滚动播出的国际新闻频道，加大同世界的互动与交流。另外，中国的文学、艺术、电影、时尚、武术和美食等文化输出在东南亚及南亚国家产生了深刻的影响（July 3，2010；May 28，2011；

Oct. 3, 2013; Feb. 8, 2014; Sept. 30, 2009 等)。

另一方面，积极参与国际事务、维护国际秩序、遵守国际公约。中国在打击毒品走私、海盗、反恐、洗钱和网络犯罪等非传统安全领域与周边国家开展合作，参与了国际热点地区的维和行动；应联合国安理会的援助请求，于2008年派出三艘军舰前往亚丁湾，打击索马里海域的海盗活动；为海外提供大量的经济和技术援助等。据新媒称，截至2005年年底，中国在非洲地区完成了769个项目，其中大部分项目与可持续发展有关，"The US Department of State estimates that China's official development assistance is between US $1.5 billion and US $2 billion."（"美国国务院估计，中国官方的对外发展援助资金在15亿到20亿美元之间。"）(Sept. 22, 2010) 另外，在海洋领土争端方面，早于1978年中国就提出搁置争议、联合开发的原则，为2008年与日本达成的共同勘探东海油气田的初步协议奠定了基础 (Sept. 30, 2009)。这一系列行动都充分说明，中国正在积极寻求成为一名负责任的国际公民。不难看出，在《海峡时报》眼中，中国希望且正在努力树立一个友善、负责任的国际形象，这在很大程度上抵消了硬实力带来的不良影响。对于中国的努力以及中国的崛起，新媒认为，还是应当秉持积极公正的态度和立场。

(四) 孔子学院的全球推广引发各国纷纷效仿

正如前文所说，孔子学院的全球推广大大提升了中国语言与文化的影响力，积极向外界传递着中国的正面形象，这一举措被新媒称为"软实力外交"(soft power diplomacy) 或"文化外交"(cultural diplomacy)、"公共外交"(public diplomacy)。中国软实力外交取得的成绩有目共睹，于是乎全球诸多国家和地区纷纷效仿，加强自身软实力建设，俨然在全球拉开了一场声势浩大的软实力竞赛。值得注意的是，此处的"软实力竞赛"不同于军事领域的"军备竞赛"，竞争各方不具有敌对性质，是《海峡时报》认可的一种竞赛方式，"soft power is one area where a race between countries should be encouraged."（"国家间的软实力竞争值得鼓励。"）(Mar. 24, 2007)《海峡时报》的相关报道

第四章 "孔子学院"(Confucius Institute)的海外形象 / 131

涉及中国台湾地区（5篇）、日本（3篇）、新加坡（3篇）、美国（2篇）、俄罗斯（1篇）和韩国（1篇）等，还有以此引发的讨论中国与他国双边关系的报道，包括中日、中美、中以、中澳、中国与东盟之间的国家/地区关系等。

《海峡时报》认为，"软实力外交"强调文化和价值观对国际事务的影响力，而不是武力发挥的作用，"Soft-power diplomacy – which has been gaining currency among many governments – refers to a country's ability to influence world affairs through attractive values rather than through coercion."（"软实力外交已经得到多个国家的认可，它是指一个国家有能力通过有吸引力的价值观而非强迫手段来影响世界事务。"）（Jan. 13, 2007）语料库中指称"软实力外交"的称谓包括"soft power diplomacy"（7次），"public diplomacy"（8次）和"cultural diplomacy"（5次），而"smile diplomacy"（1次）与"panda diplomacy"（3次）专门指称中国软实力外交。《海峡时报》称，为了赶超中国，日本计划在全球范围内开设100家以上的日语学校，用来传播日语。目前已在新加坡建立了一所日本文化中心（Japanese Cultural Centre），致力于东南亚地区日本文化的推广；印度政府在考虑筹建甘地研究院（Gandhi Institutes）；中国台湾地区也打算建立台湾学院（Taiwan Academy），弘扬具有台湾特色的中华文化等。多个国家和地区都在积极行动，利用各自的文化优势开展软实力外交，提升自身的全球影响力。

"影响力"成为各国普遍追求的目标。根据韦氏词典，"influence"指"the capacity or power of persons or things to produce effects on others by intangible or indirect means"，[1] 强调的是一种长期存在的、潜移默化的影响力。"influence"一词在本语料库中共出现46条索引行，剔除不相干因素，有37条皆与国家"影响力"有关。表4—5呈现的就是以"influence"为检索词、左右两边各取10个跨距得到的词语搭配详情，

---

[1] 兰登书屋辞书编辑室：《兰登书屋韦氏大学英语词典》，商务印书馆国际有限公司2016年版，第858页。

清晰地勾勒出一幅各个国家和地区积极提升自身影响力,在一定区域范围内(包括"global""South-east Asia""South Asia""Asia"和"Western countries"等)展开软实力竞争,积极扩大("increase""spread""expand""extend"和"strengthen"等)地缘政治影响力的画面。

表4—5 "influence"形成的词语搭配情况

提升影响力的词汇	表示竞争的词汇	表示范围的词汇
increase		global *
spread*		abroad
increase*		in the region(South–east Asia)
increase*		in the region(South–east Asia)
increase*		
growing*		
	compete for	international*
	edge out*	in Asia
expand*		
rising*		in South–east Asia
enhance*		in the region(South Asia)
spread*		beyond its zone of immediate influence
	beat	* of one mega Hollywood movie
	lag behind	the US and other developed Western countries
	compete for	international*
	sought supremacy	over the rest of the world
expand*		on the world
expand*		
drive for*		in various parts of the world
drive for*		in various parts of the world
drive for*		in various parts of the world
drive for*		in various parts of the world
drive for*		in various parts of the world
	weak global*	compared to its neighbour Japan and the US
	strong*	on the world stage

续表

提升影响力的词汇	表示竞争的词汇	表示范围的词汇
growing*		in the region（Australia）
add to*		in the region（Australia）at the expense of the US
	international*	global leader
increase*		
extend*		
strengthen*		

注：*代表 influence 一词

三 中国软实力建设亟待改进的方面

新加坡主流媒体在充分肯定孔子学院积极作为的大背景之下，也出现了极少数杂音，对孔子学院提出质疑、批评甚至否定，抨击孔子学院办学存在质量问题，充当了中国政府的宣传工具，借此推行文化霸权等。不过此类报道共计6篇，只占报道总数的0.05%。而且，这几篇报道皆是讲述孔子学院在北美和澳洲地区遭受的批评和阻挠，列举了美、澳、加等国对孔子学院的指控：侵犯了当地学术自由，帮助中国政府在海外推动政治议程等，并未提及东南亚和南亚国家。2014年12月，一位美国国会议员呼吁对中国近100所孔子学院进行调查，原因是质疑孔子学院违反学术自由的相关规定，"over concerns that they violate academic freedom by 'whitewashing' Chinese history and banning discussion of sensitive topics like Taiwan."（"孔子学院粉饰中国历史、严禁讨论台湾等敏感话题从而侵犯了学术自由。"）（Dec. 6, 2014）

整体而言，《海峡时报》的立场和态度是：中国软实力建设的有些方面尚待改进，新方愿意客观、中肯地给出建议和意见以实现中新合作共赢的目标。2011年2月12日，《海峡时报》发表社论《中国的形象：温柔地打造》，援引了马来西亚记者的一段话：一方面，中国优秀的文化遗产和高速发展的经济令亚洲人敬畏；另一方面，中国日益增长的军事力量引发了本地区的不安情绪。社论指出，任何人都不应该对中国的军事发展吹毛求疵，因为中国需要积累适当的军事实力，才能保护其日益扩大的国际影响力。但是中国需要更好地向外界解释这种发展背后的原因，尤其是在此举引起整个地区担忧的情况之下。另外，中国尤其需要注意展示软实力和政治宣传之间微妙的界线。许通美曾指出，中国从国际体系中获益匪浅，世界期望中国能承担更大更多的全球责任；中国必须学习如何使用"巧实力"——硬实力和软实力的有效结合。（Feb. 12，2011）

第一，软实力的核心是文化吸引力。本书数据库中援引约瑟夫·奈（Joseph Nye）对"soft power"概念的界定共计 6 次，反复强调了软实力的核心在于文化吸引力（attractiveness of its culture），而非强制力或购买力（coercion、brute force、payments）。

——"soft power" to refer to a country's ability achieve foreign policy objectives through attraction rather than coercion or payments. ——"软实力"是指一个国家有能力通过吸引而非强迫或支付等手段来实现外交政策的目标。（Nov. 12，2006）

——"soft power" which he defined as "the ability to get what you want through attraction rather than coercion or payments." ——他对"软实力"的定义是"通过吸引而非胁迫或支付获得想要之物的能力"。（Mar. 24，2007）

——"soft power" emphasizes a country's power of attraction, as opposed to coercion. ——"软实力"强调的是一个国家的吸引力而非强制力。（July 3，2010）

——a country's "soft power" rests upon the attractiveness of its culture. ——一个国家的"软实力"取决于其文化的吸引力。（July 12，2010）

——"soft power" to describe the ability of some successful states to get the outcome they want from other countries by using attraction rather than brute force. ——"软实力"是指一些成功的国家有能力利用吸引力而非武力从他国获得预期结果。（Apr. 12，2014）

——"soft power" to signify a country's international attraction.——"软实力"是指一个国家的国际吸引力。(Aug. 28, 2017)

《海峡时报》认为,中国要进行真正意义上的软实力建设,就必须重新找回其文化中固有的优势,形成自己独特的价值体系。《海峡时报》驻中国记者克拉丽莎翁(Clarissa Oon)发表题为《教育的艺术;缺乏文化价值观认同,阻碍了中国政府推进"软实力"建设增强全球影响力的规划》的评论,称在市场经济转型造成的意识形态真空中,中国文化和价值观体系的构成尚且不够明确。文中她引用多位专家学者的观点,比如中国人民大学喻国明教授认为,在影响他人之前,中国必须首先树立一套明确的价值体系。他告诉《星期日泰晤士报》:中国有很多穷人,但却成为世界第二大奢侈品市场,原因在于中国人缺乏自己的文化价值体系。与此同时余秋雨也提出,中国文化要发展必须要找到自己的基石;为实现这一目标,中国必须摆脱文化孤立主义。曹景行先生也表示,美国文化之所以强大就是具有将不同文化吸纳进来的包容性。同样地,中国要发展也必须坚持开放的姿态,学习他国文化。(Nov. 12, 2006)

第二,最好的宣传就是不宣传。软实力的最佳传播者不是政府,而是民间力量与社会团体,"as Harvard professor Joseph Nye has argued, the best communicators of soft power are not the government but civil society and other non-governmental actors."["正如哈佛大学教授约瑟夫·奈(Joseph Nye)所说,软实力的最佳传播者不是政府,而是公民社会和其他非政府主体。"](Sept. 8, 2012)《海峡时报》认为,像日本、韩国和美国这样的国家有着独特的优势,它们拥有更为活跃的文化产业和公民社会,有着深厚的民间基础,制作的流行音乐和电影因而受到欢迎。日本的非政府组织还在气候变化等问题上发挥着较强的软实力作用。报纸援引评论员乔纳森·伊亚尔(Jonathan Eyal)的观点,政府斥巨资培育国家品牌、提升国家"软实力",是极大的浪费行为,"far too many countries continue to make the mistake of thinking that government is the main instrument of soft power", 事实上 "the best propaganda is no propaganda"。("许多国家仍错误地认为政府是提升软实力的主要手段,事实上最好的宣传就是不宣传")(Aug. 28, 2017)

2012年9月8日刊发的文章《力量,轻声说:从熊猫、贷款到流行文化,各国竞相展示软实力》提出,相对于其他国家,中国的软实力建设有着鲜明但同时或许也是不利于己的特征——政府行为。政府耗巨资推动孔子学院的全球布局,合作伙伴无法避免地会经常看到政府的身影。《海峡时报》还提到2006年10月《环球时报》曾刊登一篇文章,余秋雨先生谈"中国文化的缺席"。文章指出,在2005年日本爱知世博会上,法国、韩国和日本等西方展馆前排起了长长的队伍,而中国展厅前却是门可罗雀。究其原因所在,余秋雨先生写道,"Even the most developed countries had taken great care to invite their best cultural practitioners to design these windows into their culture. But our pavilion was the work of a government department."("即便是最发达的国家也会竭尽全力,邀请最优秀的文化学者设计对外宣传文化窗口,而我们的展馆却是政府部门的工作。")(Nov. 12, 2006)

第三,参与解决全球问题的能力同属软实力建设范畴。《海峡时报》多篇评论聚焦新加坡发展的成功经验:高效的管理能力与众多的技术创新;成功应对城镇化进程中产生的一系列问题;非政府组织参与海外救灾援助等。针对城市的可持续发展与宜居问题,新加坡发起了"世界城市峰会"国际论坛;针对全球水资源匮乏问题,新加坡举办了"国际水资源周"国际论坛。新加坡在世界舞台上展现了应对全球性挑战的能力。事实上,新加坡分享的这些解决方案或是提议,正在为全球多个国家和地区所采用,逐步成为一种国际规范和全球模式。正如李光耀总理在新加坡国际水资源周(SIWW)的一场对话会上介绍节水经验,"today, three-quarters of the island is a catchment. By the next decade, the whole island will be a catchment. The ways in which Singapore has developed solutions to its water challenges – from Newater to desalination technology to the Deep Tunnel Sewerage System – offer an attractive model for other countries facing similar water woes."（"今天，岛上四分之三的地方都是蓄水区。到下一个十年，整个岛屿都会成为蓄水区。新加坡解决水资源问题的方法——从新生水到海水淡化技术再到深隧道污水处理系统——为面临类似难题的众多国家提供了颇具吸引力的解决模式。"）（July. 3，2010）世界城市峰会发布的全球宜居城市指数显示，新加坡在全球排名第三，在亚洲排名第一。

如此一来，新加坡在城市规划和可持续发展方面的贡献，极大提升了新加坡的软实力形象。《海峡时报》援引李光耀公共政策学院一位教授的观点，称新加坡的软实力源于本国文化和内外政策所展现出的吸引力。该教授认为，"the most influential soft powers not only ooze cultural appeal, but also champion policies that embody prevailing global norms and advance values and interests that others share."（"最具影响力的软实力不仅散发着文化魅力，同时还倡导体现国际规范的政策方针，推进构建共同的价值观和利益点。"）（July 3，2010）

第五节　结论与启示

一　结论

（一）新加坡主流媒体塑造的"孔子学院"形象

范·戴克提出的宏观语义结构理论，打破了传统话语分析以线性语义关系为重点的研究角度，将视野扩大到对语篇层级架构的研究上。从话语的基本单位——句子入手概括总结微观命题，然后通过推导的方式一步步向上一级命题靠拢，最终提炼出整篇话语的语义结构及其主旨要义。主题是话语的纲要或者说是最重要的信息。正如范·戴克所言，"离开了主题就无法理解文本的总体内容，无法把握文本的宏观组织结构与层级关系，而不得不囿于局部、片段"。[1] 具体到新闻话

---

[1] Teun A. van Dijk, *News as Discourse*, Hillsdale, New Jersey: Lawrence Erlbaum Press, 1988, p. 35.

语，主题是一篇新闻报道的中心思想和核心信息，是贯穿全文细节的内在逻辑。因此，要把握新闻话语的主旨要义必须抓住主题，同时分析主题非常有助于从叙述框架的角度对新闻报道进行深度剖析。

"孔子学院"相关报道的语义网络图显示，《海峡时报》主要关注四个主题：新加坡各界积极参与孔子学院的建设与发展、孔子学院引发全球汉语学习热、中国的软实力建设以及孔子学院的全球推广引发各国纷纷效仿，占比分别为41%、7%、35%和17%。围绕每个主题，《海峡时报》分别对孔子学院的形象进行了不同层面的话语构建。

首先是包括政府、学界、商界和社会团体在内的新加坡各界齐心协力，积极搭乘中国文化走出去的快车，共同推进孔子学院在本国的发展，使其获得广泛的民众基础，遍地开花，能够以较快的速度融入本国社会中去。其次，同新加坡一样，全球多个国家深切感受到了中国经济腾飞为自身发展带来的难得机遇，纷纷加入到中文学习的热潮当中：当地民众反应热烈，当地政府将中文纳入公立学校学习科目，当地教育机构开设更多的中文辅导课程等。大多数国家将"中国崛起"视为机遇，而非威胁。再次，短短十几年间孔子学院已然成为中国软实力发展的生力军，构建友善、和平、负责任大国形象之种种努力，很大程度上削弱了"中国威胁论"带来的负面影响。最后，孔子学院在全球的蓬勃发展，引发众多国家纷纷效仿，致力于本国软实力建设；中国的软实力外交，备受国际推崇。

(二) 新加坡主流媒体遵循的话语体系

经语科统计工具UAM统计，围绕"孔子学院"议题出现的参与者主要有国家/地区/政府、国家领导人/政府官员、政府部门、孔子学院与中国语言文化、学者、民众、社会机构和评论者等。具体包括国家/地区/政府（China、Beijing、the country、the Chinese government、the US、US、the United States、the Bush administration、America、Taiwan、Taipei、Japan、Australia、Canberra、India、Asean、Singapore），国家领导人/政府官员（Mr. Xi、Madam Xu、Mr. Ma、Mr. Koizumi、Mr. Lee、Lee Hsien Loong、Lee Kuan Yew），政府部门（the CCP、Han-

第四章　"孔子学院"（Confucius Institute）的海外形象　/　139

ban）、孔子学院与中国语言文化（the institute、Chinese、mandarin、the language、the Chinese language、the project、the language and culture、the institutes、the Confucius Institute、Confucius institutes、the Confucius institutes、Confucius、Confucianism、Chinese culture、Hanyu Pinyin、China's soft power、its soft power、pandas、Singapore Chinese culture）,学者（Prof. Yu、Dr Raby、Prof. Koh、Dr Neo、Prof. Chew、Dr. Koh、Elena Wang、Raffles、Mrs. Teo、Mr. Chia）,民众（the Japanese、Singaporeans、the Chinese community、the family、the young）,社会机构（Business China、Chinese companies）和评论者（analysts、the writer、sceptics、the Straits Times）。所有参与者都发挥着话语主体的作用，出现频率共有954次。

　　首先，"孔子学院与中国语言文化"成为本章的主要话语主体，一共出现274次，占比达28.7%；围绕"孔子学院"议题，《海峡时报》关注的重点在汉语学习和中国文化方面，无形之中使之成为孔子学院的显性标识。也就是说，新加坡主流媒体认为孔子学院在性质上属于语言文化推广机构，致力于汉语和中国文化的全球推广。

　　其次，新方话语主体出现201次，中方340次，另外是包括美国、中国台湾地区、日本、澳大利亚、印度和东盟在内的各方话语主体一共有184次。中方与外方比例为1:1.13，各方话语主体纷纷成为"孔子学院"强有力的支持者和宣传者，"孔子学院"引发的汉语学习热和软实力竞赛，成为各国所纷纷效仿的对象。

　　最后，新方话语主体的比例虽不如中方高，却呈现多样化趋势，既有国家/地区/政府和国家领导人/政府官员，又有学者、民众和社会机构。而且新方的话语主体多带有明确的身份特征，尤其是学者们（Prof. Koh、Dr Neo、Prof. Chew、Dr. Koh、Elena Wang、Mrs. Teo和Mr. Chia）。以这些学者为代表的新加坡教育界表达了对孔子学院的极高认同感，他们欢迎中国文化走出去为新加坡带来的这一大好时机，充分发挥本国语言文化优势参与到这项事业中来，开设课程、研发教材……再加上新加坡国家领导人/政府官员（Mr. Lee、Lee Hsien Loong

和 Lee Kuan Yew)、新加坡社会机构（Business China）也都是以明确身份参与到该议题的行动中来，《海峡时报》为读者描绘的是一幅和谐融洽的中新文化交流互鉴的美好图景。

（三）新加坡主流媒体话语的深层逻辑

新加坡政府长期推广的多元语言政策，为新加坡争取到了搭乘中国快车的明显优势。新加坡是一个多元民族、多元语言的国家。华人、马来人和印度人是新加坡三大族群，根据新加坡统计局2016年公布的数据，华人比例为74%，是国内第一大族群；马来人位居第二，人口比例为14%；印度人次之，比例为9%。[1] 新加坡政府将三大族群的母语——华语、马来语和印度语，以及英语定为官方语言，推行以英语为主、四种官方语言并存的多元语言政策，在很大程度上保障了不同族群间的交流与和睦相处，避免了更多冲突。在多元语言政策的指导下，1965年新加坡独立之后开始在中小学推行以英文为本、同时保留母语学习的双语教育政策，为融入全球经济浪潮搭建了良好的语言平台。正如李光耀所言，"我们的人民，不能只懂一种语言。只懂华文，或英文或马来文，是无法生存的，因此每个学生至少得懂两种语文，最好是懂四种语文"。[2] 另外，自1979年以来新加坡政府发起了"讲华语运动"，目的是要扭转新加坡华人因籍贯不同使用各地方言的习惯，改为以华语普通话沟通的共同语言。

多年的实践证明，新加坡多元语言政策为自身发展赢得了诸多益处，给外来投资创造了良好的语言环境，既能够引进西方先进的科学技术和管理经验，又可以培养熟练的技术工人。20世纪末以来中国经济的快速发展给世界带来了无限商机，中新两国间的经贸往来、高层政治互动、文化交流、科技与教育合作等不断增强。相较于他国而言，新加坡在与中国开展合作方面具备了明显的语言和文化优势。李光耀就曾指出，新加坡人应该懂得双语，了解双文化，才能洞悉中国对东

---

[1] 黎相宜：《新海丝路上的新加坡与中国》，世界知识出版社2017年版，第115页。
[2] [新]李光耀：《李光耀回忆录：我一生的挑战，新加坡双语之路》，译林出版社2013年版，第37页。

南亚地区乃至全球日益增长的影响力，快速抓住发展机遇。① 2005 年南洋理工大学与山东大学合作共建孔子学院，新加坡民众、教育行业和商界等纷纷行动起来：以华人华侨为主力军的新加坡民众积极参与孔子学院各项活动；新加坡高等院校积极谋划、推出量身打造的汉语学习课程、将新加坡定位成面向东南亚甚至南亚地区的汉语教学中心；以"通商中国"为代表的新加坡商界团体为本国青年精英提供各种接触中国的机会。新加坡各界积极拥抱孔子学院，充分发挥自身语言优势所带来的商业价值、搭乘中国经济建设的快车。至于极少数西方国家针对孔子学院抛出的所谓侵犯海外高校学术自由、帮助推动中国政治议程等种种指控，新加坡主流媒体采取不予理睬的态度，一方面高度认可中国软实力建设取得的成就，同时还表示愿意同中国合作，进一步提升中国软实力建设的水平。在新加坡来看，国家发展才是第一要务。

二 启示

《海峡时报》对于孔子学院的发展，予以了高度的认可和积极的正面评价。本章语料库 118 篇报道中，只有 0.05% 的报道对"孔子学院"持负面消极的态度与立场。作为语言文化推广机构，孔院在全球获得了长足的可喜进步，发展势头良好；已然成为中国软实力建设的一支生力军，同时带动更多国家和地区投身到软实力建设当中。

在本语料库中，并未出现"孔子"汉语拼音的任何形式，"Confucius"作为唯一的英文表达形式已然深入《海峡时报》读者的话语体系，没有竞争对手。不过，在语料库中出现了 4 处对"Confucius"身份的简单介绍，分别是"the famous Chinese thinker, educator and philosopher Confucius"（"中国著名的思想家、教育家、哲学家孔子"）(June 16, 2006)，"Confucius, who lived more than 2,500 years ago"

---

① [新]李光耀：《李光耀回忆录：我一生的挑战，新加坡双语之路》，译林出版社 2013 年版，第 197 页。

("孔子，生活在2500多年前")（Feb. 7, 2010），"the famous thinker, educator and philosopher Confucius"（"著名思想家、教育家、哲学家孔子"）（July 21, 2005），"the philosopher who lived more than 2,000 years ago during the epoch of Chinese history known as the Spring and Autumn Period"（"这位哲学家生活在2000多年前、中国历史上称作春秋战国时期"）（July 12, 2010），主要突出孔子生平及身份，比如孔子生于2000多年前，是中国古代著名的思想家、教育家和哲学家等基本信息。这一比例占"孔子"词汇总数（329次）的0.012%，基本上可以忽略不计。

"孔子学院"也是如此，同样没有"Confucius Institute（s）"的汉语拼音形式出现在报道中。但是，或许是因为"孔子学院"属于2005年刚刚进入新加坡社会的新鲜事物，在民众群体中认知度不高，所以《海峡时报》使用了大量对其性质、属性和功能进行介绍的语汇，主要包括：同全球其他语言文化推广机构一样，孔子学院同属语言推广机构，致力于推广中文和中国文化；孔子学院是汉办下属官方机构；孔子学院设在国外高校等。此类索引行共有47条，占总数（222次）的21.17%。例句如下：

— （Confucius Institutes）…Borrowing from similar efforts by Britain, Germany and France to promote the learning of their national language, an outfit affiliated to the Chinese Education Ministry, the Hanban, began setting up China's own language and cultural resource centres around the world in 2004.——参考借鉴英国、德国和法国推广本国语言的经验努力，中国教育部下属的国家汉办于2004年开始在世界各地建立中国自己的语言和文化资源中心。（May 28, 2011）

—More than 100 Confucius Institutes, devoted to the teaching of Chinese language and culture, have been established around the world.——世界各地已经建立了100多所孔子学院，致力于中国语言文化教学。（Mar. 24, 2007）

——Chinese language promotion centres, known as Confucius Institutes. ——汉语语言推广中心，又称孔子学院。(June 24, 2010)

——China has already set up nearly 80 Confucius Institutes worldwide in two years, including one in Singapore. The institutes are China's version of the British Council and promote Chinese language and culture. ——两年内，中国已在全球建立了近 80 所孔子学院，包括设在新加坡的一所。孔子学院是英国文化委员会的中国版，致力于中国语言文化的推广。(Jan. 13, 2007)

新加坡南洋理工大学孔子学院的成功建设，充分证明孔子学院的合作办学理念，包括一对一配对方式、把中国大学同外国孔子学院联系起来，进行师资和教材方面的支援，帮助培养本地汉语教师、不干涉校方管理等原则，符合双方利益，极大程度地提升了"一带一路"沿线国家的文化交流与民间互动，充分体现了"一带一路"建设合作共赢的精神，最终达到双赢的目标。作为中华文化海外品牌的代表，"孔子学院"跻身中国话语排行榜的时间虽短，却在新加坡当地社会获得普遍的支持和赞誉。中国驻新加坡大使馆教育参赞王永利曾说，"孔子学院得以像雨后春笋般在世界各地建立，跟它'不强加于人'和'有求必应'的建院原则有关"。[①] 汉语国际推广秉承的这一平等合作原则，充分考虑目标国社会文化与历史因素，根据不同国家、不同地区的差异，努力做到"文化融合"。这一互利共赢的发展模式、文明互鉴的指导思想，正是中国话语所要彰显的共识所在和本质精神。

---

① 佚名：《新加坡因地制宜使孔子学院发展迅速》，中国侨网（www.chinaqw.com. 2008.01.02），转自［新］《联合早报》。

第 五 章

"户口"(Hukou)的海外形象

第一节 理论阐述

相对于传统语言学的研究方法，语料库凭借着对海量真实语料的检索能力，以及数据驱动研究的优势，在语言学各研究领域发挥着巨大作用。语义韵研究虽只有短短三十多年的发展历史，却伴随语料库语言学的迅猛发展，逐渐受到学术界的普遍关注，成为语料库研究最为重要的贡献之一。[1]

语义韵（semantic prosody）也称语义协调或语义联想，最早是由英国语言学家约翰·辛克莱（John Sinclair）于1987年发现的，后由比尔·洛（Bill Louw）正式提出。辛克莱的思路是既然声音之间可以互相影响，出现连读、辅音连缀和浊化等现象，那么词与词之间的语义应当也是可以互相感染的。根据辛克莱和洛的研究，一定的词项总是会吸引具有相同或相近语义特征的某一类词项，若此类词项在文本中与关键词共同出现且频率较高，就意味着关键词被"传染"上了相关的语义特征，并且充溢于整个语境，这便构成了语义韵现象。[2] 卫乃兴认为，语义韵是"关键词项的典型搭配词在其语境中营造起的语

---

[1] John Sinclair, *Reading Concordances*, London：Pearson Education Limited, 2003, p.178.
[2] John Sinclair, *Corpus, Concordance, Collocation*, Oxford：Oxford University Press, 1991, p.74；Mona Baker, Gill Francis and Elena Tognini‑Bonelli, eds., *Text and Technology：in Honour of John Sinclair*, Amsterdam：John Benjamins, 1993, p.157.

义氛围",而这种语义氛围往往可以表达出语言使用者的态度和评价。①

斯塔布斯将语义韵划分为积极（positive）、中性（neutral）和消极（negative）三大类。② 积极语义韵是指节点词（即关键词或称为检索词）的搭配语都是具有强烈、鲜明的积极语义特点的词语，它们使整个语境弥漫一种浓厚的积极语义氛围。消极语义韵则相反，是指节点词的搭配语都是那些具有鲜明消极语义特征的词语。而中性语义韵词语既搭配积极语义特点的词语，又搭配消极语义特点的词语，使得语境呈现出一种错综复杂的语义氛围。③ 语义韵的特征可以概括为两点，一是具有评价性，可表达说话人或作者的态度、立场、观点或情感。这是语义韵最基本的功能，也是语义韵的最主要特点。二是具有隐秘性，词语所携带的情感态度与其固定搭配的词语往往形成了一种下意识、不自觉的联想。因此，说话人可以利用语义韵隐秘地表达态度。

新闻话语的产生涉及非常复杂的文本加工过程，参与加工过程的新闻工作者的活动和相互作用，赋予新闻话语更加丰富的含义，因此新闻话语不可避免地带有新闻工作者个人和新闻机构整体的认知特征，具有明显的建构性以及隐蔽性。运用语义韵方法进行国家形象的话语研究，能够在大量的信息当中快速凸显文本的话语特征，挖掘其中的隐蔽性表述，为文本分析提供翔实的数据支撑，而非囿于研究人员有限的直觉。胡江考察了西方媒体涉华军事报道中的语义韵特征，探讨其中的西方态度。④ 徐琳瑶和向明友考察过中美大报有关钓鱼岛事件

---

① 卫乃兴：《语料库数据驱动的专业文本语义韵研究》，《现代外语》2002 年第 2 期。
② Michael Stubbs, *Text and Corpus Analysis*, Oxford: Blackwell Publishers, 1996, p.176.
③ 卫乃兴：《语料库语言学的方法论及相关理论》，《外语研究》2009 年第 5 期；纪玉华、吴建平主编：《语义韵研究：对象、方法及应用》，《厦门大学学报》（哲学社会科学版）2000 年第 3 期。
④ 胡江：《意义单位与批评话语分析——基于语料库的西方媒体涉华军事报道意识形态分析》，《解放军外国语学院学报》2016 年第 5 期。

报道中的语义韵特征,进而挖掘新闻语篇中隐含的态度意义。①

第二节 研究内容

外文局发布的总榜单中,共有22个社会生活类话语词汇上榜,包括中华美食类、社会关系与社会治理类、汉语常用语类等。如表5—1所示,作为中国话语词汇,"户口"位列第12位,海外的认知度较高。

表5—1　　　　核心社会生活类话语词汇

词汇	排名	词汇	排名	词汇	排名	词汇	排名	词汇	排名
你好	5	谢谢	27	豆腐	35	春运	60	煎饼	92
户口	12	饺子	28	麻烦	38	对不起	62	宫保鸡丁	100
拼音	14	普通话	31	老外	42	火锅	67		
红包	15	买单	32	嗲	51	枸杞	70		
关系	18	蘑菇	33	干杯	52	馒头	72		

《中华人民共和国户口登记条例》于1958年1月9日颁布实施,中国户籍制度正式建立。该条例的核心目的是限制农村人口流入城市。② 为此条例还明确了具体配套的实施办法,不仅涉及个人利益资源的分配,还包括与个人基本权利义务相关的各种法规制度,具体有教育与就业制度、粮油的供应制度、住房制度、人身伤害赔偿制度、劳动保护制度、服兵役制度、医疗和养老制度、婚姻和家庭制度以及选举制度等。③ 这些规定涉及社会生活的各个领域,无形中构成了一个利益上向城市人口倾斜的严密体系。至今为止长达61年的户籍制

---

① 徐琳瑶、向明友:《语义韵对新闻态度的操控研究》,《山东外语教学》2017年第1期。
② 《中华人民共和国户口登记条例》,中国人大网(www.npc.gov.cn/wxzl/gongbao/2000-12/10/content_5004332.htm)。
③ 别红暄:《城乡公平视域下的当代中国户籍制度研究》,中国社会科学出版社2013年版,第45页。

度，在经济状况、社会地位、价值观甚至文明程度上人为地造成城市和农村间的鸿沟，客观上形成了中国城乡之间的"二元"对立社会结构。① 本章选择"户口"这样一个涉及中国社会方方面面的视角，来考察《海峡时报》对于中国社会整体形象的认知，必然会对中国户籍制度产生的社会叠加效应有一定程度的揭示与呈现；无论从研究的深度和广度上来看，都不失为一个好的选择。

第三节 研究方法

一 创建语料库

本章选择"户口"作为中国社会话语词汇的代表，以"hukou"为关键词，在 LexisNexis 中搜索 2000—2017 年《海峡时报》相关报道，最终获得96篇语料，共计74483词，创建"海峡时报—户口"语料库。

二 研究步骤

首先运用 AntConc 软件进行量化统计，再结合文本分析法，确定"海峡时报—户口"语料库的话语特色，进而实施针对性的话语分析。

1. 以"hukou"为关键词在 AntConc 中进行检索，得到255列索引行；采取每隔两行抽取一个的方式进行抽样，一共得到85列索引行，人工剔除表示地名的，最终得到79列索引行；

2. 考察关键词"户口"上下文语境中的语义韵特征；

3. 利用 UAM 软件统计语料库中的参与者，探讨不同话语主体眼中的"户口"形象。

---

① "二元"社会结构，是指比较现代化的城市社会和相对非现代化的农村社会同时并存的社会结构体系，二元的社会结构同时具有传统型社会和现代型社会的结构特征。

第四节　分析与讨论

一　"户口"呈现出城乡社会的二元对立形象

从1958年到1978年我国的户籍制度不断完善，更加强化了城乡二元的社会结构，社会成员被划分为"非农业户口"与"农业户口"。改革开放以后，国家允许农民自由流动和迁徙，大量农民开始到城里寻找工作，但户籍却无法随工作、居住地的改变而变更。因此，进城务工的农民工仍然无法享受务工当地的社会福利，与此同时却从事着城镇居民不愿意干的工作，无法平等地与城镇居民进行交流，无法融入当地主流文化与社会，最终沦为二等公民。[①]

（一）二元对立的社会结构

《海峡时报》报道中，描述农村—城市、农村人—城里人等二元对立结构的词汇比比皆是，如表5—2所示。其中，"rural"一词出现214次，"urban"一词出现194次；而"residents"一词出现120次，"peasants""farmers"和"villagers"共出现114次，二者比例相当，无形中为读者呈现出一幅二元对立的复杂景象。在这种二元对立的社会结构中，各类问题层出不穷，住房、教育、医疗和社保等，反反复复地加深、强化着二元户籍制度引发的社会矛盾，致使社会秩序不稳。

表5—2　　　　　　　表示二元对立结构的词汇

农村/农村人	rural、farmers、peasants、villagers、migrants、non-residents
城市/城里人	urban、workers、residents、cities、urbanites、urban cousins、urban countrymen

（二）进城务工人员社会身份的强化

词汇意义研究，是传统语义学的一个分支学科。后来，从言语交

[①] 别红暄：《城乡公平视域下的当代中国户籍制度研究》，中国社会科学出版社2013年版，第3页。

际的视角考察语义的词汇语用学逐步发展为一个新兴领域。陈新仁的研究述评表明，词汇语用学研究的主要内容包括形容词的语用属性、语用畸形、词汇阻遏、词缀的语用属性和词汇意义理解等。① 其中，词汇的意义理解会涉及特定语境下意义的收窄、近似和隐喻化等现象。这种现象在冉永平看来，正是词汇语用学研究的核心内容——语用充实，是交际过程中的听话人根据语境对话语进行语用加工的过程，包括词义的语用收缩和语用扩充。② 词义的语用收缩是指词义在特定语境下含义缩小的情况，而词义的语用扩充则是词义的语境含义发生延伸和扩展。本章语料中，有些词汇就明显地发生了语用收缩现象，其中不乏核心词汇。

1．"外来务工人员"＝"农民工"

语料中对外来务工人员的称谓多种多样，包括：

（1）表示农民身份的词汇："peasants" "farmers" "villagers" "country folk" 和 "country cousins"；

（2）表示外来务工人员的词汇："rural workers" "rural migrants" "rural migrant workers" "migrant workers" "migrants" 和 "migrant laborers"；

（3）表示农村居民的词汇："rural hukou holders" 和 "rural residents"；

（4）其他表述："free floaters"。

其中，表示农民身份和外来务工人员的词汇 "peasants" "farmers" "migrant workers" 和 "migrants" 出现频率最高，分别为 41 次、62 次、132 次和 109 次。其次，虽然有 "rural workers" "rural migrants" 和 "rural migrant workers" 这样显示外来务工人员农民身份的表述存在，但是伴随这个群体身份的形成、确立、巩固和强化，修饰语 "rural" 似乎已然没有了存在的必要，报道直接采用 "migrant

---

① 陈新仁：《国外词汇语用学研究述评》，《外语研究》2005 年第 5 期。
② 冉永平：《词汇语用学及语用充实》，《外语教学与研究》2005 年第 5 期。

workers"和"migrants"等来代替"rural workers""rural migrants"和"rural migrant workers"。

根据韦氏词典,"migrant"是指"a person who moves from place to place to get work, esp. in seasonal harvesting",① 而在中国语境下其语义缩小为"农民工",不言而喻地排除了"城市到农村去的务工人员"并存的双向流动之可能,意味着只剩下"从农村到城市去"唯一一条通道。

2. "居民"＝"城镇居民"

城镇居民的称谓变化有:"(urban) counterparts""registered residents""urban countryman""urban cousins""urbanites"和"residents"。

其中,"residents"共出现120次,皆是指城镇居民,而指称农村居民的词汇是"rural residents"或"non-residents"。韦氏词典对"resident"的解释是"someone who resides in a place",② 即"residents"的原义是"居民",而在《海峡时报》的话语语境中,却变成了"城镇居民"的代名词,为其独有身份。那么,农村人的居民身份哪里去了?

3. "户口"＝"城镇居民户口"

报道中甚至出现将"户口"等同于"城镇居民户口"的情况,例如"…the hukou, China's urban residence permits which enable only legal residents to enjoy social services"(Mar. 16, 2011)。据此,"户口"指的是中国城镇居民的户籍证明,而只有拥有了城镇居民的户籍证明,才能够成为合法居民,享有各项社会福利。试问,农村人,就没有户籍证明吗?

4. "counterparts"＝"城里人"

"counterparts"共出现5次,分别是:

---

① 兰登书屋辞书编辑室:《兰登书屋韦氏大学英语词典》,商务印书馆国际有限公司2016年版,第1058页。
② 兰登书屋辞书编辑室:《兰登书屋韦氏大学英语词典》,第1424页。

第五章 "户口"(Hukou)的海外形象 / 151

——The nub of the problem facing farmers, is that like their counterparts in affluent societies, the Chinese are consuming more protein and less grain in their diet these days. ——农民面临的核心问题是,近些年来中国人的饮食搭配中谷物摄入量减少而蛋白质的比例上升。这种情况与发达国家趋同。(July 15, 2001)

——The China News Service said all rural dwellers would be called 'residents' – the same status as their urban counterparts – but that they would still be subject to entry conditions set by the cities if they sought urban residency. ——中国新闻社称,所有农村住户即将被称为"居民"从而获得与城镇居民同等的身份。不过若想申请城镇户口的话,恐怕仍会受到准入条件所限。(Dec. 7, 2001)

——What Mr. Zhang and his counterparts want is for the same rule to be applied across the country. ——张先生和众多境遇相似的人们都希望同样的规定能够在全国范围内实施。(Mar. 15, 2003)

——Beijing students can get into university with much lower scores than their provincial counterparts. ——北京学生能够以比其他省份学生低得多的分数进入大学。(Apr. 29, 2008)

——That would grant them equal status and social benefits as their counterparts. ——这将给予他们同等的地位和社会福利。(Mar. 19, 2014)

"counterpart"在韦氏词典中的解释是"a person or thing closely resembling another, esp. in funtion"[①],这里既可指代城里人,也可以指农村人,而《海峡时报》的报道中,全部是指城里人。且皆把城里人作为参照物,用"like""same""equal"和"lower than"等比较指称词进行比较,来描述外来务工人员的现状,表达其盼望与城里人能够享

---

① 兰登书屋辞书编辑室:《兰登书屋韦氏大学英语词典》,商务印书馆国际有限公司2016年版,第387页。

有同等福利待遇的诉求。

综上所述,"migrant workers/migrants""residents""counterparts"和"hukou"这四个称谓同时出现词义的语用收缩现象。"外来务工人员"专指"农民工","户口"就是"城镇居民户口","居民"仅包括"城镇居民","counterparts"只以"城里人"为参照。该现象十分生动地凸显出城镇居民高高在上的特权阶层的优越感,反衬了外来务工人员格格不入的"他者"存在,进一步强化了他们低人一等的社会身份。

二 推动户籍制度改革的内生动力

《海峡时报》认为,中国户籍制度急需改革甚至废除。其中表示"改革"的词汇"reform"出现177次,"relax"出现22次,"revise"出现1次;表示"废除"的词汇"abolish"出现19次,"drop"出现12次,"dismantle"出现7次,"scrap"出现3次,"get rid of"出现1次。如表5—3所示:

表5—3　　　　　构建"户口"形象的消极语义韵词汇

形容词	infamous、rigid、discriminatory、unequal、feudal、communist China's all important
名词	sacred cow、relic、anachronism、biggest bugbear、obstacle、barrier、a sore point
动词	drop、revise、abolish、relax、scrap、get rid of、reform、dismantle

运用UAM软件进行"参与者"的统计结果,证实了文本分析的初步推断——《海峡时报》构建的"户口"形象是围绕着三个话语主体展开的:外来务工人员、中央和地方政府、学者。表示"参与者"身份的词汇有"the government""migrants""migrant workers""farmers""analysts""observers""experts""local governments""the authorities""the Chinese government"和"officials"等;这些词汇分属上述三个不同的话语主体:外来务工人员(3个,59次),中央和地方政府(5个,90次)与学者(3个,45次)。如表5-4所示:

表5—4　　　　　　　　　"参与者"主体统计

外来务工人员	migrants、migrant workers、farmers
中央与地方政府	the government、local governments、the authorities、the Chinese government、officials
学者	analysts、observers、experts

作为三个话语主体之一,外来务工人员的社会身份受到户籍制度的强化。那么另外两个话语主体——中央和地方政府与学者是如何看待户籍制度的呢?

(一)中央与地方政府:长期致力于推动渐进式户籍改革

渐进式改革是我国户籍改革的基本原则。首先严格控制农村人口流入城市,然后有计划地逐渐放开,再到有条件地准入引进,采取先易再难、逐步推进逐渐深入的策略。① 《海峡时报》有关2010年温家宝总理所作政府工作报告的相关报道中,引用了总理的原话,强调户籍制度改革将是循序渐进的,"reforms would be gradual and restrictions would be relaxed for only rural folk's moves to towns and smaller cities."("改革是渐进式的,针对农村人口迁移到城镇和小城市的限制会逐步放宽。")在谈及新型农民工从来没有耕种过、也未打算返回农村等情况时总理说,"We will allow eligible workers who have left agricultural work to gradually become urban residents, and develop a beautiful rural environment where farmers can live a happy life."("让符合条件的农村劳动力逐步转化为城镇居民。另外,要努力建设美丽乡村让农民过上幸福生活。")(Mar.6,2010)总理两次使用"gradual"一词,一再重申中国户籍制度的改革将是、也只能是循序渐进式。

20世纪90年代以后,随着社会主义市场经济体制的建立和深化,新中国成立后建立的户籍制度越来越难以适应社会、经济等方面的发展要求,面对这种状况,中央政府和地方政府先后对户籍迁移制度、

---

① 李振京:《我国户籍制度改革问题研究》,山东人民出版社2014年版,第42页。

人口流动政策、户籍权益等进行了调整和改革。《海峡时报》一共有15篇相关报道，重点关注了中央政府推出的四个重大改革事项：当地有效城镇居民户口政策，放开小城镇户口壁垒，户籍制度改革延伸到地级城市，国家新型城镇化规划（2014—2020年）。

第一个重大改革事项，当地有效城镇居民户口政策。为了缓解农转非指标过少和大量农民要求进城落户的矛盾，也为了遏制地方上出售非农业户口的行为，公安部于1992年8月拟定了《关于实行当地有效城镇居民户口制度的通知》，征求各部门和地方政府的意见，开始实行当地有效城镇户口政策。当地有效城镇居民户口的具体登记办法及证件样式由公安部制定，因其印鉴用蓝色，故也称为"蓝印户口"。2003年4月14日《海峡时报》刊文就上海市实施情况进行了报道。本文记者介绍，在上海蓝印户口持有人几乎享有与本地居民同等的权利。在两到六年的时间里他们便可申请本市户口。正是这一改革举措给了张先生一家人希望。两年前，他以女儿的名义购买了一套公寓，现在他的女儿已符合条件可以申请蓝印户口。到了明年她就能够申请"红印"或本市户口。张先生说，有了城市户口女儿会享有更好的教育机会，以后找工作也会容易些。（Apr. 14. 2003）

第二个重大改革事项，放开小城镇户口壁垒。2001年3月，国务院批转《公安部关于推进小城镇户籍管理制度改革意见的通知》，进一步将已在小城镇办理的蓝印户口，地方城镇居民户口、自理口粮户口等，统一登记为城镇常住户口，并不再实行计划指标管理。城市户籍在县级层次的森严壁垒被彻底打破，这是中国户籍制度改革的一个重大的突破。针对此项改革《海峡时报》分别于2001年10月10日和12月7日发文点赞，称"这是中国蓬勃发展市场经济的一大助力"，（Oct. 10, 2001）"广东省已率先采取行动，吸引熟练工人入粤"。（Dec. 7, 2001）

第三个重大改革事项，户籍制度改革延伸到地级城市。2012年2月23日，国务院办公厅颁布《国务院办公厅关于积极稳妥推进户籍管理制度改革的通知》规定，"在设区的市（不含直辖市、副省级市和其他大城市）有合法稳定职业满三年并有合法稳定住所（含租赁）同时按照国家规定参加社会保险达到一定年限的人员，本人及其共同居住生活的配偶、未婚子女、父母，可以在当地申请登记常住户口。"①这是继2001年放开小城镇户口以来、国家首次放宽了地级中等城市的户籍限制，无疑又是一次户籍迁移限制的重大突破。对此《海峡时报》及时跟进、集中报道。2013年12月17日的报道称，"作为中国城镇化进程的一部分，中国将放宽甚至取消对中小城市严格的户籍限制，让农民工平等享有城镇的一系列社会福利保障……户籍改革是城市发展的关键。"（"CHINA will relax or remove rigid household registration restrictions in small and medium – sized cities as part of the country's urbanisation push and to give migrant workers equal access to a range of services in cities…Hukou reform is key to this urban push."）（Dec. 17, 2013）2012年9月，晋江放宽户籍政策，成为福建省首个"试点城市"，为外来务工人员推行"门户开放政策"。地方政府承诺提供包括教育和医疗保健在内的28种公共服务。自新规实施即日起，有近9000名移民把户口迁到了晋江。（Aug. 4, 2014）

第四个重大改革事项，国家新型城镇化规划（2014—2020年）。按照走中国特色新型城镇化道路、全面提高城镇化质量的新要求，2014年3月16日国务院颁布《国家新型城镇化规划（2014—2020年）》，明确了未来城镇化的发展路径、主要目标和战略任务，是一部指导全国城镇化健康发展道路的纲领性文件。7月30日，《国务院关于进一步推进户籍制度改革的意见》出炉，再次将户籍制度改革向前推进了一大步。

此次中央推出的一系列改革举措，获得了《海峡时报》高度、热切的关注和密集报道。2014年2月26日、3月18日、3月19日、3月25日、7月31日和8月4日，《海峡时报》围绕文件精神展开讨论，

---

① 《国务院办公厅关于积极稳妥推进户籍管理制度改革的通知》，中华人民共和国中央人民政府门户网站（http://www.gov.cn/zwgk/2012-02/23/content_2075082.htm）。

积极肯定中国的户籍改革。报道内容主要集中在：到2020年，中国城镇人口将占到总人口的52.6%，略高于世界平均水平。通过户籍制度的改革，吸引2.5亿农民工进城落户。(Feb. 26, 2014) 努力实现1亿农民工以及其他常住人口在城镇定居落户。(Mar. 18, 2014) 除了新增城镇人口1个亿以外，中央政府还提出了另外两个"1个亿目标"——引导约1亿人在中西部地区就近城镇化，改造约1亿人居住的城镇棚户区和城中村。(Mar. 19, 2014) 分析人士表示，"这些举措对提高农民工的生活水平至关重要。"("a move which analysts say is crucial in improving living standards for migrants from the countryside.")(Mar. 18, 2014) "放宽户籍制度、帮助新移民获得基本社会福利，是完全正确的。"("Relaxing the hukou, a household registration system for access to essential services, is the right step.")(Mar. 25, 2014)

自2003年以来《海峡时报》持续关注深入解读中央政府出台的户籍改革举措，及时跟进报道地方政府的实施情况，了解民众心声。应该说，新加坡媒体对中国民生问题的关注度是相当高的。这一结论也符合第二章中有关新加坡媒体关注度的统计数据：社会保障、就业、城市发展和计生等相关民生问题，占到社会议题报道总数的49.8%，成为《海峡时报》的主要关注点之一。另外，对于中央和地方政府长期致力于推动渐进式户籍改革的举措、决心和实施力度，总的来说《海峡时报》表现出较高程度的认可。他们认为，中央和地方政府长期不懈的努力坚守很大程度上缓解了诸如户籍制度等亟待解决的民生问题，以人民为中心的执政理念为满足广大人民群众对美好生活的向往提供了坚实的保障。这一点，通过对构建中央与地方政府形象的20列索引行进行的语义韵分析，同样得到了有效地验证。

1. 表5—3中所列形容词与名词中，只有"rigid"和"relic"各出现1次，说明对于"户籍制度"的评价性词汇极少；而围绕"户籍制度"中国政府推行的改革举措性词汇较多，包括"reform｜s"（8次）和"relax"（7次），与之相比，表示"废除"的词汇"abolish""drop"和"get rid of"并没有出现，"scrap"同"remove"仅各出现

1次。

于此可见，中央同地方政府充分认识到户籍制度的弊端，已采取多项措施、稳步推进相关改革。而这些努力，得到了《海峡时报》的关注以及客观报道。

2. 这些索引行中的高频词主要集中在各项社会保障权益方面，包括"education"（5次）"school｜s｜ling"（3次）"care"（4次）"housing"（2次）"pensions"（2次）"welfare"（1次）"benefits"（5次）"services"（4次）和"access"（3次），一共出现29次。

同上述社保权益词汇搭配的，是表示"享有"语义韵的词汇，比如"allow"（8次）"access"（3次）"enjoy"（3次）"take advantage of"（2次）和"benefit"（1次）。这类语义韵词汇凸显着政府推动的改革措施，的的确确使得越来越多的外来务工人员受益，享受到了更多的社会福利。

——China will relax rigid household registration restriction...to give migrant workers equal access to a range of services in cities.——中国将放宽严格的户籍限制……让农民工平等享有城镇的各项福利保障。(Dec. 17, 2013)

——Relaxing the houkou system for access to essential services, is the right step.——放宽户籍制度、帮助新移民获得基本社会福利，是完全正确的。(Mar. 25, 2014)

——The lure of better access to 28 types of public services...have since transferred their hukou to Jinjiang.——能够享有28项公共服务……吸引他们把户口迁到了晋江。(Aug. 4, 2014)

（二）学者：反映民众诉求、支持政府实施的渐进式户籍改革

学者们对于中国户籍制度存在的问题，外来务工人员遭遇的困难，进行了大量的调查研究，掌握了全面、翔实的一手资料与情况，了解百姓疾苦，积极奔走呼吁，为政府献计献策，成为社会与政府之间交流沟

通的有效通道。表达学者观点的索引行共有 15 条，文本分析显示：

1. 这 15 列索引行均引用学者们的观点看法，即皆以学者为消息来源。被引述的话语来源叫作消息来源。在引述他人观点或言论时，报道者通常要交代引用语的来历，属于具体确切、含蓄不定或是不提及。① 辛斌和李曙光认为，若报道者指名道姓地明确了引用语的发出者，例如 Mr. Zhang said…Prof. Wang believed…，则消息来源是具体确切的交代方式；若报道者并未直接点明引用语的发出者，而是采用模糊词汇进行暗示，比如 Experts said…Officials from the Cabinet claimed…，则说明消息来源属于含蓄不定的交代方式；若报道者根本不交代引用语的发出者，而是采用诸如 It is said…Reporters say…等方式使其模糊化，那么这种情形属于不提及消息来源。② 在这 15 个消息来源中，其中有 8 个提供了具体确切的消息来源，不仅有名有姓，同时还有对其身份的介绍；另外 7 个均以专家、学者或分析人士身份出现，属于含蓄不定的消息来源。请参看表 5—5：

表 5—5 "学者"消息来源统计

序列	消息来源
1	Prof. Lu Xueyi, one of China's leading sociologists
2	some scholars
3	some economists
4	the 15 Chinese academics who wrote the UN report
5	Dr. Wang Tianfu, a visiting research fellow at the East Asian Institute
6	population expert Li Xiaoping of the Chinese Academy of Social Sciences
7	some scholars
8	observers
9	observers

---

① 辛斌：《〈中国日报〉和〈纽约时报〉中转述方式和消息来源的比较分析》，《外语与外语教学》2006 年第 3 期。

② 辛斌、李曙光：《汉英报纸新闻语篇互文性研究》，外语教学与研究出版社 2010 年版，第 146 页。

第五章 "户口"(Hukou)的海外形象 / 159

续表

序列	消息来源
10	analysts
11	Barclays' economist Jian Chang
12	experts
13	Prof. Yao Yang, director of the China Centre for Economic Research at Peking University
14	Chinese Academy of Social Sciences researcher Wei Houkai
15	Prof. Lu Yilong, who studies household registration division and their effects at Renmin University in Beijing

表5—5显示：（1）报道者具体明确地交代消息来源，可彰显报道的客观真实性，打造信息提供者的可靠形象。与此同时，权威严谨的消息来源还能够大大提高报道的可信度。（2）报道者采用含蓄不定的消息来源时有可能产生歧义；但在我们考察的语料中，这些非明确消息来源均为社会问题研究领域的学者和专家，由他们提供相关数据、个人观点，同样是一种具有权威性、令人信服的做法。①

2. 转述动词以积极、共识类为主。消息来源与转述动词构成引语最直接的语境，共同发挥着预示和支配理解引语的功能。迈克尔·吉斯（Michael L. Geis）把英语中一些常见的转述动词按照感情色彩分为两类：积极转述动词和消极转述动词。积极动词能够帮助刻画消息来源镇定、谨慎、成功者、严谨或坚强的形象；消极动词刻画出失败者、易冲动、不严谨、软弱或鲁莽的形象。② 在我们的语料当中，属于积极动词的有："propose"（2次）"suggest"（1次）"add"（3次）"say"（6次）"tell"（1次）和"point to"（1次）；属于消极动词的是"be concerned"（1次），二者比例为14:1。显然，转述动词以积极类语义韵为主，帮助塑造消息来源的严谨与客观公正，显示出报道者

---

① 辛斌、李曙光：《汉英报纸新闻语篇互文性研究》，外语教学与研究出版社2010年版，第147—150页。

② Michael L. Geis, *The Language of Politics*, New York: Springer - Verlag, 1987, pp. 130 - 132.

对转述内容极高的认可程度。

整体而言，本节语料在消息来源和转述动词的选取等方面，力图遵守新闻报道"客观性"和"真实性"的基本原则，发挥专家学者的权威身份，为"户口"话题的相关报道增加研究性和科学性，并因而获得权威性的效果。

一方面，明确中国户籍制度的症结之所在。

《海峡时报》称，多位学者表示，尽管中国数十年的快速经济增长创造了大量财富，但城镇居民和农村贫困人口之间的差距令人担忧。（Nov. 11, 2013）另外，城镇化发展需要放宽、逐步废除户籍制度，允许人们自由选择居住地，如此一来城市或可根据就业、住房和社会服务的可获得性实现"有机增长"，保障农民工的平等权利。而现实情况却是，"farmers are still farming on small pieces of land. Agricultural land is lost to development."（"农民们仍然在小块土地上耕作，农业用地因经济发展而大幅减少。"）控制城乡之间流通的户籍制度，阻碍了农民工的自由流动，同时导致其他农民无法扩大种植面积。而这些进城务工人员被遥遥无期地排除于城镇居民享受的福利之外——低廉福利房和获得补助的医疗保险等——同时他们"距离自己家乡太过遥远，同样无法享受家乡的福利，他们被困于两难境地"。（The 149 million migrant workers who chose to leave the countryside for the cities find themselves caught in no-man's land.）（Mar. 16, 2010）

另一方面，支持政府推行的"渐进式"户籍制度改革。

学者们普遍表示，政府若不率先推行改革，就无法实现城镇化高质量的发展，因为"城镇化涉及复杂的财政和社会保障改革、户籍改革、土地改革，只能循序渐进"。（…urbanisation involves complex fiscal and social security reform, hukou reform, and land reform, and therefore can only occur gradually.）（Dec. 17, 2013）以人口专家李小平为代表的学者们普遍支持渐进的改革方式，提倡在条件合适的情况下改变中国户籍制度的状况。他举例说明了推进渐进式改革的原因：东北有众多国有企业，有大量的下岗工人，暂时无法解决太多进城务工人员的社会保障问题。但包括他在内的分析人士一致认为，户籍制度最终应该被废除，只有如此中国人才能够真正实现自由流动，享受到平等的社会福利。（Apr. 14, 2003）

第五节 结论与启示

一 结论

（一）新加坡主流媒体塑造的"户口"形象

从事语料库研究的学者们创建了一套系统完整的语义韵研究方法。卫乃兴认为主要有：(1) 建立类联接，基于类联接的数据进行研究；(2) 统计节点词语的搭配词，在此基础之上采用数据驱动的方法来研究；(3) 基于上述两种方法基础之上的折中研究。[1]

关键词"hukou"周围虽未出现类联接和词汇搭配现象，但是在其上下文语境中充斥着大量评价性词语，因此本章选取了第三种折中研究方法，重点考察词汇的语义色彩。结果发现，"hukou"传递着户籍制度是"不符合社会发展的老皇历""造成社会不公""严重阻碍社会发展"等消极语义韵信息，此类索引行占到总数的26%，构建出户籍制度急需改革的整体形象。其次，围绕"hukou"出现了一系列描述农村—城市、农村人—城里人等城乡二元对立结构的词汇："rural""farmers""peasants""villagers""migrants""non-residents" VS. "urban""workers""residents""cities""urbanites""urban cousins"和"urban countrymen"，数量庞大且双方比例相当（328∶314），无形中为读者呈现出一幅社会结构二元对立的复杂景象。

中央同地方政府显然已经认识到了户籍制度的种种不足，但因果断废除将会带来更多社会问题，因此政府决定采取"先易后难、逐步推进"的渐进改革措施；循序渐进，成为户籍改革的总基调。伴随渐进式改革步伐的推进，进城务工人员"享受到"越来越多的"社会保

---

[1] 卫乃兴：《语义韵研究的一般方法》，《外语教学与研究》2002年第4期。

障权益",包括"education""school丨s丨ling""care""housing""pensions""welfare""benefits""services"和"access"等。学者们则从中国实际出发,明确中国户籍制度的症结之所在,献言献策,支持政府推进的"渐进式"改革举措。

(二)新加坡主流媒体遵循的话语体系

经 UAM 统计,围绕"户口"主题出现的参与者主要有不同国家/地区/政府、国家领导人/政府官员、户口与社会权益、民众和评论者等。具体包括国家/地区/政府(China、Beijing、the Chinese government、the government、the authorities、the country、Singapore、US),国家领导人/政府官员(officials、Mr. Wen、Mr. Li、Mr. Bo、Premier Wen Jiabao、Deng Xiaoping、Mao、the city、local governments、Chongqing、Shanghai、cities、Hong Kong、the central government、the cities、Guangdong)、户口与社会权益(the hukou system、the system、the plan、policies、urban hukou、plans、reforms、economic reforms、huko、their land、jobs、schools、birth、social services、wages、the one-child policy、prices、public services、the cost of living、rental housing)、民众(主要是进城务工人员)(migrants、people、farmers、migrant workers、their parents、the children、the people、the family、workers、urban residents、young people、the couple、children、the peasants、the Chinese、parents、his mother、his daughter、his parents、employers、Mr. Song、the workers、Mr. Zhang、these workers、rural residents、students、Chinese citizens、a Hong Konger)、评论者(analysts、observers、experts、Prof. Lu、economists、some analysts、Mr. Joshi、the Straits Times)。所有的参与者都发挥着话语主体的作用,出现频率共有 819 次。

首先,话语主体当中中方占据了绝对优势,占比高达 97.6%。虽新方与美方也被提及,但是主体非常单一,美方只有"US"一个行为体,新方也只有"Singapore"和"the Straits Times"两个。如此一来中方可以说成为"户口"话语的唯一主体,"户口"问题就是围绕中国国内社会方方面面进行的相关报道,与他国无关。《海峡时报》赋予中方充分的话语权力，达到了新闻报道力求客观的目标。

其次，中方诸多的话语主体中，"户口与社会权益"作为本章议题毫无悬念地成为主要的话语主体，一共出现210次，占比为25.6%，而社会权益部分又是其中的重中之重，住房、医疗、教育、就业与计生等成为各方关注讨论的重心。民众抱怨最多和诉求最高的地方、政府极力推进改革的突破口、学者们探讨最为深入全面的领域，皆在于此。因此可以说，解决了百姓的社会权益问题才能够实现整个社会的公平正义，也才意味着户籍制度改革的真正成功。

最后，"国家领导人/政府官员""民众"和"评价人士"成为参与"户口"讨论的三个主要话语主体。其中，"国家领导人/政府官员"涉及具体的国家领导人包括 Mr. Wen、Mr. Li、Mr. Bo、Premier Wen Jiabao、Deng Xiaoping 和 Mao，具体的地方政府包括 Chongqing、Shanghai、Hong Kong 和 Guangdong。明确姓名的"民众"有 Mr. Song 与 Mr. Zhang，明确身份的"评论者"是学者 Prof. Lu 和企业高管 Mr. Joshi。这些数字的占比为9.9%，成为其他章节不曾出现的一个现象而引起关注，同时也再次证明《海峡时报》在报道这一议题时采取的客观话语原则。

（三）新加坡主流媒体话语的深层逻辑

本章的语料当中，话语主体几乎全部来自中国。这种现象在其他章节中并不多见。在第二章内容分析的结论显示，《海峡时报》涉华报道中引用新加坡各界人士观点的篇幅占比约为30%，中国各界人士占比达45%。其他章节虽给予中方话语主体一定程度的话语权力，但在本章中方掌握了几乎所有的发声机会，民众、政府与学者们同时发声，且民众的话语权力最大。这说明，社会性议题不仅仅只是通过外交、经济交往和政府声明等渠道所能了解的，它要求记者有更多的本地生活经历，与本地民众有更多的交流，更好地融入这个国家。[①]《海

---

① 周宏刚：《印度英文主流报纸的中国形象研究》，博士学位论文，华中科技大学，2013年，第269页。

峡时报》多采纳中国信源作为话语主体、多方位进行涉华报道，为读者勾勒出一幅良性互动、全社会合力促进社会问题解决的画面。倾听百姓的呼声、疾苦与诉求，学者们发挥专业优势、基于中国实际拿出多个版本的可行方案，面对长期难啃的硬骨头政府积极作为……这些统统可以通过媒体渠道得以发声，为全社会所了解、所理解。只有如此，诸如"户口"之类的社会问题才能够真正尽快、更好地得以解决，最终满足最大多数民众对美好生活的愿望。

《海峡时报》的做法符合新闻报道求真求实的相关规范。这一报道方式在其他四个议题中并未采用。《海峡时报》能够做到依据客观事实报道"户口"议题、几乎未掺杂任何主观的评价与解读，这一点恐怕与新加坡的国家战略定位不可分割。正如绪论中谈及，新加坡在冷战时期考虑更多的是其国家安全利益，而冷战之后国家的经济发展成为首要考量。中国的户籍制度问题看似与二者并无直接联系，但是中国政治、经济、社会与文化等方方面面的真实状况，都是新加坡这个第一大投资来源国所无法忽视的；关注中国，始终是其不遗余力坚持推行的国家战略。反过来说，忽视中国的代价恐怕是包括新加坡在内很多国家无法承担的后果。这一点，从《海峡时报》日均两篇涉华报道这一事实也可得到验证。

二　启示

"户口"作为中国社会长期存在的一个社会现象，经历了1949年以来整整60年的风风雨雨，见证着中国社会发展的艰辛历程，是名副其实的中国话语词汇。作为反映中国社会立体形象的文化符号，该话语词汇在《海峡时报》中的使用情况究竟如何呢？

以"hukou"为检索词的索引行一共有255列，剔除16列指称地名的情况，剩余的238列可分为两类：一类是"hukou"前后带有英文解释的索引行，另外一类则没有。二者数量分别是76列与162列，也就是说，"hukou"前后带有解释说明的比例，占到索引行总数的将近三分之一。而三分之二的报道中并不需要进一步的解释，读者也能够理解"hukou"的中文含义。那么,《海峡时报》是如何解释"户口"的呢?

语料中采用"or"对"hukou"进行替换和解释的共有29列索引行,以此为例进行文本分析后发现:表达"户口册"语义的有18列,表示"户籍/身份"意思的是11列。概括起来,"hukou"既可指"户口册"("household registration certificate""permit""book""document"和"status"),也用于解释"户籍(身份)"("household registration""household residential"和"household residency")。此认知符合我国有关"户口"概念的界定与使用情况,较为客观地反映了围绕"户口"问题中国社会的多个方面,符合新闻报道尊重客观事实的基本准则。

《海峡时报》构建的由政府、民众和学者共同发声的话语框架之中,专家学者是非常重要的一环。面对户口议题,学者既是问题的提出者,同时又是深入问题的研究者,甚至还是政策制定的参与者。学者的这一特殊身份,为问题的真正解决起到了保驾护航的作用,同时也凸显出我国政治制度的优越性,有助于社会问题尽快、更好地得以解决。比如2001年7月15日的报道,提到中国社会学协会主席、中国社会科学院社会学研究所陆学义教授,陆教授是研究改革对中国农村影响力方面的顶级专家,作为一位人大代表,他于2001年3月召开的全国人大会议上提出对户籍制度进行重大修订的提案。在会上他表示,"是时候不再把农民当作私生子了"(July 15,2001)。

如此全方面立体建构的"户口"形象,由于其自身的复杂性,不可避免地带有"造成社会不公""过时""阻碍社会发展"等负面标签,但是整个议题的发声主体是中方,话语内容由中方确定,所以可以认为,《海峡时报》的相关报道在总体上是基于中国现实,客观反映了中国社会的基本状况,《海峡时报》新闻报道属于客观带正面立场。中国户口案例充分说明,中国政治制度的优越性、中国各级政府积极推行的各类改革事项,都在为建设公平正义的和谐社会发挥着重要作用，同时也在为塑造良好的中国形象添砖加瓦。中国人把自己的事情办好了，自然也就获得了说话的能力和实力，拥有了对外的话语权力，也才能够将社会稳定和人民团结的东方大国形象、充满希望充满活力的社会主义大国的形象展现在国际社会面前。

第 六 章

"中国共产党"（Chinese Communist Party）的海外形象

第一节 理论概述

"框架"（Frame Theory）概念是英国人类学家格里高利·贝特森（Gregory Bateson）1955年提出的，属于认知心理学范畴。而后美国社会学家艾文·高夫曼（Erving Goffman）将这一概念引入文化社会学领域，逐步发展为框架理论。1974年高夫曼发表了框架理论的代表作《框架分析：经验组织论》。高夫曼提出框架是一种认知的结构，能够帮助个体去感知和理解周遭的环境和信息，能够帮助人们沟通与交流，通过将社会事实转换成为主观认知的方式，帮助人们在社会生活中使用特定的诠释框架来理解日常生活的方方面面，从而达到社会建构的目的。框架认知的来源主要有两个，一是个人经验；二是社会文化的影响。

高夫曼的框架理论强调的是主体认知在意义生成中的作用，具体到大众传媒领域，就是相关主体——新闻工作者、消息来源、机构与社会语境等互动的结果。这一认识对于大众传播学具有指导意义，也因此为其所用并且发扬光大，成为传播学的主流理论。美国学者威廉·加姆森（William Gamson）是框架理论重要的研究者，他将框架具体分为两类：一类是界限（boundary），是名词，指现已存在的框架体系，把人们的认知世界一分为二，就像画框一样，纳入画框之中的，是与个人经验或社会文化背景相关联的、可以帮助理解的部分；而排除在外，属于认知框架没有适用的未知世界。另一类是架构（framing），属于动词范畴，指意义建构的过程，透过画框——我们所处的位置去了解事件的发生和发展，认识外部世界。①

黄惠萍认为，目前有关框架理论的研究主要有以下四类：框架内涵及理论的探讨；媒介框架来源的研究，如对新闻消息来源的研究；媒体报道内容的框架分析；媒介框架对受众认知的影响等。② 新闻媒体将研究对象放置于不同的新闻框架之下进行构建，以此影响读者对现实世界的认识与理解，可对现实中的种种事物进行形象加工与塑造，包括国家的形象。这种方法属于媒体报道内容的框架分析。事实上，采用新闻框架理论开展国家形象研究的学术成果并不少见，比如文献综述部分提及的《文化框架：美国主流媒体中的"中国制造"》《日本报纸中的中国形象》和《货币战争中的中国形象——〈纽约时报〉有关人民币汇率议题报道的框架分析》等。

第二节　研究内容

中国外文局发布的总榜单中，共有 19 个核心政治类话语词汇上榜。作为中国话语词汇"中国共产党"位列第 75 位，"党"——同样指中国共产党，出现在第 81 位。作为核心政治话语，"中国共产党"和"党"分别位列表格 6-1 中的第 5 位和第 8 位，紧随"官""反贪""反腐"和"中国梦"之后。不过要注意的是，这里的认知度榜单显示的是海外民众对这些话语的知晓程度，并不代表他们对待此类概念和思想的态度。而这一点正是本章旨在回答的问题所在。

---

① 张玉：《日本报纸中的中国形象：以〈朝日新闻〉和〈读卖新闻〉为例》，中国传媒大学出版社 2012 年版，第 30 页；张洪忠：《大众传播学的议程设置理论与框架理论关系探讨》，《西南民族学院学报》（哲学社会科学版）2001 年第 10 期。

② 黄惠萍：《媒介框架之预设判准效应与阅听人的政策评估——以核四案为例》，《新闻学研究》2003 年第 77 期。

表 6—1　　　　　　　　核心政治类话语词汇

词汇	排名	词汇	排名	词汇	排名	词汇	排名
和平	30	共产党	75	真实亲诚	82	命运共同体	95
官	36	两会	76	干部	83	丝绸之路	96
反贪	45	和谐	77	公安	86	中国道路	98
反腐	55	一带一路	80	十三五	91	中国声音	99
中国梦	74	党	81	中国故事	94		

新的《中国共产党章程》在2017年10月24日通过，新党章明确指出，中国共产党是中国特色社会主义事业的领导核心，中国共产党的领导是中国特色社会主义制度的最大优势。因此，可以说"中国共产党"是中国最醒目、也最具代表性的政治文化符号。这颗旗帜般的符号凝聚着中国共产党将近一百年的政治主张、执政理念与发展思路的演变与传承，领导着中国人民一步一步实现了从站起来到富起来再到强起来的伟大梦想。《中国共产党章程》规定：中国共产党全国代表大会，是中国共产党最高领导机关，每五年举行一次。主要职权包括修改党章、讨论和决定涉及中国大政方针及未来发展的重大问题、选举中央委员会和中央纪律检查委员会及其成员等。每到党代会召开年份，外媒对中国共产党的关注度就会密集起来，报道会不断升温。所以，本章拟考察中共十六大（2002年）、十七大（2007年）、十八大（2012年）和十九大（2017年）召开年份，新加坡主流媒体《海峡时报》围绕"中国共产党"展开的一系列报道攻势，分析其报道特点和规律，梳理四届党代会召开年份《海峡时报》的主要关注点和报道情况，聚焦每届政府的执政表现、历时考察新加坡主流媒体对于中国共产党认知的动态发展。

第三节　研究方法

一　创建语料库

本章选择"中国共产党"作为中国政治话语词汇的代表，以

"Chinese Communist Party｜Communist Party of China｜China's Communist Party"为关键词,在 LexisNexis 中搜索 2002 年、2007 年、2012 年和 2017 年的相关新闻报道,最终获得 398 篇语料,共计 281469 词,其中 2002 年有 44 篇、2007 年有 78 篇、2012 年有 163 篇、2017 年有 113 篇,创建"海峡时报-中国共产党"语料库。

二 研究步骤

1. 分别就中共十六大、十七大、十八大和十九大召开年份的相关报道分析主要关注点;

2. 针对每届政府的执政表现主题进行内容分析,依据框架理论分阶段考察《海峡时报》建构的中国共产党形象。

第四节 分析与讨论

一 2002 年新闻报道分析

2001 年"9·11"事件后,美国拉开了全球反恐战争的序幕。自此反恐成为国际事态发展变化的主线之一,大国间在反恐中既有竞争又有合作,世界格局变数更多。中国经济积极融入全球化步伐加快,发展势头良好。在此背景下,中共十六大于 2002 年 11 月 8 日至 14 日在北京胜利召开。

(一) 新闻报道整体特征

统计结果显示:(1) 本年度共有 44 篇围绕"中国共产党"的新闻报道,平均每个月的报道数量不足 4 篇;(2) 报道主要集中在中共十六大召开的 11 月,共有 15 篇,约占 32%;(3) 报道主题方面,《海峡时报》将重点聚焦在了领导层换届方面,全年的报道量共有 26 篇,占比 59.1%。"三个代表"重要思想方面的报道有 7 篇,约占 15.9%。执政表现的相关报道 10 篇,涉及港台问题、加入世贸组织和控制媒体自由等。具体数据如表 6—2 所示:

表6—2　　　　　　　2002年涉党报道主题分布　　　　　　单位:%

主题	篇数	百分比
领导层换届	26	59.1
"三个代表"重要思想	7	15.9
执政表现	10	22.7
其他方面	1	2.3
总计	44	100

中国共产党作为我国执政党,是国家的最高政治领导力量。因此,中共中央的工作重心就是国家的工作重心。中共十六大的报告提到,我国在五年的发展中综合国力大幅跃升,人民的生活总体达到小康水平,国家建设的方方面面取得丰硕成果。可是,表6—2中寥寥无几的新闻主题明显与十五届中央委员会领导全国人民取得的工作成就差距甚远,很大程度上抹杀了中国共产党和我国人民付出的艰辛努力。另外,《海峡时报》(Nov.3,2002、Nov.10,2002、Nov.11,2002等)将目光集中在领导层换届上,这虽然可以解释为中共十六大的召开意义重大,是中国第三代领导集体核心向第四代过渡交接的关键节点,新一届领导集体核心的政治主张、执政理念和发展思路,将会对中国乃至世界产生重要而深远的影响,因而需要特别关注。但是,这种厚此薄彼、严重忽视本届政府取得的成绩(包括加入WTO此等大事)的做法,非常值得警惕。

(二)本届政府的执政表现

对于本届政府的执政表现,新加坡主流媒体给予了一分为二的报道,一方面,赞赏中国在经济、政治和社会领域取得的成绩,"its achievements have also been tremendous. These have made the Chinese people and its leaders very proud and confident about their achievements and future."("成就也是巨大的。这些成就令中国人民和中国领导人骄傲自豪、对于未来充满信心。")(Nov.21,2002)。正面报道主要集中在市场更加开放、经济高速发展、领导层的换届显示出制度化的迹象、社会更加多元化等方面。其中，能够养活 13 亿中国人，满足基本的生活需求，这是一个令中国政府和百姓欢欣鼓舞、足以为傲的巨大成就。而且，"伴随中国经济的高速发展，百姓的个人自由与个人权利获得了一定程度的提升"。(As China develops into a vibrant economy, there has been some opening towards greater individual freedoms and liberties.) (Nov. 21, 2002) 在国际上，中国已经成为本地区强有力的经济竞争者，同时也是合作者，作为本地区的新兴大国，中国已在积极主动与其他国家进行沟通合作，参与到地区治理当中。例如，中国提议与东盟签订自由贸易区协议。

另一方面，《海峡时报》指出并分析中国政府面临的问题与挑战。主要有农民收入持续下降、贫富差距逐渐扩大、腐败、政治体制改革、工人失业、国企与金融体制的改革重组等问题，其中工人和农民问题是重中之重，"Among these problems are the re-employment of millions of workers retrenched from failing state-owned enterprises and a steady erosion of farmers' income. Both can cause social unrest if not handled well."（"这些问题包括国有企业倒闭数百万工人的再就业，以及农民收入减少等。如果处理不当，二者皆有可能引发社会动荡。"）(Mar. 21, 2002)

二 2007 年新闻报道分析

2007 年，国际形势复杂而多变，局部的动荡和冲突未发生根本性好转，世界多极化格局进一步显现，国际力量的对比发生了重要变化。中国的快速发展对世界政治经济格局的冲击和牵引作用日渐增强，中国已成为维护世界和平和发展的重要力量。[①] 2007 年，中国已经拥有世界第三的 GDP 和世界第一的外汇储备，在此国际背景下，10 月 8 日至 14 日中共十七大在北京胜利召开。

（一）新闻报道整体特征

2007 年共有 78 篇围绕"中国共产党"的新闻报道。统计结果显

---

① 尹承德：《和平发展劲风吹——试以十七大精神审视 2007 年国际形势》，《领导科学》2008 年第 1 期。

示：（1）较2002年，报道数量增长了77%，且主要集中在中共十七大召开的10月份，当月就有47篇；（2）《海峡时报》的关注点依旧集中在领导层换届方面，不过报道涉及内容逐步开始丰富起来；（3）正面报道数量逐步增加，批评的声音也是此消彼长，形成既有褒又有贬的舆论格局。具体数据如表6—3所示：

表6—3　　　　　　　　2007年涉党报道主题分布

主题	篇数	百分比
领导层换届	32	41.0%
"科学发展观"	6	7.7%
本届政府取得的成绩	11	14.1%
批评中国政治	21	26.9%
香港台湾问题	2	2.6%
党员成分问题	3	3.8%
法轮功	1	1.3%
其他方面	2	2.6%
总计	78	100%

（二）本届政府的执政表现

外媒再也无法忽视中国在和平发展的道路上取得的巨大成绩，开始更多地关注中国共产党的执政能力。《海峡时报》对中国政府的总体评价是，经济、政治、民生和国际关系领域皆有大幅改观，"China's economy is not only booming but is set to overtake Germany as the world's third–largest economy. Millions have been lifted out of poverty and the material life for the general population has never been better. On the world stage, China's economic and political clout is growing so fast in regions like Africa."（"中国经济正蓬勃发展，有望赶超德国成为世界第三大经济体。数百万人摆脱了贫困，广大人民群众的物质生活达到了前所未有的良好水平。在世界舞台上，中国经济和政治影响力在非洲等地区增长迅速。"）（Dec. 15, 2007）

根据《海峡时报》的报道，2007 年中国政府取得不错的成绩：（1）对农村加大投入，对农民减负，取消农业税；（2）经济持续快速发展，继续改善对经济的宏观调控；（3）更加重视可持续发展和社会公平正义，竭力缩小贫富间差距；（4）两岸局势不断缓和；（5）处理 SARS 疫情得力；（6）节约能源资源和保护生态环境工作取得进展；（7）中日关系得到改善；（8）航天事业发展迅速；（9）反腐斗争取得进展；等等。其中，果断取消农业税，宣布加大对农村的投入，获得了国内外媒体的普遍赞誉。《海峡时报》称，"Two announcements… were the scrapping of a 2,600 - year - old practice of collecting an agricultural tax from farmers, and his decision last year to increase government spending in rural sectors by 14 per cent."（"两项举措分别是，取消了长达 2600 年征收农业税的做法，农业部门的政府支出增加 14%。"）（Oct. 3, 2007）科技领域，中国在航天航空技术方面的发展更是震惊了全世界，"In 2003, China stunned the world by becoming only the third country after the United States and the former Soviet Union to achieve a manned space launch. In 2005, its second manned mission carried two astronauts into space…the lunar launch bears great technological and scientific significance."（"2003 年，中国成为继美国和苏联之后第三个实现载人航天发射的国家，震惊了整个世界。2005 年，第二次载人航天任务将两名宇航员送入太空……月球探测具有重大的科学与技术价值。"）（Oct. 24, 2007）在反腐领域，新加坡媒体观察到本届政府下了更大的决心，投入了更大的力度，"Over the past three years, the Hu - Wen team has been carrying out the party's anti - graft drive in a more serious fashion…They have netted more 'big tigers' among corrupt officials…"（"过去三年间中央政府更加致力于开展反腐败斗争，抓了更多贪污腐败的'大老虎'……"）（Feb. 5, 2007）。

不过整体而言，《海峡时报》更多地还是带着意识形态的有色眼镜来研判中国共产党，放大中国改革开放中的一些尚未解决的难题，批评中国政治，有意忽视中国共产党在国家发展中发挥的领导作用。批评性的报道内容主要聚焦在：(1)一党专政、政治改革滞后；(2)人权问题；(3)官员的腐败；(4)控制言论和宗教信仰自由；(5)女性参政议政困难；(6)贫富差距加大；(7)非法侵占农民土地；(8)环境污染加剧；(9)食品安全和产品质量问题。

三　2012年新闻报道分析

2012年极不平凡。席卷欧洲的主权债务危机愈演愈烈，对国际经济和政治产生极大冲击。全球范围内的地区动荡和局部冲突频繁爆发，美国重返亚太地区的战略对中国产生直接的战略挤压，削弱了中国与周边国家之间的政治互信。在如此复杂的国际氛围下，中国经济依然稳居世界第二，在国际上的影响力稳步增强，中国崛起已成事实。在此国际背景下，11月8日至14日中共十八大在北京胜利召开。

(一)新闻报道整体特征

面对中国取得的成功，外媒已经完全无法忽视，并且它们已经认识到，这些成果与中国特色的社会主义制度是分不开的，与中国共产党的领导是分不开的。韩国《中央日报》感慨道，我们现在已经生活在"不懂中国共产党就不懂中国"的时代。[①] 面对中国的崛起，《海峡时报》开始转换舆论攻势，借突发事件批评中国共产党的执政能力，夸大中国政府面临的问题，暗示中国未来发展黯淡无光。

2012年共有163篇围绕"中国共产党"的新闻报道。统计结果显示：(1)较之2007年，报道数量翻了一倍，且主要集中在中共十八大召开的11月，有51篇；(2)虽然《海峡时报》仍旧关注领导层换届，但是本年度新闻报道量最大的是突发事件领域；(3)涉及中国共产党舆论的"两面性"更为明显。具体数据如表6—4所示：

---

① 姜加林：《世界视角下的中国道路》，《求是》2013年第11期。

表6—4　　　　　　2012年涉党报道主题分布　　　　　单位:%

主题	篇数	百分比
领导层换届	38	23.3
突发事件	43	26.4
本届政府取得的成绩	19	11.7
治国理政思想	8	4.9
台湾香港问题	15	9.2
领土争端	9	5.5
外交关系	13	8.0
其他	18	11
总数	163	100

（二）本届政府的执政表现

《海峡时报》有关中国共产党舆论的"两面性"更为明显，持"肯定中有所批判""羡慕中有所困惑"的复杂心态。一方面，对中国共产党领导下的社会主义建设事业取得的辉煌成就不得不时刻保持高度关注，报道内容更加多元化，包括：（1）党内民主进一步扩大；（2）反腐力度加大；（3）大力支持科技创新；（4）金融改革稳步推进；（5）加大扶持非公有制经济；（6）在国际事务中发挥更大的作用；（7）两岸关系出现重大转折；（8）关注农民诉求；（9）中俄关系升温。

中国作为一个崛起中的大国，内政外交都出现了新气象，再也无法为国际社会所忽视。《海峡时报》称赞中国的党内民主改革步伐，"For the first time, the party applied the requirement at the preliminary stage when the first slate of candidates came forward to stand for election…Also, for the first time, the party allowed local party committees to publicise the names of candidates via mass media so as to get public feedback on whether they deserved to be delegates."（"共产党第一次在初选阶段设置了竞选环节，同样当地党组织也是第一次通过大众媒体公示竞选人名单，对参选人资格进行公开审查。"）（Aug. 15, 2012），其认为党内民主改

革，有助于中国的政治选举更加民主、开放和透明，"a more open, participative, and fair election process that produced a slate of delegates who are younger and more diverse in nature"（"更加开放、更具参与性公平性的选举过程，将产生一批批年轻有为的多元化代表人选。"）(Aug. 15, 2012) 两岸关系也出现重大转折。马英九第一届任期，就与大陆签署了16项协定，取消了长达60年的邮政、海运和直飞禁令，两岸关系翻开新的篇章。

另外，中国在西方眼中的"大国身份"越来越受到强化，与之相伴的，中国崛起摩擦论也更为频发且拥有更多表现形式。面对中国的崛起，新加坡媒体鼓吹"大国责任"论，要求中国在地区和全球事务中承担起更大的责任，同时又质疑崛起的中国是否会遵守国际法、国际规范与惯例。

四　2017年新闻报道分析

2017年的国际形势乱象丛生。特朗普政府的"美国优先"政策，打破了国际规则的常态，使得国际经济与政治关系面临大的调整和变革。中国的崛起推动了经济的全球化，促使世界经济和政治中心逐渐朝亚太地区转移。中国在全球的影响力达到新高度，国际话语权、规则制定权和议程设置权等方面显著增强。[①] 在此国际背景下，10月18日至24日中共十九大在北京胜利召开。

（一）新闻报道整体特征

从表6—5中不难发现，与2002年、2007年和2012年的数据相比，2017年涉及中国共产党的舆论发生了根本性变化：第一，《海峡时报》的关注点呈现多元化趋势。除了传统议题（中美关系、台湾和香港问题等）外，最大的变化就是更加关注中国正在发生的事情和中国政府正在积极推进的各项事业。这其中，中国政府推出的一系列改

[①] 苏格：《2017年国际形势与中国外交：乱中有变，变中有治》，《当代世界》2018年第1期。

革举措成为新加坡媒体关注的重点,中国共产党的治国理政思想第一次引起了包括《海峡时报》在内外媒的广泛关注与深入解读,两个一百年奋斗目标和大国外交思想成为新加坡主流媒体的首要关切。而领导层换届等所谓传统议题比例陡降。第二,新的议题不断出现。稳步提升的国际地位和中国形象都是首次出现的议题,干涉他国内政同样如此,中国"威胁"论调仍不绝于耳。第三,正面报道占据主导,过去的"两面性"特征已不见踪影。除干涉他国内政、人权和控制媒体自由这三个议题一共13篇报道属于负面以外,其余的新闻皆秉持正面、中性、客观的态度。这跟以往党代会报道的媒体舆论立场相比,可以说是发生了翻天覆地的变化。

表6—5　　　　　　　　2017年涉党报道主题分布　　　　　　　单位:%

主题	篇数	百分比
领导层换届	7	6.2
不断上升的国际地位	5	4.4
改革举措	32	28.3
中新关系	14	12.4
治国理政思想	18	15.9
台湾香港问题	8	7.1
中国形象	4	3.5
干涉他国内政	10	8.8
外交关系	7	6.2
人权	2	1.8
控制媒体自由	1	0.9
其他	5	4.4
总数	113	100

(二) 本届政府的执政表现

人民生活显著提升、党的意识形态建设、高科技创新、产业转型、廉政、养老和扶贫等议题,都无一例外融入了《海峡时报》的报道当中。该报聚焦中国社会,给予基层百姓更多的发声机会,令报道贴近

第六章 "中国共产党"（Chinese Communist Party）的海外形象

民众、真实可信，同时也毫不掩饰地称赞共产党领导下中国发生的翻天覆地变化，极大地认可中国共产党关注民生、提高人民生活水平所做的努力。

1. 改善民生举措

《海峡时报》以普通民众为故事主角一共刊发了6篇报道，通过百姓的视角观察中国正在发生的变化。10月16日的报道采访了一位长期参与党代会接待的工作人员王理连（音译）。据他说，与之前相比这次会议办得非常节俭，"In keeping with the order to do away with any pomp and extravagance, huge welcome banners traditionally put up at hotels where delegates stay and elaborate flower arrangements, for example, will be gone…The biggest difference will be in the food and rooms. In past editions (of the congress), delegates and staff would have fruit in their rooms. There will be none of that this time." （"为避免浮夸与铺张，以往悬挂在代表入住酒店里的巨型欢迎横幅和鲜花都不再布置……最大的区别在于食物和房间。往届会议代表和工作人员的房间会供应水果，这次不会有了。"）(Oct. 16, 2017)

10月17日报道的标题是"普通民众称赞新一届政府政策；他们说生活水平和公共服务质量都提高了，科技发展改变了人们的生活"。退休职工唐美琴（音译）、45岁的旅行社经营者李龙（音译）和29岁的规划师马西（音译）各自分享了身边点点滴滴的变化。唐美琴说"I was in Japan a few days ago and, before that, Shanghai-something I couldn't imagine doing in the past." （"几天前我去了日本，在那之前，是上海——这在过去我简直无法想象。"）李龙认为"Public administration has become much more effective under Mr Xi." （"在习总书记的领导下政府部门的办事效率提高了。"）马西则对于科技改变生活深有体会"I'm from Hangzhou, so the best example is how Jack Ma, Alibaba and Taobao have transformed Chinese people's lives and brought us many conveniences"。（"我来自杭州，马云、阿里巴巴和淘宝就是最好的例子，他们改变了中国人的生活，为我们带来了许多便利。"）(Oct. 17, 2017)

10月26日登载的是论坛上发表的读者留言。有位名叫 Paul Chan Poh Hoi 的读者反映,有人认为中国除了钱以外什么都没有,更加没有理想信念。对此,该读者进行了强有力的驳斥。他认为,中国共产党坚持中国特色社会主义思想,遵循独特的文化传统、创新理念和对人民的承诺,把中国建设成为经济强国。这些就是中国人的理想信念。而且他指出,"The democratic election system has no place in this 5,000-year-old Chinese civilisation and cohesive race which is loyal to the government."["对于这个拥有5000年历史的中华文明古国,对于这个忠于政府、凝聚力强的民族而言,(西方的)民主选举制度没有一席之地。"](Oct. 26, 2017)

2. 大力开展反腐工作

新媒给予中国共产党的反腐工作以极高的评价。《海峡时报》认为反腐力度强劲,在政坛产生了深远的影响。据佐治亚州立大学的安德鲁·魏德曼(Andrew Weidmann)教授说,截至2016年9月有213名"猛虎"——副部长级及以上官员、少将及以上高级将领——被"牵连"。据新媒称,习主席表示,"The people resent corruption most; and corruption is the greatest threat our party faces. We must have the resolve and tenacity to persevere in the never-ending fight against corruption…Our political environment will, through tireless efforts, be clean and free of corruption like seas fallen calm and rivers running clear."("人民群众最痛恨腐败,腐败是我党面临的最大威胁。我们一定要有决心、有毅力坚持不懈地同腐败作斗争……经过长期努力,我们的政治环境一定会风清气正。")(Oct. 19, 2017)。

对此,《海峡时报》的评价是"Mr Xi had done the unthinkable in his anti-corruption drive."("习主席推动的反腐举措超乎想象。")牛津大学政治学家斯坦·林根(Stein Ringen)指出,"Anti-corruption campaigns in China are not new, but none have been as aggressive, deep and lasting as this one under Mr Xi."("中国的反腐运动由来已久,但习主席此次大力开展深入持久的反腐败斗争,前所未有。")(Oct. 13,

2017）另外，据《海峡时报》称，有迹象表明中国的反腐将会制度化。2016年10月，中国共产党通过了两个旨在加强党的纪律和党内监督的文件。中国正计划成立一个全国监察委员会，来加强党对全国反腐败工作的集中和统一领导。

第五节　结论与启示

一　结论

（一）新加坡主流媒体塑造的"中国共产党"形象

从中共十六大到十九大，《海峡时报》中有关中国共产党的报道逐年增多、正面报道逐步占据主导，"肯定中有所批判"、"羡慕中有所困惑"的"两面性"特征已不见踪影。"中国共产党"执政形象经历了一个历时的变化过程，从21世纪初"领导层换届"的代名词逐步发展变化，至十九大召开之时已然成为执政能力大大提升的先进政党形象。

具体来讲，2002年新加坡媒体对中国共产党新闻报道的整体框架，是基于其西方意识形态的思维惯式进行的主观臆断和扭曲。《海峡时报》对于中国共产党承担的国家事务的领导地位，并没有认真地学习掌握，在一知半解之下，进行片面的解读和报道，戴着有色眼镜进行舆论宣传，最终造成中国共产党海外形象的误读和扭曲。2007年《海峡时报》涉及中国共产党新闻报道的整体框架，依然难以逃脱西方意识形态的思维定式，关注点依旧集中在领导层换届方面，虽然报道内容开始丰富起来，正面报道数量逐步增加，认可中国经济领域实施的改革举措和取得的成绩，并开始关注共产党的执政能力，但相关报道以贬低为主，批评中国政治制度与改革进展的声音依然此消彼长。2012年《海峡时报》利用突发事件进行炒作，借此污蔑、攻击中国的政治制度，无视中国共产党执政能力大幅提升的事实。不过，有关本届政府取得成绩的报道篇幅要高于往届，执政理念的报道篇幅基本与往届持平，这一事实在一定程度上表明《海峡时报》不得不正视中国发展的复杂矛盾心理。到了 2017 年《海峡时报》深入解读中共十九大信息，舆论媒体的正面报道占据主导，不仅进行客观地分析，不时还会有赞扬与称誉之声，炒作、扭曲和误读行径正逐步淡出读者视线，这是历届党代会从未有过的"待遇"。究其原因，恐怕还是内因起到了决定性作用，中国共产党执政能力的不断提升是国际舆论发生根本转变的最直接、也是最主要的动因，以人民为中心的执政理念获得了外媒的一致认同。在《海峡时报》报道框架下，中国共产党已经成为充满自信又开放、不断学习进步、有担当、为民爱民的政党，是一个伟大的政党。

（二）新加坡主流媒体遵循的话语体系

经 UAM 统计，每届党代会召开当月（2002 年 11 月、2007 年 10 月、2012 年 11 月和 2017 年 10 月），围绕"中国共产党"议题出现的参与者主要有国家/地区/政府、国家领导人/政府官员、政府部门和评论者等。具体包括：国家/地区/政府（China、Singapore、Beijing、Shanghai、the country、the government），国家领导人/政府官员（President Xi Jinping、Hu Jintao、Mr. Xi、Mr. Hu、Mr. Li、Mr. Jiang、Mr. Zhang、leaders、the Chinese leaders、Mr. Trump），政府部门（the party、the CCP、Xinhua News Agency、Xinhua、the Communist Party、Chinese Communist party、Central Committee、the committee），评论者（Dr. Lam、observers、analysts、reporters、experts、the Straits Times、the BBC）等。所有参与者都发挥着话语主体的作用，出现频率共有 362 次。

首先，围绕"中国共产党"议题中方参与者主体的占比较高（排在第二、仅次于"户口"议题），达到总数的 78% 左右，一共出现 282 次。美方与新方虽有参与者但主体较为单一，美方只有国家领导人（Mr. Trump，the president）一个行为体，而新方也只有"Singapore"、"Dr. Lam"和"the Straits Times"等三个。毫无疑问中方参与者成为"中国共产党"话语的主体，吸引着外媒广泛持续的关注。

其次，在中方种类不多的话语主体中，"国家领导人/政府官员"

成为最主要的话语主体，一共出现138次，占比为38.1%，包括President Xi Jinping、Hu Jintao、Mr. Xi、Mr. Hu、Mr. Li、Mr. Jiang、Mr. Zhang、leaders 和 the Chinese leaders 等。这充分说明中国共产党的领导人受到《海峡时报》的重点关注，共产党领导下每届政府的执政理念、改革举措和执政表现成为热点。

（三）新加坡主流媒体话语的深层逻辑

在21世纪开局的将近二十年间，新加坡主流媒体报道中的"中国共产党"执政形象经历了如此巨大的历时变化，恐怕仍旧难逃新加坡意识形态与价值观方面的判断，体现的依然是新加坡国家行为体主流意识上的矛盾特征。一方面秉承国家经济利益至上原则，愿同中国在更多领域加强合作；另一方面，西方价值观与意识形态的局限性促使其在面对中国不断强大时做出了二元对立的战略误判。这就能够合理地解释2017年的报道中中新关系的阴霾看似烟消云散之后，为何我们却在统计数据中看到了"干涉他国内政"数十篇的报道量。"中国威胁论"的调子依然余音未了，看来新加坡既不会牺牲与中国的经贸往来，同样也不会放弃冷战思维的意识形态。另外，"中国共产党"执政形象呈现历时变化、发挥决定性作用的毫无疑问还是内因，中国共产党执政能力的不断提升是国际舆论发生根本转变的最直接、也是最主要的动因。中国共产党对外宣传策略方面的转型也是一大要素。中共十九大中自主设置的议题越来越多，民生改革、环境治理、扶贫、反腐、经济发展和外交方略等等议题，都是中国积极主动向外界宣讲、沟通的重点。如此公开透明的密集发布，起到了很好的舆论引导功效，在很大程度上影响了国际媒体的议题选择和报道角度。一时间，赞誉之声不绝于耳。

二 启示

中国共产党全国代表大会，是他国政府、学者和媒体认识和了解中国政治的主要窗口，同时也是对外展示和传播中国政治形象的重要舞台。2002年、2007年、2012年和2017年的《海峡时报》新闻报道，主要都是围绕中国共产党全国代表大会展开的。近些年来海外媒体纷纷意识到，关注党代会就是关注中国的力量和声音，就是关注中国的道路和自己国家的命运。① 为满足海外媒体争相了解中国共产党执政理念、执政思想和执政程序的热切期盼，中国共产党采取更多有效措施积极主动地进行对外宣传工作，包括代表团开放日活动、开设党代表通道、推出党代会微信公众号、大会新闻发言人及时回应媒体关切等。通过这些措施，中国共产党的相关信息公布更加及时、内容更加透明，外界对中国共产党接触的更多，中国共产党的海外形象就会变得更加清晰。党代会成为介绍中国 40 年改革开放伟大成就的重要窗口，成为展示中国共产党执政能力的亮丽名片。

在本章语料库中，有关"中国共产党"的报道全部采用了包括"China's Communist Party"（8 次）、"Chinese Communist Party"（219 次）和"Communist Party of China"（10 次）在内的英语翻译，没有出现汉语拼音的现象。这或许是因为"共产党"作为政治话语，早于 1843 年《大陆上的改革运动的进展》一文中，恩格斯就首次使用了这一概念。目前，全球由共产党领导的社会主义国家，仅有中国、越南、朝鲜、古巴和老挝五国。中国的发展壮大证明了"共产党"在中国的发扬光大，中国共产党领导中国人民取得一个又一个的辉煌，为全球尤其是第三世界国家贡献了政治、经济、社会和文化发展的中国方案。中国共产党，正逐步迈入世界大舞台的中央。

---

① 于运全：《中国共产党国际形象研究》，外文出版社 2014 年版，第 52 页。

第 七 章

"神舟"（Shenzhou）的海外形象

第一节　理论阐述

系统功能语言学派认为，有别于概念功能，人际功能是指语言具有表述说话者身份与地位、态度与动机的功能，以及对事物进行推断、判别和评价的功能等。通过这些功能，说话者以某种身份角色参与到社会活动中去，与他人发生互动，借机表达他的态度和推断，并试图影响别人的立场和行为。刘世生认为，"语言的人际功能发挥着确立和维持社会关系的重任"。① 韩礼德提出，人际功能是通过语气系统、情态系统和语调系统来表达语义的。② 他的学生吉姆·马丁（Jim Martin）在语法手段基础之上，扩充了人际功能的表征手段，将评价性词汇系统纳入其中，称为评价语义系统。

情态系统，传递说话者对命题或提议是否成功及其有效性做出的判断。韩礼德认为，社会交往中交换物品不同（既有以命题形式存在的信息，又有以提议形式体现的货物或服务）涉及的情态意义就会有差别，因而情态系统分为情态化和意愿化两类语义系统。③ 情态化语义系统表达命题成效性的大小，通过概率和频率等语法资源得以实现；

---

①　胡壮麟、方炎：《功能语言学在中国的发展》，清华大学出版社1997年版，第197页。
②　胡壮麟、朱永生等：《系统功能语言学概论》，北京大学出版社2005年版，第120页。
③　Michael A. K. Halliday, *An Introduction to Functional Gramma*, Beijing: Foreign Language Teaching and Research Press, 2008, pp. 146 – 150; Geoff Thompson, *Introducing Functional Grammar*, Beijing: Foreign Language Teaching and Research Press, 2008, p. 69.

而意愿化语义系统则表达提议的有效性,实现手段是义务和意愿等语法资源。表示频率和概率的语法手段包括限定性情态动词和情态副词,比如 will、can、probably 和 usually 等;表示义务和意愿的语法手段有限定性情态动词和谓语的延伸部分两种,例如 should、will、supposed to 和 anxious to 等。

除上述语法手段之外,情态意义还可以小句形式来表达。韩礼德称这种现象为"隐喻"(有别于第五章的概念隐喻,这里的隐喻叫作情态隐喻),例如 it is probably so 的隐喻形式是 I think it is,二者的意义是一致的;同样,Mary'll know 同 I think Mary knows 意义也是一致的。差别只是取向上的不同。韩礼德将取向分为四种:明确主观、明确客观、非明确主观和非明确客观。[①] 其中,明确的主观取向和明确的客观取向都是隐喻性的,由小句来表征;与其相对应的是非明确主观和非明确客观,属于非隐喻性情态,由情态动词或情态副词来表达。

评价语义系统,是对情态系统、语气系统和语调系统的补充。马丁提出,"评价理论是关于评价的——即语篇中所协商的各种态度、所涉及到的情感的强度,以及表明价值和联盟读者的各种方式"。[②] 评价理论主要考察评价性词汇资源,包括态度、介入和分级三个方面。态度是其中最受关注的方面,涵盖情感、裁决和鉴别语义,即对人的情感的表达——情感,对人的性格和行为的评价——裁决,对事物价值的评价——鉴别。[③]

情态系统与评价系统皆为表达语篇人际功能的语义系统,能够非常有效地体现语篇参与者之间的社会关系,包括身份与地位的差别、态度与动机的不同,以及各自对事物的判断和评价,从而为媒介视角的国家形象研究提供丰富的话语分析手段。

[①] Michael A. K. Halliday, *An Introduction to Functional Gramma*, Beijing: Foreign Language Teaching and Research Press, 2008, p. 626.

[②] James R. Martin and David Rose, *Working with Discourse: Meaning Beyond the Clause*, Beijing: Beijing University Press, 2007, p. 23.

[③] James R. Martin and Peter R. R. White, *The Language of Evaluation: Appraisal in English*, Beijing: Foreign Language Teaching and Research Press, 2008, p. 35.

第二节 研究内容

外文局发布的总榜单中,共有2个航天科技类话语词汇上榜,参看表7—1。作为中国话语词汇,"嫦娥"位列第21位,"悟空"位列第71位,并未出现"神舟"和"北斗"等话语词汇。这与我们搜集到的语料不符,本语料库中有关"神舟"的报道篇幅数量是最多的,详情见本章第三节。

表7—1　　　　　　　核心航天科技类话语词汇

词汇	排名
嫦娥	21
悟空	71

1956年10月8日,中国国防部建立了第五研究院,我国航天开始起步,1970年自主研制出"长征一号"运载火箭,同年4月24日将中国第一颗人造地球卫星"东方红一号"运送到太空,1984年4月8日成功地使用"长征三号"运载火箭将"东方红二号"通信广播试验卫星送入地球静止轨道,2003年10月15日用"长征二号F"运载火箭将"神舟五号"载人飞船送入太空,2007年10月24日用"长征三号甲"运载火箭发射了"嫦娥一号"卫星,同年11月12日,中国公布了第一幅中国版全月球影像图,这在当时是已公布的最完整的月球影像图。

中国航天60多年走过的道路,是一条自力更生、艰苦奋斗、独立自主、勇攀高峰之路。中国航天从无到有,从航天大国走向航天强国,现已建成了功能配套、设施完备、专业齐全的航天科技类的工业体系,掌握了大量的核心技术,在相关行业走在世界前列,为增强我国的经济实力、科技实力和国防实力做出了巨大贡献,同时增强了民族凝聚力和自豪感。然而,海外媒体却不时传出"中国科技威胁论",借机打压中国航天事业的迅猛发展，由此我们不禁发问，作为亚洲近邻、经济联系如此密切的新加坡，如何看待中国航天事业的发展呢？

第三节　研究方法

一　创建语料库

中国航天话语词汇包括长征、东风、东方红、鑫诺、风云、实践、资源、海洋、悟空、北斗、嫦娥、神舟等，本研究以"China+任一中国航天话语词汇"为关键词在 LexisNexis 中进行检索，结果显示：

1. 有关悟空、风云、实践、资源和海洋等话语词汇，均未发现相关报道；

2. 检索到相关报道的话语词汇包括：长征（25 篇）、东风（34 篇）、东方红（4 篇）、鑫诺（1 篇）、北斗（13 篇）、嫦娥（25 篇）、神舟（108 篇）。

无疑，载人航天工程是 21 世纪《海峡时报》重点关注的对象。另外，"北斗"和"嫦娥"也是近些年来以及今后中国航天发展的方向，因此，本章将以"神舟""北斗"和"嫦娥"为代表，研究中国航天科技在《海峡时报》眼中的形象。经过筛查，剔除不相关的内容，最终一共获得 120 篇语料，共计 74039 词，创建"海峡时报—神舟"语料库。

二　研究步骤

首先运用 AntConc 软件进行量化统计，再结合文本分析法，确定"海峡时报—神舟"语料库的话语特色，进而实施针对性的话语分析。

1. 确定检索项"China is | was | will be""China becomes | became | will become""China"和"China as"，人工剔除不属于关系过程的索引行，然后参照态度系统，对剩余索引行中能够说明"China"特征或身份的表达进行标注后归类统计，得出《海峡时报》对中国航天科技形象的评价倾向（正面、负面还是中立）。

2. 确定检索项"China will｜would｜should""China may｜can｜could"和"China need｜must",参照情态隐喻系统,对检索到的索引行进行情态分析,探究报道主体的主观看法。

第四节　分析与讨论

"海峡时报—神舟"语料库显示,《海峡时报》对载人航天事业、北斗导航和探月计划的报道,呈现历时的变化。

由图7—1可见,2003年的报道数量最大,有34篇,占比高达28%,原因显然是中国成功发射了"神舟"五号飞船,成为继美国、俄罗斯之后世界上第三个拥有载人航天技术的国家,在全球引起巨大反响。2005年的报道量次之,有12篇。当年10月12日"神舟六号"载人飞船再次发射升空,将费俊龙、聂海胜两名航天员成功送入太空,标志着中国航天技术进入多人多天太空飞行的新阶段。2012年的报道量同为12篇。当年6月16日,"神舟九号"飞船成功发射升空,与"天宫一号"载人交会对接任务圆满成功,实现了我国空间交会对接技术的又一重大突破,标志着我国载人航天工程第二步战略目标取得了具有决定性意义的重要进展。接下来是2007年、2008年和2016年,各有8篇报道。这充分说明,《海峡时报》长期关注着中国航天事业发展历程中的每一次重要进展。

那么《海峡时报》密集关注下的中国航天究竟如何？新媒视野下中国发展航天事业的目的何在？文本梳理的结果显示,语料库中提及中国发展航天事业目的的报道不下10余处。国际社会普遍认为,中国斥巨资发展航天事业,不仅是为了推动科学研究、技术进步和经济发展,还可以提高全民族的自豪感,加强中国共产党执政的合法性,提高中国政府在国际事务中的大国地位等。另外,航天技术在军事领域的应用,也是外界质疑的焦点之一。下面例句充分概括了此类观点。

——…the manned space programme can serve to advance science

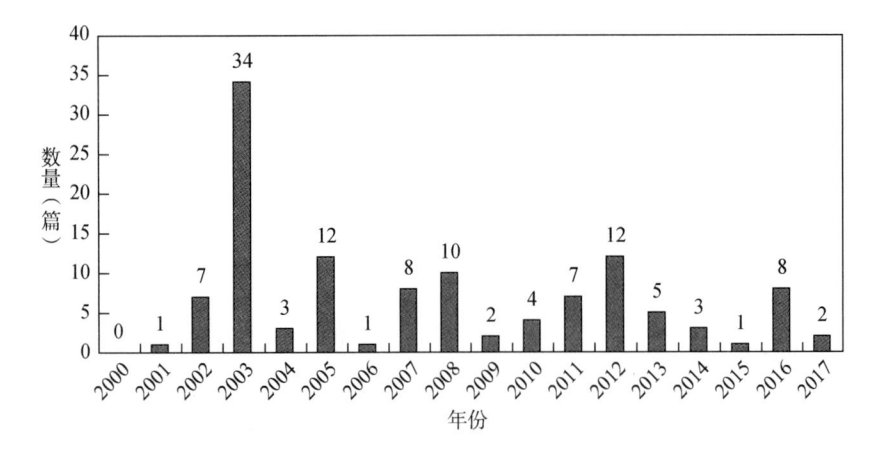

图7—1 相关报道数量统计

and national pride but also provides a platform for test packages to refine PLA sensors or data links. ——……载人航天计划有助于促进科学发展、提升民族自豪感,并为改进军用传感器或数据传输的测试包提供测试平台。(May. 21, 2012)

——Advocates and supporters, however, argue that China's bid for space is fuelled by a hunger for global prestige and a quest to sharpen its technological edge. ——然而支持者们辩称,中国太空计划是出于对全球声望的渴望,致力于提高技术优势。(Oct. 18, 2003)

——Making progress in its space programme is a big deal in China, in part because it raises the country's global status, which in turn boosts the legitimacy of the ruling Communist Party. ——在太空项目上取得进展对中国而言是件大事,可提高中国的国际地位,进而提升执政党的执政合法性。(Nov. 4, 2011)

——Driven largely by a desire to project its growing international power and to boost nationalistic sentiments, China has been investing heavily in its space programme over the recent decades. ——多半是出于展示日益增长的国际实力、提振民族情绪的需求,中国在近几十年里一直致力于大规模投入太空研发项目。(Oct. 18, 2016)

一 中国航天事业推动科技进步

（一）中国已然成为航天大国

根据研究步骤1，一共得到有效索引行80例。但是以"China is"为关键词检索到的53个索引行中，有25个索引行体现的不是关系过程而是物质过程，因而单独列在表7—11中。如此一来，体现"关系过程"的索引行一共有55例，如表7—2所示：

表7—2　　　　　　体现"关系过程"的索引行

检索项	关系过程
China is	confident to aim for its first manned flight.
China is	poised to enter an era of manned flight.
China is	poised to launch its first manned space flight.
China is	on the threshold of becoming the third country to send…
China is	a country of such size and complexity…
China is	loath to deal with.
China is	so much closer to being a space power.
(a resurgent) China is	no threat to the region.
China is	able to send its nuclear warheads back to the atmosphere.
China is	currently not among the 16 nations involved in…
China is	still behind the U.S. by about 20 years.
China is	confident about the progress.
China is	on track to launch its maiden mission to the moon.
China is	set to take its capabilities in space to the next level.
China is	still a latecomer and is only taking its starting steps.
China is	close to attaining its first-stage target in military modernization.
China is	now on the verge of announcing an aircraft carrier program.
China is	the strongest challenger.
China is	five or 10 years behind the Americans.
China is	engaged in "satellite diplomacy".
China is	fully capable of transferring humans and cargo to an orbiter.
China is	strong in mobilising response forces.

续表

检索项	关系过程
China is	a dragon in its tenacity and ambition.
China is	uninterested in militarising outer space.
China is	the 3rd country to achieve the feat after US and Russia.
China is	fast narrowing the technology gap with the West.
China is	ahead of America in areas ranging from…
China is	the world's second largest economy.
China was	capable of springing some surprises on the US.
China was	not out to challenge the US as the world leader.
China was	still way behind the US.
China was	incapable even of lobbing a potato into space.
China was	not out to rival anyone.
China will be	able to neutralise US space-based.
China will be	able to put…
China will be	only the 3rd nation.
China becomes	only the 3rd country after US and SU.
China becomes	a technological leader.
China became	only the 3rd nation in the world…
China became	the third country in the world-after the US and SU.
China became	only the third country in the world to launch a man into space.
China became	the third country, after the United States and Russia.
China became	the third country after the US and Russia to send a man to…
China will become	the most advanced country in the world.
China will become	the 3rd country after the US and Russia to develop technology…
China will become	the only country with such a facility in service after the US…
China,	which is now mid-table in a seven-stage model of technological evolution.
China,	which is the 3rd country to send a man into space.
China as	a constructive and pragmatic economic player in the region.
China as	a first-rank nation.
China as	a hostile country.
China as	one of the few members joining the advanced, but expensive space club.
China as	a space power, …

续表

检索项	关系过程
China as	a tortoise, …
China as	a surprising tortoise in space, …

其中,以"China is | was | will"为检索项得到 36 个索引行,"China becomes | became | will become"得到 10 个,"China" 2 个,"China as" 7 个。

接下来对表 7—2 中的态度评价资源进行归类统计,获得表 7—3。从表 7—3 中可以看出,在 55 个索引行当中,围绕"China"产生的评价意义表达共有 55 个,其中数量最多的是裁决类,占总数的 85%,且以能力类表达为主;情感类表达居第二位,占比 15%;没有出现鉴赏类表达。由此可见,《海峡时报》在刻画中国形象时,绝大多数的情况下都使用了能力类的评价资源;从评价的极性来看,《海峡时报》对中国的评价正负比为 43∶12,即在 2000—2018 年期间,中国的航天形象呈现压倒性正面,突出中国"有能力",即将或已然成为"继美俄之后第三个航天大国"。中国航天技术在过去将近 20 年间取得的成绩,受到外界高度的认可。

表 7—3　　　　　　　态度评价资源归类统计

	情感			裁决				鉴赏			
	高兴	安全	满足	正当	能力	可靠	正常	评估	质量	复杂性	影响
正 (43)		2			38		2				
负 (12)	1		1	1	8		2				
小计	1	2	1	1	46		4				

1. 中国"有实力"成为航天大国

"海峡时报—神舟"语料库中充盈着大量认可中国航天技术发展的词汇,鲜明地表明《海峡时报》的立场观点,认为中国"有能力/有实力","势必会/必将"成功实现一系列航天计划:将宇航员送入太空、实现载人航天飞行，发射首个月球探测器，将核弹头送回大气层，大大提升弹道导弹的准确性，建设空间站，掌握空间交会对接技术，送人上月球，建设反导弹防御系统、令他国导弹防御系统失效等，进而证明自身实力，能够成为一个名副其实的"航天大国"（space power）、"强有力的竞争者"（strongest challenger）、"一流国家"（first-rank nation）、"技术领先"（technological leader）、"最发达国家"（the most advanced country）、"唯一一个拥有此项技术的国家"（the only country with such a facility）、"一个令世界震惊的太空乌龟"（a surprising tortoise in space）以及"实现龙的腾飞"（dragon）等。如表7—4所示。

表7—4　　　　　　　　　表示"能力"语义韵的词汇

表示"能力"的词汇	able to、capable of、poised to enter、poised to launch、on the threshold of、so much closer to、on track to、is set to、is close to、on the verge of、rival
描述性词汇	strong、fast
身份定位词汇	space power、strongest challenger、first-rank nation、technological leader、the most advanced country、the only country with such a facility、a surprising tortoise in space、dragon

其中，"实现载人航天实验/将宇航员送入太空"的能力，一共被提及10次，一方面突出了载人航天技术对于成为一个航天大国不可或缺的影响力，另一方面也是再次证实2003年是中国航天史上的里程碑。另外，《海峡时报》认为，中国航天大国的国际地位，具体体现在神舟五号载人飞船成功发射、掌握空间交会对接技术和成功发射月球车等三个方面，中国已然成为"继美俄之后"掌握这三项核心技术的国家，跻身全球航天俱乐部之中，奠定了航天大国不可撼动的国际地位。"third"一词反复出现，成为中国目前在航天领域实力定位的标识。

2. "我相信"中国终将成为航天强国

根据研究步骤2,共得出1057个索引行,人工剔除不符合要求的(主语须为China),共得到有效索引行60例。

表7—5显示,语料以肯定式情态助动词为主,肯定与否定比例为56:4,且多为低度和中度值的情态助动词(共56个),高度值只有4个。另外,只有"should"(3个)和"must"(1个)属于意态助动词,其他的全部为情态助动词。

表7—5　　　　　　　情态助动词统计

	低值	中值	高值
肯定	may(5)、could(10)、can(4)	will(25)、would(6)、should(3)	need(2)、must(1)
否定		will not(3)	can not(1)

下面就以表示低度值(表7—6)和中度值(表7—7)的情态助动词为研究样本,探讨《海峡时报》构建中国航天大国形象的话语策略。

表7—6　　　　　　　低值情态助动词统计

检索项	"be/does"部分
China may	move to manned space flights as early as next year.
China could	do so soon.
China could	be sending a man into space for the first time.
China may	better their records, by sending more than one man.
China can	ill afford a price-19 billion yuan.
China may	be on the lookout for partners to develop its Long March rockets.
China may	be able to "take out" US satellites.
China can	cut its reliance on light industry exports.
China could	be invited onboard.
China could	join other member countries in flights to explore the Moon.

续表

检索项	"be/does" 部分
China can	splurge (how much) on future space missions.
China could	solve and overcome its problems.
China could	raise the costs of American intervention in a conflict.
China could	carry out a "Space Pearl Harbour".
China could	carry out one or two strikes in space.
China could	attempt to stop an enemy from carrying out one or two strikes.
China can	successfully build its space station.
China could	launch another manned flight to space later this year.
China may	face new border flare-up.

表7—7　　　　　　　　中值情态助动词统计

检索项	"be/does" 部分
China will	test several unmanned spacecrafts.
China will	send only one astronaut on its first manned space flight.
China will	suffer and mourn just as the US did after the loss of Challenger.
China will	follow the footsteps of the former Soviet Union and US.
China will	become the most advanced country in the world.
China will	be viewed with a mix of awe and suspicion.
China will	begin practicing docking techniques.
China will	be able to neutralise US space based assets.
China will	avoid war by all means.
China would	have no heavy industries in 5 years.
China would	be in a quandary if US-Pyongyang relations reach that stage.
China would	have to resort to force if the independence movement pushes past the limit.
China will	launch its second manned space mission next year.
China will	launch its second manned space mission and its first lunar orbit probe.
China will	one day land an astronaut on the moon.
China will	begin picking its first woman astronaut next year.
China will	catch up with them as it depends on political decision.
China will	press ahead with its space plans.

续表

检索项	"be/does" 部分
China would	"one day" land on astronaut on the lunar surface.
China would	make great efforts to keep its economy on the right track.
China will	put into orbit by 2015.
China will	be able to put people on the Moon.
China will	pull ahead in the space race in Asia.
China will	become the 3rd country after the US.
China will	certainly be at an advantage defense-wise.
China will	guarantee the satellite's quality…
China will	be, after all, only the 3rd nation.
China would	be open to working with others to advance space exploration.
China will	continue to cooperate closely with the parties concerned.
China will	become the only country.
China will	continue to score new achievements here.
China will not	abandon its plans to send its own astronauts into space.
China will not	be able to become a superpower.
China will not	be involved in a moon race with any other country.

（1）"我相信"

低值情态助动词有"China may""China can"和"China could"。根据韩礼德的情态隐喻系统，它们的非明确客观表达法统统是"China possibly be/does"，明确主观表达法都是"I think China be/does"，而明确客观表达法则是"It is possible China be/does"。如表7—8所示：

表7—8　　　　低值情态助动词的取向及类型

	明确主观	非明确主观	非明确客观	明确客观
China may	I think China be/does	China may	China possibly be/does	It is possible China be/does
China can	I think China be/does	China can	China possibly be/does	It is possible China be/does
China could	I think China be/does	China could	China possibly be/does	It is possible China be/does

中值情态助动词有"China will""China would"和"China will not",它们的非明确客观表达法分别是"China probably be/does""China probably be/does"和"China probably be/does not",明确主观表达法分别是"I think China be/does""I think China be/does"和"I don't think China be/does",而明确客观表达法则分别是"It is probable China be/does""It is probable China be/does"和"It is probable China be/does not"。如表7—9所示:

表7—9　　　　　　　中值情态助动词的取向及类型

	明确主观	非明确主观	非明确客观	明确客观
China will	I think China be/does	China will	China probably be/does	It is probable China be/does
China would	I think China be/does	China would	China probably be/does	It is probable China be/does
China will not	I don't think China be/does	China will not	China probably be/does not	It is probable China be/does not

如此看来,几乎所有低值与中值情态助动词("China may""China can""China could""China will"和"China would")的明确主观表达皆可等同于"I think China be/does"之意,即"我相信中国"。虽有否定"China will not"——"我不相信中国",但数量太少(3个),且比例悬殊(50∶3)。因此,我们可以得出一目了然的结论:《海峡时报》积极肯定中国航天事业的发展。

"China may" = China possibly be/does = I think China be/does

"China can" = China possibly be/does = I think China be/does

"China could" = China possibly be/does = I think China be/does

"China will" = China probably be/does = I think China be/does

"China would" = China probably be/does = I think China be/does

(2)"中国终将成为航天强国"

情态隐喻"I think China be/does"不仅表明《海峡时报》积极肯定中国航天事业发展的立场,而且还可以通过"be/does"告诉读者这一立场的出发点。基于对表7—6和表7—7"be/does"部分进行详细梳理，我们得到了表7—10的统计结果。

表7—10　　　　　　　　正负面报道内容梳理

正面报道	负面报道
进行无人航天器测试	发动"太空珍珠港袭击"
成功发射载人飞船	发动太空打击
提高技术能力，送更多宇航员上太空	花费巨额研发经费，意义何在
超过美国卫星发射技术	承担不起高额的研究经费
与他国合作探索月球	继续太空竞赛
解决技术问题	
提高美国的干涉成本	
建立太空站	
再次发射载人飞船	
送女航天员上太空	
超过美苏	
登月	
与各国合作，共同建设太空站	
阻止太空打击	
成为技术最为先进的国家	
尽全力避免战争爆发	

结果一目了然，在《海峡时报》眼中，中国能够完成一系列技术挑战，最终成为"技术最为先进的国家之一"。即使是负面报道，也多是基于中国强大的技术实力而发出的"中国威胁论"论调。

另外，前面提到"China is"索引行中不表示关系过程的25列，进一步证实了上述观点。它们以"China is doing"物质过程传递着中国航天事业正在发生的事情，呈现出的是一幅生机勃勃的中国科技腾飞景象：中国，正迈着坚实的步伐朝向科技强国的目标一步步挺进。如表7—11所示：

表7—11　　　　　　　"China is doing" 形成的索引行

检索项	物质过程
China is	training its first batch of 12 astronauts.
China is	spending relatively significant government resources.
China is	developing on the fast track.
China is	piggybacking on its space program to sharpen its military capabilities.
China is	now playing an instrumental role in defusing the North Korea nuclear crisis.
China is	banking on a harvest of new technologies for industrial, aerospace advancement.
China is	moving forward.
China is	banking on a harvest of new technologies for…
China is	preparing a multi-billion-dollar plan to bail out its state banks.
China is	keeping details of its fledgling manned space program.
China is	making giant strides on its way to the stars.
China is	playing down the date.
China is	already looking further towards the infinity and possibly beyond.
China is	trying to build (the future space station).
China is	rising.
China is	aiming to fill the skies with 100 of its new satellites by 2015.
China is	aiming to send 30 new satellites into space this year.
China is	hoping that its space ambition could help influence…
China is	making a pitch for its year-old homegrown satellite navigation.
China is	developing a huge rocket.
China is	looking to replicate US milestones…
China is	racking up new celestial milestones.
China is	already trying to build its own space station.
China is	also catching up fast in artificial intelligence…
China is	rapidly narrowing its scientific and technological gap with developed countries.

二　中国航天事业提升中国人民的民族自豪感

织女牛郎、鹊桥相会、嫦娥奔月、吴刚伐桂……"飞天"的神话数不胜数。飞天是中华民族的千年之梦，中华民族从未将飞天梦想仅限于神话，而是大胆尝试、积极实践，才能为今日辉煌的航天事业积累了宝贵的经验。1999年11月20日"神舟"一号飞船成功发射,并在太空飞行整整1天,拉开了中国人飞天尝试的序幕。

中国的飞天梦想,很大程度上受到了西方社会的认可,中国航天事业的发展提升了中国人民的民族自豪感,提高了中国在国际事务中的声望。不过,认可之余也不乏抹黑之意,有舆论认为中国推动航天事业有加强中国共产党执政的合法性之义。有分析人士将其视为"提升国家声望的重要项目,包括政府在国内的合法性、地区领导地位以及国际上与西方大国平起平坐的机会";(a prestige programme for the country, acknowledging that such prestige includes domestic legitimacy for the government, regional leadership and internationally "playing with the big boys".)(Oct. 3, 2003)

(一)提升民族自豪感

报道当中频繁使用"pride"和"proud"等词汇,传递着中国航天事业腾飞对于中国人民的重大意义,就连印度、菲律宾和新加坡等国也同时发声,祝贺这一亚洲人引以为豪的壮举。以"pride丨proud"为检索词一共得到49条索引行,剔除不相关的内容,最终获得45条。例句如下:

——Ms Hong Yanling, 32, manager at an aircraft maintenance company, said: "I feel immense pride. China's development still lags behind some countries but the gap is being narrowed."——32岁的洪艳玲(音译)女士是一家飞机维修公司的经理。她说:"我感到无比自豪。虽然中国的发展仍然落后于一些国家,但差距正在缩小。"(Oct. 11, 2003)

——Mr Jack Hui, a Chinese Canadian businessman in his early 50s, said: "Of course, as an overseas Chinese I am very proud. It signifies that China is developing on the fast track and brings a lot of prestige for us living abroad."——50岁出头的加拿大华裔商人Jack Hui说:"作为一名海外华人我当然非常自豪。这意味着中国

正在快速发展，同时也给我们这些生活在国外的华人带来了极高的声誉。"（Oct. 11，2003）

——Still, many interviewed by The Straits Times in Singapore said they felt a sense of pride or were happy for China. Xu Chao, a 17-year-old Shanghai native studying in Singapore, said：" I feel proud and happy that someone from China is finally making it to space. We have always lagged behind the West. It's time we catch up."——尽管如此，新加坡《海峡时报》采访的许多人都表示，他们为中国感到自豪感到高兴。17岁的徐超（音译）是在新加坡留学的上海人，他说："中国人终于登上了太空，我感到骄傲和自豪。我们长期一直落后于西方，是迎头赶上的时候了。"（Oct. 15，2003）

——Beijing doctor Liu Wan said："I'm proud of what China has achieved and I'll definitely drink to that！"——北京医生刘万（音译）说："我为中国取得的成就感到骄傲，我一定要为此喝上一杯！"（Oct. 16，2003）

——New Delhi, which is planning an unmanned mission to the moon in 2008, hailed the space mission as "a matter of pride" for all Asians. ——印度称此次太空任务是所有亚洲人的"骄傲"。印度计划于2008年启动无人登月计划。（Oct. 16，2003）

《海峡时报》引用了多个中国百姓的话语，让读者们倾听到中华儿女对于祖国航天事业取得巨大成就满怀的爱国热情和激动心情，其中包括公司职员、学生、退休职工、医生、宇航员家属、海外华人和香港居民等各行各业、遍布全国甚至全球的海外华人，深情地表达着自己的拳拳赤子之心。

（二）提高中国的国际声望和大国地位

有关中国大国地位的表述主要有"space power""status"和"prestige∣prestigious"等，如表7—12所示。其中，"status"的修饰语分别是"historic""global""great power"和"as a major scientific power"等，即将中国视为航天大国和科技强国，彰显中国的大国地位以及国际声望。

表7—12　　　　　　　　　有关大国地位的表述

词语	次数
space power	10
status	7
prestige｜prestigious	14

基于上述分析，本研究得出了以下两点结论。

1. 中国的航天事业，在《海峡时报》来看，大大地提升了中华儿女的民族自豪感。语料库中一共有45个表达"自豪"的词汇（"pride"和"proud"），如此高频的词汇密度，清晰无疑地刻画出航天事业给中国民众带来的强大自豪感。

2. 中国的民族自豪感，来自科技发展带来的国际地位的提升、大国地位的确立。报道利用"space power""（global）status"和"prestige｜prestigious"等意象明确，指称身份地位、体量和威望的词汇，前后相互呼应，在有限的语境下成功构建起一个全方位立体的大国形象，这充分说明国家实力的提升才是保证国际话语权力的核心要旨。不过，这个积极正面形象，总是难免会伴随着些许杂音，不怀好意地制造舆论声势，为鼓吹中国军事"威胁"论埋下伏笔。

三　中国航天事业受到质疑

在薄弱的工业基础上，中国用50多年的努力成为航天大国，靠的是自力更生的勇气，拼的是艰苦奋斗的决心，凭的是国家对战略规划的顶层设计。然而中国长期发展航天工程的决心和信心，被《海峡时报》冠以雄心勃勃（"ambitious"）的标签，且引发多方关注，"中国的太空计划雄心勃勃，引发美国甚至全世界的关注、担忧和质疑"。（The Chinese space programme is an ambitious one. It is also one which has generated interest, concern and questions in the US and throughout the world.）（Jan. 4, 2010）。我们不禁发问，在《海峡时报》眼中，中国航天事业的发展究竟是"野心勃勃"还是"壮志雄心"呢？国际社会对于中国航天事业的担忧，聚焦在哪些方面呢？

首先，以"ambition"为关键词进行检索获得50条索引行。同时，又将"space"作为检索词，"ambition"作为语境词进行检索，发现跨距设置为左右各15的情况下，"space"同"ambition"共现的语例有67条；人工去除不相关的，剩余42条。以下面句子为例：

——The Shenzhou programme is considered the precursor to a more ambitious plan to achieve a moon – landing to build and operate a space station. That vision is set for the year 2020.——中国雄心勃勃地计划于2020年完成登月并建成一个太空站，而神舟发射是该计划的前期工程。（Oct. 8, 2003）

——At 9am sharp yesterday, China's space ambitions took a giant leap when the country sent its first man into space, aboard the Shenzhou V space capsule.——昨天上午9时整，中国的太空梦想实现了巨大飞跃，首位宇航员乘坐神舟五号太空舱进入了太空。（Oct. 16, 2003）

——Heavy industries are also crucial to China's ambitions to expand its space programme.——重工业对于中国发展太空计划的雄心而言至关重要。（Nov. 19, 2003）

——Beijing will also send a second man into space by the end of next year as part of the country's ambitious programme.——中国航天事业雄心勃勃地计划于明年年底前把第二名宇航员送入太空。（Aug. 12, 2004）

其次，以"concern"为检索词，得到29列索引行，利用人工检索的方式，排除不相关的，最终得到17列国际社会针对中国航天事业发出的严重关切——"担忧"。例句如下：

——THE US, however, seems set on pressing ahead with arms sales to Taiwan, whose vulnerability to a Chinese missile attack concerns Washington deeply.——然而，台湾易受到中国导弹攻击这一情形令华盛顿深感忧虑，因此美方似乎决意推进对台军售。(Feb. 15, 2003)

——The Chinese space programme is an ambitious one. It is also one which has generated interest, concern and questions in the US and throughout the world.——中国的太空计划雄心勃勃，引发美国甚至全世界的关注、担忧和质疑。(Oct. 3, 2003)

——US State Department spokesman Tom Casey said: "We have asked the Chinese to give us some greater details about what they did, why they did it, and explain it in greater detail to us simply because of the concerns that we have about this issue."——美国国务院发言人汤姆·凯西表示："有关这一问题的更多细节和原因，我方深表关切。我方已向中方提出交涉，要求中方提供更多信息。"(Jan. 21, 2007)

基于上述研究步骤，本研究得出以下两条结论：

1. 中国的航天事业，在《海峡时报》来看，的确是"ambitious"。"space"与"ambition"发生大量的共现现象，充分证实了这一点。42列索引行中，有21列以名词形式出现（18列"ambitions"和3列"ambition"），另外21列以形容词形式出现。其中，有38列属于客观描述中国航天"抱负"或是"理想"、中国航天事业"雄心勃勃"。有4列带有明显消极语义韵特点，公开或是隐含指涉中国航天事业的"野心"，在于发展军事力量，如下所示。

——China has repeatedly expressed interest in participating in the ISS but has so far failed to gain entry, largely due to opposition from some US lawmakers and the US military who view China's space ambitions as a threat to US satellites and other military hardware in space. ——中国曾多次表示有兴趣参与国际空间站项目,但迄今未能参与其中,这在很大程度上是因为一些美国议员和军方的反对。他们认为中国的太空野心对美国的卫星和其他太空军事装备或将构成威胁。(Nov. 8, 2007)

——China's ambitions in space have fuelled talk of a new space race…——中国的太空野心引发了新一轮有关太空竞赛的热议……(Sept. 28, 2008)

——Such concerns are unnerving to other countries – especially the US amid cutbacks to its own space programme – based on testimonies from experts in a Sept 27 congressional hearing about China's space ambitions. ——9月27日美国国会就中国太空野心举行听证会,出席听证会的专家证词显示,美国的担忧令其他国家感到不安,尤其是美国正处于压缩太空计划的时期。(Nov. 1, 2016)

——However, like most other informed Chinese observers, he does not think China has military ambitions in space though he did concede that manned spacecraft could be platforms for military – related experiments. ——然而像大多有见地的中国观察员一样,尽管他承认载人飞船可为相关军事活动提供实验平台,但他并不认为中国对太空存在军事野心。(Oct. 11, 2003)

2. 中国的航天抱负,的确引发了国际社会的普遍关注。29列索引行中,一共有17列是针对中国航天技术上取得的一个又一个的突破而发出的严重关切和担忧。虽中国政府一再宣称,中国的航天事业是"noble"和"peaceful"," 'China always expresses willingness to open its space vessels and facilities to the international science community', Xinhua said in an editorial."("新华社在一篇社论中说,中国始终愿意向国际科学家开放太空飞船、展示相关设施。")(Nov. 4, 2011)但依旧难逃西方的质疑之声;中国政府发布的《2011中国的航天》白皮书一再重

申 "China adheres to exploration and utilisation of outer space for peaceful purposes."（"中国坚持以和平为目的，探索和利用外太空。"）(May 21, 2012) 但是，据《海峡时报》称，国际社会对于中国航天事业取得的辉煌成就始终保持"关切"与"担忧"，担忧中国会将航天技术用于军事用途、威胁世界和平与发展。

不过，《海峡时报》同时还报道了中国政府极力主动消除军事威胁论的努力，甚至引用新加坡学者的观点，表达了中国航天事业的发展并不会带来军事威胁的信心。如下所示：

——NO THREAT

"It is true that China is engaged in 'satellite diplomacy', but the scale is quite limited…Its satellite expansion plan is more motivated by domestic purposes." International relations expert Li Mingjiang of Singapore's S. Rajaratnam School of International Studies added. ——新加坡拉惹勒南国际关系学院专家李明江说，"中国确实在搞'卫星外交'，但规模相当有限……中国的卫星发展计划更多是出于国内需求。"(Feb. 4, 2012)

——He emphasised repeatedly that a resurgent China is no threat to the region and sweetened his overtures with offers of more trade with the region and a partnership in his country's economic growth. ——他反复强调，复兴的中国不会对该地区构成威胁，中国会与该地区开展更多贸易合作、建立经济发展的伙伴关系。(Oct. 17, 2003)

—— "There is no need to feel threatened about this. We are not going to get into any arms race in space" was all Chinese Foreign Ministry spokesman Liu Jianchao said. ——中国外交部发言人刘建超表示，"没有必要为此感到担忧，中国不会参与太空军备竞赛。"(Jan. 21, 2007)

——Beijing …gave assurances that China posed no threat to anyone. ——中方保证不会对任何人构成威胁。(Jan. 21, 2007)

——Beijing-based aerospace expert Wang Xiangsui told The Straits Times: "China is playing down the date because it doesn't want to put its space plans in the context of a space race. Otherwise it will just intensify talk about the China threat in space."——北京航空航天专家王湘穗告诉《海峡时报》："中方在淡化发射日期，因为它不希望自己的太空计划被放在太空竞赛的背景下进行解读。否则，中国太空威胁论会进一步加剧。"（Oct. 27，2007）

——But in a telling sign of how Beijing wants to avoid triggering further talk of a China space threat and its desire to keep its space plans under wraps, another space official yesterday denied that any plans had been finalised.——但另一名航天官员昨日否认已敲定任何计划。显而易见，中国政府希望避免引发有关中国太空威胁的进一步讨论。（Nov. 8，2007）

上述几个步骤的思考与数据统计，最终为本研究提供了较为明确的答案：虽然报道中难免会伴随着些许杂音，不怀好意地制造舆论声势，为鼓吹中国军事威胁论埋下伏笔，但是新加坡主流媒体始终认为，中国航天事业迅猛发展所带来的各种所谓冲击中，军事威胁及其引发的恐慌并未达到一定级别，不会造成规模性影响、上升至"军事威胁论"的地步。

第五节　结论与启示

一　结论

（一）新加坡主流媒体塑造的中国航天形象

系统功能语言学派认为，人际功能关注的是语言的交际性，语言能够在信息的传递过程中反映说话人与听话者之间的关系，显示二者身份与地位的差距，并根据具体语境进行调节；语言还能够反映二者对于事物的判断和评价，通过交流协调达到影响对方行为态度的目的。

本章首先进行了有关评价语义方面的探讨。以"China"为关键词进行的评价性资源统计当中,裁决类评价词语最多,占总数的85%,且以能力类表达为主,共有46个,占总数的83.6%。其中,正面能力类表达有38个,负面能力类表达有8个,因此可以说正面能力类表达以绝对优势表明：中国"有实力",中国航天科技"有能力"赶超西方发达大国,即将或已然成为继美俄之后全球第三个航天大国。这一正面积极的形象,成为"中国航天"的标志。接下来是对相关情态系统的考察。以"China"为关键词进行的情态动词资源统计当中,肯定式情态助动词与否定式情态助动词的比例为56∶4,低度和中度值情态助动词与高度值情态助动词的比例为56∶4,表示情态的助动词与表示意态的助动词的比例同样也是56∶4。统计结果显示,低度和中度值情态助动词"China may""China can""China could""China will"和"China would"数量最多,清晰明了地传递着"I think China be/does"之意,即"我相信"中国终将成为航天大国。虽然《海峡时报》偶尔也会发出质疑、贬低之声,但是显然,新加坡主流媒体赋予中国航天较高的评价。

(二) 新加坡主流媒体遵循的话语体系

经UAM统计,围绕"神舟"主题出现的参与者主要有国家/地区/政府、国家领导人/政府官员、政府部门、中国航天、民众和评论者等。具体包括：国家/地区/政府（China、Beijing、the country、the authorities、the government、the US、US、Washington、the United States、Tokyo、Japan、India、Taiwan）,国家领导人/政府官员（officials、Mr. Xi、Mr. Hu、Premier Wen Jiabao、US officials、Mr. Lee、Mr. Chen、Mr. Sun、Mr. Ding、Mr. Jiang）,政府部门（Xinhua、Xinhua News Agency、the Chinese media、State media、the CCP、NASA）,中国航天（China's space program、the mission、the astronauts、the spacecraft、Shenzhou V、Shenzhou VI、astronauts、Mr. Liu、a space station、satellites、Ms. Wang、Yang Liwei、its heavy industries、an astronaut、space exploration、Ms. Wu、the first astronaut、the program、Shenzhou、a space power、Col. Yang、Mao Zedong、Mr. Zhai、Ms. Liu、the crew、the Great wall)、民众(the Chinese、people、Chinese、Hong Kongers、the Americans)、评论者(the report、analysts、experts、observers、the writer、reporters、the Straits Times)等。所有参与者都发挥着话语主体的作用,出现频率共有858次。

首先,"中国航天"是主要话语主体,一共出现159次,占比为18.5%。同时"中国航天"还一枝独秀,成为涵盖种类最为丰富的话语主体,主要包括:中国航天项目/计划/使命/探索、航天员、宇宙飞船、太空站、中国重工业和航天强国。这充分说明,中国航天成为《海峡时报》最为重要的关注对象,中国航天的方方面面都在吸引着新加坡主流媒体的注意力。这一点再次印证了我们在第一节中得出的结论:中国已然成为航天大国,外界对于中国的航天实力给予了充分的肯定。

其次,"民众"成为继"中国航天"之后的第二个主要话语主体,出现频率达到69次,后面依次是"评论"(66次)、"国家领导人/政府官员"(64次)和"政府部门"(43次)。中国"民众"获得集体发声的机会,是本研究中非常少见的现象,包括公司职员、学生、退休职工、医生、宇航员家属、海外华人和香港居民等各行各业、遍布全国甚至全球的海外华人,一致表达着祖国航天事业蒸蒸日上给他们带来的激动心情与爱国热情,凸显的是中国航天事业的大幅提升带来的民族自豪感。

最后,从国家行为体的角度来看,该议题涉及的国家/地区/政府包括中国、美国、新加坡、中国台湾地区、日本和印度等。其中,中、美、新三方依然是主要参与者,且中方占绝对优势,比例高达76.4%,而日本和印度的加入,发出的是对中国航天大国地位存在军事威胁的忧心忡忡。

借用UAM软件对系统功能语法中参与者成分的统计方法,本研究尝试性地进行了话语主体的量化统计。结果如表7—13所示,有关话语主体的统计结论与各章话语分析的结论形成相互支撑态势,从实证角度证明该方法是可行且有效的。在此，本研究拟以中方、新方、美方和其他国家/地区行为体为考察单位，对各个章节的话语主体做一总结，从一个侧面了解新加坡主流媒体《海峡时报》利用话语主体达到控制话语权力的策略。

表 7—13　　　　　　国家行为体"话语主体"统计

章节	国家行为体			
	中方	新方	美方	其他
第三章	国家/地区/政府、国家领导人/政府官员、政府部门、货币、双边（中美）关系、中国经济、民众	国家/地区/政府、国家领导人/政府官员、货币、评论者	国家/地区/政府、国家领导人/政府官员、政府部门、货币、双边（中美）关系	国家/地区/政府、货币、评论者、投资商
第四章	国家/地区/政府、国家领导人/政府官员、政府部门、学者、孔子学院与中国语言文化	国家/地区/政府、国家领导人/政府官员、学者、民众、社会机构、评论者、孔子学院与中国语言文化	国家/地区/政府	国家/地区/政府、国家领导人/政府官员、民众、评论者、孔子学院
第五章	国家/地区/政府、国家领导人/政府官员、户口与社会权益、民众（主要是进城务工人员）、评论者	国家/地区/政府、评论者	国家/地区/政府	评论者
第六章	国家/地区/政府、国家领导人、政府部门、社会机构、中国共产党	国家/地区/政府、评论者	国家领导人	the BBC、评论者

续表

章节	国家行为体			
	中方	新方	美方	其他
第七章	国家/地区/政府、国家领导人/政府官员、政府部门、中国航天、民众	国家领导人/政府官员、评论者	国家/地区/政府、国家领导人/政府官员、政府部门、民众	国家/地区/政府、评论者

（三）新加坡主流媒体话语的深层逻辑

在《海峡时报》来看，中国斥巨资发展航天事业，不仅是为了推动科学研究、技术进步与经济发展，还为着提升本国的民族自豪感，对内缓解社会矛盾、加强中国共产党执政的合法性，对外提高中国政府在国际事务中的大国地位等。另外，中国还有将航天技术成果用于军事领域之嫌。相比而言，《2016 中国的航天》白皮书中承诺的发展原则和愿景，大多未受到《海峡时报》的关注。总体而言，对于中国的航天事业，新加坡在内的西方社会秉持滑稽可笑的矛盾心理。一方面，新加坡无法小觑中国科技的发展进步，不得不认可中国取得的辉煌成就——中国已步入航天大国的行列，中国的大国地位大幅提升，中国的民族自豪感不断增强。而另一方面，"西方分析人士时而断然否定中国取得的科技成就，时而又夸大中国载人航天给美国带来的可怕后果"。（Western analyses sometimes dismiss China's technological accomplishments in one breath and see dire consequences in China's manned space launch for the United States in another.）（Oct. 3, 2003）说到底，这都是西方意识形态在作怪。其毫无根据地夸大"中国威胁论"和妖魔化中国，处处压制中国科技发展、诋毁中国的科技成就、炒作"中国威胁论"，"有时"就会出现"将中国的技术成就一股脑地抛在脑后"头脑发热的情况。这就是典型的羡慕与嫉妒！

二 启示

本章当中,"神舟""北斗"和"嫦娥"皆采用了汉语拼音的方式进行报道。另外,"宇航员"一词也以汉语拼音的形式进入国外主流媒体中,足以彰显中国航天事业的国际影响力。

(一)"神舟":"Shenzhou"

有关"神舟"的报道全部采用了汉语拼音"Shenzhou"。本章一共出现249次,只有6处对"Shenzhou"进行了英文解释,且统一解释为"Divine Vessel"。这一数字仅占总数的2.4%。另外,有37处分别使用"spacecraft""spaceship"和"vessel"对"Shenzhou"进行了身份标识,帮助读者理解"神舟"是一艘太空船。这一数字占到总数的15%。其余82.6%既无英文解释,也没有身份标识,应该可以理解为"神舟"的拼音形式为该报读者所接受的比例。

(二)"嫦娥":"Chang'e"

有关"嫦娥"的报道全部采用了汉语拼音"Chang'e"。本章一共出现44次,有5处对"Chang'e"进行了英文解释,"The lunar orbiter Chang'e I – its name taken from a mythical goddess Chang'e who flew to the moon"。("月球探测器嫦娥一号——嫦娥这个名字来自神话中的一位仙女,她飞到了月亮上。")这一数字占总数的11%。另外,一共有17处分别采用"lunar probe""lunar orbiter""lunar satellite""orbiter"和"satellite"等对"Chang'e"进行了身份标识,帮助读者理解"嫦娥"是一颗探月卫星。这一数字占总数的39%。其余61%的出处既无英文解释,也没有身份标识,应该可以理解成"嫦娥"的拼音形式为该报读者所接受的比例。

(三)"北斗":"Beidou"

有关"北斗"的报道全部采用了汉语拼音"Beidou"。本章一共出现18处,只有1处做了英文的解释——"Compass"。这一数字占总数的5.5%。另外,这18处皆采用"global navigation system""GPS""navigation satellite system"等对"Beidou"进行了身份标识。这一数字占总数的100%。

（四）"宇航员"："taikonaut"和"yuhangyuan"

"taikonaut"一共出现42处。《海峡时报》讲述了这一词汇的来源，"a term first coined by a Shanghai-based China space observer, Mr Chen Lan, after America's astronauts and Russia's cosmonauts. An enthusiast who started the first website on China's space programme, he borrowed the Chinese word for space, tai kong."（"这个词最早是由上海的航天观测员陈兰（音译）提出的。他参照'美国宇航员'和'俄罗斯宇航员'这两个英文词汇、又借鉴了汉语'太空'一词，进而发明了'taikonaut'这个合成词。陈兰是位天文爱好者，他创办了有关中国太空计划的第一个网站。"）（Oct. 11, 2003）即汉语"太空"的拼音加上英文"宇航员"的最后一个音节"员"，就构成了这个中西合璧的独特词汇。进行英文解释的地方有11处。其中，有10处是针对"taiko"进行的解释："taikonaut" – taikong being Chinese for space；只有1处对整个词义进行了解释：taikonaut（the term for astronaut coined after the Chinese word for space）。另外31处直接使用于报道当中，默认读者已然理解该词词义，这个比例为70%。

以汉语拼音"yuhangyuan"形式出现在报道中的一共有6处。其中有5处进行了英文解释，包括space traveler（4处）和astronauts（1处）。没有进行英文解释的比例为16.6%。

综上所述，"神舟"（Shenzhou）、"嫦娥"（Chang'e）、"北斗"（Beidou）和"宇航员"（taikonaut和yuhangyuan）这4个代表着中国航天科技发展的话语词汇，或以汉语拼音、或以汉语拼音+英文词缀、或以二者之一+英文解释、或以二者之一+身份标识、或以二者之一+英文解释+身份标识等方式，不同程度地融入西方话语当中。比例分别是"神舟"（Shenzhou）-82.6%、"嫦娥"（Chang'e）-61%、"北斗"（Beidou）0、"宇航员"（taikonaut-70%和yuhangyuan-16.6%）。"神舟"和"嫦娥"成为《海峡时报》眼中中国航天科技的代表；而中国的航天科技话语，开始逐步影响且在某种程度上可以说是引领着全球航天科技发展的认知。西方再也无法小觑中国科技的发展进步，不得不接受中国已步入航天大国的行列、中国的大国地位大大提升的事实，中国的民族自豪感不断增强。

而这一切的可喜变化，要归功于我们国家 60 多年来坚持不懈地发展航天事业，要归功于国家的顶层设计和整体推进的长期规划。该案例说明，国家形象的话语体系要想在国际话语体系拥有支配权和影响力，需要有坚实的话语基础和话语实力。强大的话语背靠强大的国家；国家的话语实力，来自于国家的经济、政治、科技、军事等方面的实力，只有拥有了强大的硬实力后盾，才有可能依托国家话语实力，向特定受众传递自身的主张与理念，达到影响国际话语体系的目标。中国航天案例充分回答了中国国家形象建设当中的"谁来讲话"的问题。中方发挥话语主体的频率高达 656 次，中国政府、国家领导人、政府部门、民众和中国航天都充分发挥了话语主体的重要作用，传递着中国航天走出去的讯息。该案例表明，"以我为主"的指导思想，是完全行得通的，中国话语体系的建构主体就是"我"。一个国家的发展道路合不合适，只有这个国家的人民才最有发言权。阐述中国道路，讲好中国故事，只有中国人民才最有资格。这一指导思想在中国航天科技的发展壮大中起到了关键作用。

结　　语

在当代形象学理论指导下，本书以新加坡主流媒体《海峡时报》涉华报道为研究样本，采用语言学分析路径，针对新加坡主流媒体塑造的中国形象、遵循的话语体系以及主流媒体话语背后的深层逻辑等三个主要问题开展研究。

一　研究发现

（一）新加坡主流媒体塑造的中国形象

本研究发现，新加坡主流媒体塑造的中国形象，在软实力与硬实力方面均呈现出复杂的多面性：既有正面积极的经济形象和文化形象，褒奖中带有质疑的科技形象，又有客观观察之下、存在问题的社会形象，以及呈现历时变化的政治形象。具体来讲，"元"体现的中国金融业形象客观偏正面：在美方主动挑起的货币战中，中方始终坚持既定方针不动摇，有效阻止了美方的一个又一个挑衅。"孔子学院"体现的中国文化形象较为正面积极：孔子学院已经成为中国软实力建设的一支生力军，构建友善、和平、负责任的大国形象之种种努力，在一定程度上抵消了中国硬实力带来的不良影响。"户口"体现的中国社会形象客观偏正面：虽带有"造成社会不公""过时"和"阻碍社会发展"等负面标签，但是在总体上基于中国现实，客观反映了中国社会的基本状况。"中国共产党"体现的中国政治形象经历了一个历时的变化过程，从21世纪初"领导层换届"的代名词，逐步发展变化，至中共十九大召开当年，已然成为在先进执政理念指导下执政能力大大提升的政党形象。"神舟"体现的中国科技形象以正面为主，呈现出褒奖中带有质疑、认可中夹杂着担忧的复杂状况。

(二) 新加坡主流媒体遵循的话语体系

本研究发现，新加坡主流媒体塑造中国形象时秉持国家利益优先的话语原则，采用自成一体的话语体系；包括话语主体、话语内容、话语策略、话语目标、话语能力和话语媒介等在内的多个话语要素，相互协调合力打造中国形象。并未回应中国政府对自身四个"大国形象"的定位。

具体到每个议题，"元"体现的中国金融业形象客观偏正面，正是因为中方敢于发声，始终坚持既定方针不动摇，采取有理有利有节的话语策略，才能够有效破解美方的一个又一个挑衅。"孔子学院"塑造的中国文化形象较为正面积极，是因为孔子学院秉承合作共赢的话语原则，成为中新文化合作的典范。"户口"体现的中国社会形象客观偏正面：之所以能够维护"户口"——这一充斥着消极语义韵的社会现象——的客观正面形象，正是因为中国政府、学术界和民间力量齐心协力阐明症结之所在，尽最大可能缓解"户口"引发的负面效应，较为全面、客观地塑造了"户口"形象。"中国共产党"执政形象经历了一个历时的变化过程，从21世纪初"领导层换届"的代名词形象，逐步发展变化，至中共十九大召开之时已然成为执政能力大大提升的先进政党形象；之所以如此，主要归功于中国共产党自身执政能力的建设，即话语能力的提升、话语内容的不断丰富。"神舟"展示了中国科技的正面形象，能够获得西方话语体系的认可，完全是基于"神舟"自身强大的话语能力，令外媒无法小觑。

参照传播学中有关传播主体的常规划分方式，本研究对表7—13中的话语主体进行了归类，将话语主体分为政府、社会、学术界和民间四个维度，得到表I。其中，国家/地区/政府、国家领导人/政府官员、政府部门和双边关系归入政府维度，经销商、制造商、投资商、社会机构与中国经济等归入社会维度，评论者和学者归入学术界维度，而民众和消费者归入民间维度。

1. 为构建出符合新加坡主流媒体认知的中国形象，《海峡时报》采用多元话语主体，涉及官方、社会团体、学术界和民间四个维度，既有中方和新方，还有美方以及其他相关行为体，以立体、全面的方式塑造中国形象，且力求达到客观、公正、具有说服力的效果。

表 1　　　　　　　　"话语主体"的分维度统计

议题	国家行为体			
	中方	新方	美方	其他
"元"的海外形象	政府、社会、民间	政府、学术界	政府、社会	政府、学术界、社会
"孔子学院"的海外形象	政府、学术界	政府、学术界、民间、社会	政府	政府、民间、学术界
"户口"的海外形象	政府、民间、学术界	政府、学术界	政府	学术界
"中国共产党"的海外形象	政府、社会	政府、学术界	政府	学术界
"神舟"的海外形象	政府、民间	政府、学术界	政府、民间	政府、学术界

2.《海峡时报》采用的中方话语主体，残缺不全，只有"国家/地区/政府"主体始终存在于每一章节，其他话语主体均遭受不同程度的缺失，未获得公平的发声机会，也就无法形成与话语内容、话语策略、话语媒介与话语目标等形成相互补充态势，结果只能是任由媒体摆布，丧失话语权力。

3. 每个议题的中方话语主体皆以官方为主，易被外界误解为政府的宣传工具、国家意识形态的表征等，在一定程度上削弱我方形象的可信度，无形中加剧了中方话语权力的丧失。

由此可见，话语体系各个要素之间动态协调、合力打造他国形象。其中，话语主体秉持的思维方式和世界观、相互之间隐含的文化关系和历史关系，深刻地影响着各自的话语原则；话语原则各异导致话语主体对话语策略、话语内容和话语目标的不同选择；各个话语主体获取发声权利的多寡，在很大程度上影响着各自的话语权力；话语内容是话语体系的核心，缺乏有效的话语内容，既无范畴概念，也没有为外界所认可的内涵，任由西方话语所赋码、操控，只能落得挨打的地步；话语能力是保障，打铁仍需自身硬，只有把自己的事情做好，国家的综合实力提升了，才有了说话的底气和自信；话语媒介，发挥着引导舆论导向的巨大功能；掌握了话语主体、话语内容和话语媒介的主动权，才能够为话语目标的实现保驾护航，最终形成独具特色的话语体系。

（三）新加坡主流媒体话语的深层逻辑

自身弱小的新加坡，绝大多数生活必需品都依赖进口的一个国家，要想在诸多体量庞大邻国的层层包围中生存下来、发展起来，首先要考虑的就是国家利益，一切以国家利益为先，才能够保证一个从建国开始就面临生死存亡危机的国家逐步站稳脚跟，进而发展壮大。因而实用主义的外交政策，始终是新加坡政府秉承的一贯宗旨。对新加坡而言，国家利益在冷战时期主要是国家的安全利益，而冷战结束以后就转变成国家的经济利益。经济发展是21世纪以来新加坡国家战略的重中之重，只有结合自身的地缘优势发展经济，才能够在本地区甚至全球占据一席之地，才能够拥有国际事务话语权，也才能够保障自身的国家权益。事实上，新加坡政府正是沿着经济外交为主的国家发展战略，搁置政治分歧，既与西方发达国家展开贸易往来，同时也与发展中国家建立经济合作，以确保最大程度上拓展本国的生存与发展空间。以21世纪的新中关系为例。中国的强势崛起势不可当，新加坡则乐意搭乘中国快速发展的顺风车，在人民币国际化与中国文化走出去的时代大潮中寻求自己的一席之地。事实证明，新加坡已经走在了众多国家前列，品尝到了与中国合作共赢的胜利果实，尤其是在文化教育领域和经济贸易领域。而这或许就是有关"元"和"孔子学院"的报道中，中国形象呈现正面积极的主要原因。

另外，中国与新加坡在政治制度和意识形态上的不同，使得新加坡主流媒体经常戴着有色眼镜报道中国事务。新加坡于 1965 年独立后确立了议会共和制。建国后，李光耀政府对待国内共产党的态度与当时中国的立场产生矛盾，致使双方关系交恶，此种形势一直持续到改革开放前。历史与现实的复杂状况交织缠绕，加剧了中新双方在价值观方面存在的分歧，造成新加坡在意识形态上更加接近于西方国家，经济发展也更多地依赖美日等国的资金、技术和市场。所以说新加坡始终把以美国为首的西方经济、军事和政治力量作为主要依靠对象，以西方盟友身份自居。李光耀在其回忆录里说得很明白，"我们并不对强大的中国存有猜忌，我们不亲苏，也不亲中，我们亲西方，因为那符合新加坡和我们邻国的利益"。①

不过，新加坡也同样不愿看到美日势力在东南亚地区一家独大的局面。它认为，大国之间的平衡发展才是对其最为有利的，这就是新加坡奉行的大国平衡外交政策。新加坡希望多方势力介入东南亚地区，产生互相制衡的平衡效果，如此一来新加坡才能够与各方平等合作，而不会受到某一大国的牵制和约束。目前美国、日本、印度和中国等同为受到新加坡欢迎、共同谋求东南亚发展的合作伙伴。李光耀曾说，"新加坡认为中国越强大对新加坡越有利，中国同美、苏的力量更加平衡，新加坡就更加安全"。②

正是这种看似矛盾的国家外交战略，深刻影响着新加坡主流媒体秉持的话语原则，帮助构建出新加坡主流媒体特有的话语体系，致使其在报道中国事务之时，虽然能够做到一定程度地尊重中国社会现实，但是与我们国家现实状况还是存在着较大差异。《海峡时报》时而客观评价中国，时而扭曲事实，甚至杜撰莫须有的说辞，勾勒出一幅极其复杂多变的中国形象。所以说话语体系，从来都是跟国家利益分不开的，杨鲜兰认为，它是"一个民族国家的文化密码，蕴含着一个民族国家特定的思想文化、价值观念，乃至意识形态"。③

---

① ［新］李光耀：《李光耀回忆录 1965—2000》，新加坡联合早报出版社 2000 年版，第 645 页。
② 陈岳、陈翠华：《李光耀：新加坡的奠基人》，时事出版社 1990 年版，第 199 页。
③ 杨鲜兰：《构建当代中国话语体系的难点与对策》，《马克思主义研究》2015 年第 2 期。

(四) 研究启示

本研究聚焦新加坡主流媒体塑造的中国形象、遵循的话语体系以及主流媒体话语的深层逻辑等三个主要问题开展研究，在研究结论的基础之上，提出了建设中国话语体系的一些基本思考，以及建设国家形象话语体系的一些思路。

1. 建设中国话语体系的核心要素

不同领域的中国形象，之所以能够在《海峡时报》话语体系这一特定思维框架下，呈现出姿态迥异的形象效果，很大程度上离不开中方自身的话语实力。只有强大的中国话语体系，才有实力、有能力向外界传递具有"代表性"和"权威性"的中国观念，传递真实的中国声音，最大限度地维护中国良好的国际形象；也才有机会加入国际话语体系当中去，参与到有关共有观念的讨论及其标准的制定中，从而扩大原有共有观念的范畴理念，最大限度地占据国际话语体系中的支配权和影响力。强大的中国话语体系包括：

（1）谁来说话的问题。中国话语体系的构建主体是"中国人民"，阐述中国道路，讲好中国故事，只有中国人民才最有资格。西方舆论媒体对中国事务的关注报道，有其自身的目的和利益考量，因此，我们一定要时刻保持警醒，不要被所谓的西方主流舆论错误地引导。

（2）"说什么话"的问题。"元""孔子学院""户口""中国共产党"和"神舟"等五个当代中国文化符号，代表着中国改革开放40年来锐意进取、改革创新之精神，中国人民要把体现着当代中国精神的国家政策与方针理念、态度与立场等话语内容清晰明确地传递给国际社会。唯有如此，才能够真正做到维护自身良好的国家形象。若话语内容不清甚至缺失，任由西方话语进行解读，结果可想而知。

（3）"如何说话"的问题。遵守平等合作、互利共赢原则，充分考虑各自社会文化历史的特色，尊重不同国家和地区的差异，倡导文化多元性，有效促进各方的文化融合，不断扩大彼此间共有观念的范围。这些才是中国话语体系所要彰显的共识所在，精神所在。

2. 建设国家形象话语体系的功能要素

基于政府、社会、学术界和民间等四个话语维度，本研究提出国家形象话语体系的功能分布表（表Ⅱ），旨在充分发挥每个要素的话语功能，全面系统地塑造国家形象。

表Ⅱ　　　　　　　　国家形象话语体系的功能分布

	政府	社会	学术界	民间
话语主体	国家领导人、政府部门发言人、官方主流媒体等	企业、公司、组织等	研究机构、智库	个人
话语内容	国家政策、方针、理念、态度、立场	宣传企业文化、发布舆情	国家战略发展亟待解决的问题	追踪新闻热点、发表个人看法
话语策略	有理有利有节	用行动来说话	客观事实、科学依据	
话语媒介	主流媒体、政府报告、国际会议、例行记者会等	官网	调研报告、学术成果	网络媒体、自媒体
话语目标	捍卫国家权益	树立品牌形象、获得理解、挽回信誉	提供解决方案、为政府提供意见参考	维护国家良好形象

具体来讲，国家形象话语体系涉及政府、社会、学术界与民间等四个维度。政府维度，主要包括国家领导人、政府部门发言人、官方主流媒体等话语主体。这些话语主体发布的话语内容，通常是有关国家的大政方针、政策战略、执政理念、就具体事件所持立场态度等。他们通常采用政府报告、召开记者会、举办国际会议、经由主流媒体等方式进行发布，有理有利有节地亮明立场观点，捍卫国家权益。政府话语，是国家形象话语体系的主导，它既是话语体系的构建者，也是对外传播的主体，在国家形象话语体系的建设中发挥决定性作用。

社会维度的话语主体，主要包括国内外企业、公司和组织等。该主体通常是利用各自官网宣传企业文化、发布相关舆情及应对措施等，与社会各界（尤其是客户和媒体）进行沟通，树立品牌形象，希望获得谅解以挽回信誉。比如近期针对美国发起的5G科技战，华为在国内外主流媒体和官网的一系列声明，是企业应对舆情危机的一个成功案例。社会话语，是国家形象话语体系的重要组成部分（尤其是海外企业），但实际情况是中国企业的海外形象还需要进一步地提升，"在融入当地社会、公共关系、社会责任方面还有待继续努力"[1]。目前海外中国企业拥有扎实的话语能力——经营业绩认可度较高，但是话语体系滞后。

学术话语主体，主要包括研究机构和智库。学术话语主体通常是以调研报告和学术刊物等形式，为国家战略发展中亟待解决的问题提供科学意见和参考。学术话语履行着为国家形象话语体系建设建言献策的职责。

民间话语主体主要是指民众，通过网络媒体和自媒体的形式追踪新闻热点、发表个人看法，享受言论发声的权利。民间话语因其鲜明的非官方性质以及"无国界""全时性"特征，能够获得强大的传播力，具有广泛的渗透力，因而成为其他话语主体不可替代的有效补充。

政府话语、社会话语、学术话语和民间话语，在构建国家形象的话语体系中，发挥着各自不可或缺的作用。各个话语主体之间相互影响、互动协商，在话语内容、策略、媒介和目标方面相互补充。正是在频繁微妙的互动之中，话语主体才能够传递真实、全面、立体、易为受众所接受的国家面貌，国家形象才得以保持动态中的相对稳定，复杂中的相对统一，产生积极的对外传播效果。

二 研究不足与建议

（一）研究不足

本书在研究内容和研究方法上存在一些不足，希望在今后的工作

---

[1] 翟慧霞、黄传斌：《2016年度中国企业海外形象调查分析报告》，《对外传播》2016年第11期。

中能够继续完成。

1. 缺少民意调查环节

正如文献综述部分所指出的那样，民意调查正在成为国内外中国国家形象研究的重要组成部分，从另一个传播媒介——民众意愿的视角考察国家形象，提高民众参与国际传播的融入程度，是对以平面媒体为主的现有研究成果的有效补充。对新加坡民众进行广泛的问卷调查与访谈，收集他们对于中国国家形象、当代中国文化符号的认知、喜好及看法等相关数据，将会在很大程度上扩展本研究的考察范围，促使反映民意的调查环节同反映国家意志的主流媒体研究形成相互支撑的态势，更大程度上保障国家形象建构研究的多维视角，保障现有研究结论的科学性与系统性。

2. 第二章缺乏对新闻报道议题的深入分析

本书第二章采用内容分析方法，针对报道议题和子议题进行统计，从中梳理新加坡主流媒体对各个议题的关注程度以及关注点，考察新加坡意识形态下的中国形象。现有研究存在分析过程不够深入的问题，尤其是针对主观态度的分析。张玉对日本大报涉华报道中各个议题进行了主观态度的统计。作者在各个议题下选取不同的考察指标，依据指标对报道进行量化统计。比如在政治议题下，作者采用"民主"和"在国际会议/活动中中国的角色及作用"等两个指标，对语料展开进一步地统计，深入考察中国国家政治形象。这些对主观态度的研究值得借鉴。[①]

3. 缺乏对话语体系进行量化分析的有效方法

本书在研究方法上留有些许的遗憾，主要体现在对话语体系的研究上。本书旨在从话语分析和话语体系两个维度进行国家形象的建构研究，而从实际操作来看，这两个维度的研究并非分量相当、齐头并进，后者发挥的作用只能说是对前者的补充，尽管是不可或缺的有效

---

① 张玉：《日本报纸中的中国形象：以〈朝日新闻〉和〈读卖新闻〉为例》，中国传媒大学出版社2012年版，第49—51页。

补充。造成这一情况的原因是目前尚未找到一个可对大量文本中的话语内容、话语策略等进行量化统计的可行性方案。本研究借助UAM软件对参与者成分的统计方法,尝试性地进行话语主体的量化研究,结果证明是可行且有效的。但是如何对话语内容和话语策略进行统计分析,目前仍然处于待解状态。因此,目前来看话语分析依然在国家形象的话语建构研究中扮演着主导角色。

(二) 研究建议

本研究以新加坡主流媒体——《海峡时报》涉华报道为研究样本,从经济、文化、社会、政治和科技等领域出发考察中国国家形象,涵盖中国的硬实力和软实力的多个方面,可谓是多视角、多维度的研究。今后若时间精力允许的话,或可在现有研究的基础之上,采用比较研究的方法,将中国主流媒体纳入考察范围中来,从比较的视角来看待新加坡与中国对"元""孔子学院""户口""中国共产党"和"神舟"等当代中国文化符号采取的立场与态度,以中国主流媒体传递出的中国话语为参照,通过跨国、跨文化的比较研究,发现中新双方话语体系的共同之处,以及各自的特殊性,做到有的放矢地塑造和传播中国国家形象。

附 录

《海峡时报》新闻报道数据来源

年份	日期	新闻标题	字数
2000	Oct. 29	Ever closer and closer	1418
2001	July 15	Aliens in their own land	1312
	July 31	Thais now prefer cheaper Chinese goods	451
	Aug. 4	Manufacturers find it hard to compete	435
	Aug. 4	Good News For China——Its cheap goods have shed "shoddy" image	506
	Sept. 1	Not bright? Then pay to go to school	633
	Dec. 7	Guangdong moves to attract skilled workers to cities	349
2002	Feb. 2	China worries about yuan as yen weakens	901
	Mar. 21	Class struggle joins Marx in the dustbin	688
	May 12	China plans first manned space flight next year	246
	Nov. 3	China set to finalise leadership changes	455
	Nov. 8	China awaits momentous changes at Congress	775
	Nov. 10	Delegates start picking China's leaders	501
	Nov. 11	China economy to grow by more than 8%	658
	Nov. 21	China's leadership change a positive step	620
	Dec. 2	GST hike: little hope for delay	1087

续表

年份	日期	新闻标题	字数
2003	Jan. 11	Bleak future awaits kids of migrant workers	572
	Feb. 15	Taiwan to benefit as China races to match US might	1008
	Mar. 15	Delegates lobby for migrant workers' right to vote	535
	Apr. 14	Migrant workers getting their due; Residency reforms enable them to get social and other benefits in cities	805
	July 5	China urged to let yuan rates go up	740
	Aug. 23	China will resist pressure to revalue the yuan-for now	1303
	Sept. 3	China stands its ground on yuan peg	605
	Sept. 4	Yuan: China likely to budge just an inch	616
	Sept. 27	China shrugs off US barbs	891
	Oct. 3	China bids for a place in exclusive space club	1241
	Oct. 8	China to send its first man into space	469
	Oct. 11	Training of "pace travellers" shrouded in secrecy	619
	Oct. 15	Will it be today? China silent on space mission	523
	Oct. 16	A nation of star-gazers bursting with quiet pride	598
	Oct. 16	Beijing, we have lift-off Euphoria as hero Yang Liwei calls earth and says: "I feel good"	608
	Oct. 17	Hu set to make overtures to Apec members at summit	552
	Oct. 18	Dragons in orbit: good or bad for space?	1420
	Oct. 18	WTO may steer clear of US–China yuan dispute	501
	Oct. 20	Hu rejects pressure to devalue yuan	719
	Oct. 21	Taiwan mute on China's space feat	644
	Nov. 1	Yuan peg will have to go-the question is when	624
	Nov. 19	Superpower dream behind China's heavy industry push	847
	Nov. 26	Bra war	925
2004	May 10	Asean nations finally in sync, thanks to China	1144
	Aug. 12	China to launch lunar orbital probe by 2007	564
	Nov. 28	Time-honoured partnership	859

续表

年份	日期	新闻标题	字数
2005	Jan. 23	Stability over growth	1796
	Apr. 30	Importers eye Chinese cars	311
	July 19	Flipside of low-cost threat from China	931
	July 21	NTU, China office to set up culture institute	350
	Oct. 10	Lift-off for China's quest to reach stars	1049
	Oct. 13	Blast-off for China's space ambitions	596
	Nov. 19	Bush to focus on trade during visit to China	1029
2006	Jan. 26	…but income growth for Chinese peasants falls	691
	Mar. 15	No more yuan revaluation again	618
	Mar. 25	Breaking the sound barrier	1510
	Mar. 30	US Bill threat put off after China's assurances	700
	June 16	Sowing the seeds of Chinese language in primary school	436
	Sept. 18	Revalued yuan won't help US, says China	699
	Nov. 12	The art of education, Beijing's attempts to increase its global influence through "soft power" is being hampered by lack of agreement on what constitutes Chinese culture and values	1068
	Dec. 9	China vows to boost imports to plug trade gap	518
	Dec. 15	China cold to US pressure to revalue yuan	727

续表

年份	日期	新闻标题	字数
2007	Jan. 13	Chinese classics as a tool of soft-power diplomacy	436
	Jan. 21	US presses China for details of missile test	687
	Feb. 5	China cleans house	730
	Mar. 24	The hard work of soft power	502
	Mar. 24	US general questions China's anti-satellite test	524
	May 25	Yuan issue: US lawmakers lean on China with tariff threat	455
	June 7	New record award for Chinese literature	413
	June 28	Chinese cities to house 870m people in 10 years	385
	Aug. 15	Cheap products from China attractive but not so reliable	97
	Aug. 16	Latest blow spurring China to clean up act	607
	Aug. 17	China vows to get tough over unsafe products, Beijing will inspect all food exports and "severely punish" errant manufacturers	561
	Aug. 22	First, food. Then toys. And now…clothes; NZ boy burnt after China-made pyjamas caught fire	398
	Sept. 14	Dealing with the economic tsunami that is China	732
	Sept. 30	Good Reserve to fall back on	478
	Oct. 2	Hu's grade in first-term report card: "very good"	731
	Oct. 3	Wen Jiabao, people's man	1172
	Oct. 24	China shoots for the moon	655
	Oct. 25	Asian space race heats up with launch of China's lunar probe	606
	Oct. 27	Putting a man on the moon still far away: China	578
	Nov. 8	China to launch space station by 2020	601
	Nov. 12	A clear-headed plan to protect the environment	978
	Nov. 15	Shanghai leader hopes for better links with S'pore	488
	Nov. 19	NIE to help teaching of Chinese to go global	496
	Nov. 24	China's next star turn	443
	Nov. 29	Shortage of canned pork after banned drug found	462
	Dec. 15	The politics of Beijing Olympics	1212

续表

年份	日期	新闻标题	字数
2008	Apr. 29	Adrift in a fast-flowing economy	1312
	June 13	Sounding out a better method	1032
	July 26	Projecting soft power, the Confucius way	1675
	Sept. 28	China's giant leap	528
2009	Apr. 10	There's more to what Confucius says	1067
	May 9	Unconventional'skit wins Chinese contest	211
	May 12	Reading too much into the stars?	939
	Sept. 4	The motivator & converter	669
	Sept. 6	Confucius Institute doubles enrolment	587
	Sept. 30	The dragon marks its peaceful rise	835
	Oct. 11	Big admirer of Admiral Zheng He	1123
	Dec. 27	Getting youth to be China-savvy	1149
2010	Jan. 4	A Chinese space odyssey	696
	Jan. 8	Let yuan rise by 10%, says China researcher	597
	Feb. 7	Confucius: China's ideal spokesman to the world	1051
	Feb. 24	When too much good is bad	1165
	Mar. 6	Graft could end CCP rule: Wen	562
	Mar. 7	China rebuffs pressure to free up yuan	452
	Mar. 15	China firmly rejects calls to revalue yuan	721
	Mar. 16	Rural population gains more voice	909
	Mar. 17	The Great Trap of China	973
	Mar. 18	Let yuan rise, say World Bank and IMF	488
	Mar. 27	Property ownership a priority	222
	Apr. 14	"Stand up and do a Google on China"	1248
	Apr. 20	China won't yield to overt pressure	648
	May 20	Best to let China revalue yuan gradually	705
	May 25	Yuan still an issue at US-China talks, Washington treads softly as Hu stands firm on currency policy	629
	June 9	Days of cheap labour numbered	957

续表

年份	日期	新闻标题	字数
2010	June 24	MM Lee to talk about learning the Chinese language	299
	June 25	Spotlight still on the yuan at G-20	589
	July 3	Soft power: S'pore has what it takes	943
	July 12	Cultural centres "not about power"	1513
	Sept. 10	Residents won't open up to census officials	649
	Sept. 11	Hukou reform still rather binding	1083
	Sept. 22	Wider Scope for panda diplomacy	1525
	Sept. 25	US pressures China to let yuan rise	727
	Oct. 8	Mandarin lessons in Indian schools	598
2011	Feb. 5	Tuan bai	1079
	Feb. 12	China's image: softly softly does it	442
	Mar. 12	Chinese route to new job openings	612
	Mar. 16	China "ant tribe" may sow seeds of unrest	1497
	May 28	China: Reaching out with spread of Confucius Institutes	755
	May 28	US: Growing interest in China and its language	736
	May 28	Indonesia: More taking lessons, for pragmatic reasons	692
	July 9	The upside to wage hikes in China	696
	July 16	Tasked to groom a generation of bicultural Singaporeans	672
	Aug. 17	From "Made in China" to "Invented in China"	962
	Sept. 10	Plight of the RAT PACK	1417
	Oct. 22	Beijing eases housing rules for migrants	538
	Oct. 30	$189 for a $1,000 dress? Copy that	1308
	Nov. 4	China pulls off space "hook-up"	534

续表

年份	日期	新闻标题	字数
2012	Feb. 4	Satellites in space, friends on Earth	934
	May 21	Militarisation of China's space programme	938
	Aug. 15	No hint of when CCP congress will be	497
	Aug. 18	Made in China, by foreign workers	663
	Sept. 5	Leaders hail close ties, high points	549
	Sept. 8	Power that speaks softly, From panda loans to pop culture, countries compete to project soft power	943
	Oct. 3	Wen Jiabao, people's man	1172
	Nov. 1	S'pore is "only one bonsai that China looks at"	404
	Nov. 10	Singapore's foresight in forging early friendships	1340
	Nov. 12	Farm boy Xi and the Jilin food zone	632
	Dec. 24	The ABC of China politics in 2012	1533
2013	Feb. 13	Joy and anger over lifting of exam curbs	1053
	Apr. 8	Commodity prices may prove a party-pooper for stocks	749
	Oct. 3	Xi proposes bank to invest in Asean infrastructure	505
	Nov. 11	Hopes raised for reforms in China	467
	Dec. 16	Mainland parents of HK-born kids in a bind	900
	Dec. 17	China pushes to urbanise smaller cities	723
	Dec. 30	New head for Confucius Institute	427
2014	Jan. 31	Bringing production back home	774
	Feb. 8	Getting more in Singapore to learn Chinese	410
	Feb. 9	More kids in US learning Chinese: As China's economy grows, US parents realise benefits of learning the language	736
	Feb. 9	Indians seeing importance of learning Chinese	815
	Mar. 19	China "taking gigantic step" with 100-million goals	890
	Mar. 25	China faces crucial urban test	455
	Mar. 26	MH370 tragedy a tough test for China	1069
	Apr. 12	Moscow fails in attempt to project soft power overseas	827
	July 2	China showing signs of easing property curbs	683
	Aug. 4	China's challenges in tackling urbanisation woes	1303
	Dec. 6	Confucius Institutes "a bridge"	171

续表

年份	日期	新闻标题	字数
2015	May 15	Fake goods peddler jailed 9 months	336
	May 24	Red tape has some Chinese seeing red	740
	July 29	Books launched to foster stronger community ties	411
	Oct. 26	Obama's "learn Chinese drive" on road to reality	643
2016	Jan. 8	China lifts safety catch on market amid turmoil	516
	Jan. 9	China's economy 2016: How "scary" is its sustained slowdown	1507
	Mar. 25	Boao Forum: China will be responsible economic power, says Li Keqiang	461
	Mar. 27	Shanghai's allure fading for migrants	1048
	Oct. 18	China sends astronauts on longest space mission	588
	Nov. 1	China in space: Tortoise or dragon	1178
	Nov. 1	How China is fast narrowing the technology gap with the West	1404
2017	Jan. 9	Why the rebounding yuan is boosting regional markets	1042
	May 30	The key to understanding Singapore-China ties lies at the banquet table	1562
	June 4	Singapore's warm ties with China and US	349
	Aug. 23	No judging	485
	Aug. 28	Why a NY firm invented the name Haagen-Dazs for its ice cream	1488
	Sept. 23	The way forward for Singapore-China relationship	666
	Oct. 13	No let-up in Xi Jinping's hunt for "tigers, flies and spiders"	946
	Oct. 16	No freebies or prawns at China's party congress	594
	Oct. 17	Many ordinary folk praise Xi's policies	488
	Oct. 19	Xi's epoch begins but his theory falls short of innovation	765
	Oct. 19	Xi's pledge: Govt will do more to improve people's lives	529
	Oct. 21	Weighing up China's foreign policy under Xi	1680
	Oct. 22	19th party congress: China urges overseas citizens to respect host nations' laws	602
	Oct. 26	Uniquely Chinese system underpinned China's success	381
2018	Jan. 4	A local flavour for pre-school Chinese lessons	595

参考文献

一 中文著作

毕世鸿：《新加坡概论》，世界图书出版公司2012年版。

毕世鸿：《新加坡》，社会科学文献出版社2016年版。

别红暄：《城乡公平视域下的当代中国户籍制度研究》，中国社会科学出版社2013年版。

陈惇、孙景尧：《比较文学》，高等教育出版社2007年版。

陈曙光：《中国话语：说什么？怎么说？》，湖北人民出版社2017年版。

陈晔、陈增祥：《国家旅游形象：战略研究与中国实践》，中国旅游出版社2015年版。

陈颖健：《中国制造威胁谁了？》，北京理工大学出版社2004年版。

陈岳、陈翠华：《李光耀：新加坡的奠基人》，时事出版社1990年版。

曹顺庆：《比较文学论》，四川教育出版社2002年版。

曹顺庆：《比较文学学》，四川大学出版社2005年版。

董青、洪艳：《体育符号：体育传播与国家形象建构》，原子能出版社2017年版。

范红：《国家形象研究》，清华大学出版社2015年版。

范红、胡钰：《国家形象多维塑造》，清华大学出版社2017年版。

高低、肖万春：《中美货币战争纪实》，中央编译出版社2009年版。

［美］格雷厄姆·艾利森、罗伯特·布莱克威尔：《李光耀论中国与世界》，中信出版社2013年版。

关世杰：《中华文化国际影响力调查研究》，北京大学出版社 2016 年版。

管文虎：《国家形象论》，电子科技大学出版社 2000 年版。

哈嘉莹：《汉语国际传播与中国国家形象构建》，对外经济贸易大学出版社 2013 年版。

［美］哈罗德·伊萨克斯：《美国的中国形象》，陆日宇译，时事出版社 1999 年版。

韩存新、樊斌：《英汉语义韵探索：理论、方法与实践》，厦门大学出版社 2015 年版。

何英：《美国媒体与中国形象 1995—2005》，南方日报出版社 2005 年版。

黑玉琴：《跨学科视角的话语分析研究》，北京大学出版社 2013 年版。

胡晓明：《国家形象》，人民出版社 2011 年版。

胡欣：《新闻写作学》，武汉大学出版社 2012 年版。

胡壮麟、方炎：《功能语言学在中国的发展》，清华大学出版社 1997 年版。

胡壮麟、朱永生：《系统功能语言学概论》，北京大学出版社 2005 年版。

黄兆银、王峰：《全球竞争中的"中国制造"》，武汉大学出版社 2006 年版。

暨南大学舆情与社会管理研究中心：《中国形象全球调查·伦敦卷》，暨南大学出版社 2014 年版。

暨南大学舆情与社会管理研究中心：《中国形象全球调查·拉萨卷》，暨南大学出版社 2014 年版。

暨南大学舆情与社会管理研究中心：《中国形象全球调查·约翰内斯堡卷》，暨南大学出版社 2015 年版。

暨南大学舆情与社会管理研究中心：《中国形象全球调查·圣保罗卷》，暨南大学出版社 2016 年版。

暨南大学舆情与社会管理研究中心：《中国形象全球调查·多伦多

卷》，暨南大学出版社 2016 年版。

姜智芹：《当东方与西方相遇——比较文学专题研究》，齐鲁书社 2008 年版。

姜智芹：《美国的中国形象》，人民出版社 2010 年版。

姜智芹：《西镜东像——姜智芹教授讲中西文学形象学》，中央编译出版社 2014 年版。

焦妹：《中国国家形象传播研究》，企业管理出版社 2015 年版。

兰登书屋辞书编辑室：《兰登书屋韦氏大学英语词典》，商务印书馆国际有限公司 2016 年版。

［英］雷蒙·道森：《中国变色龙》，常绍民、明毅译，时事出版社 1999 年版。

黎相宜：《新海丝路上的新加坡与中国》，世界知识出版社 2017 年版。

［新］李光耀：《李光耀回忆录 1965—2000》，新加坡联合早报出版社 2000 年版。

［新］李光耀：《李光耀回忆录：我一生的挑战，新加坡双语之路》，译林出版社 2013 年版。

李希光：《妖魔化中国的背后》，中国社会科学出版社 1996 年版。

李悦娥、范宏雅：《话语分析》，上海外语教育出版社 2002 年版。

李振京：《我国户籍制度改革问题研究》，山东人民出版社 2014 年版。

李正国：《国家形象构建》，中国传媒大学出版社 2006 年版。

刘程、安然：《孔子学院传播研究》，中国社会科学出版社 2012 年版。

刘继南、何辉：《镜像中国——世界主流媒体中的中国形象》，中国传媒大学出版社 2006 年版。

刘立华：《〈纽约时报〉对华舆论研究——话语分析视角》，九州出版社 2013 年版。

刘明华：《新闻写作教程》，中国人民大学出版社 2002 年版。

刘小彪：《"唱衰"中国的背后：从"威胁论"到"崩溃论"》，中国社会科学出版社 2002 年版。

刘小燕：《中国政府形象传播》，山西人民出版社 2005 年版。

龙永枢、杨伟光：《领导者媒介形象设计》，社会科学文献出版社1997年版。

［美］罗伯特·杰维斯：《国际政治中的知觉与错误知觉》，秦亚青译，世界知识出版社2003年版。

吕尚彬、兰霞：《中国城市形象定位与传播策略实战解析——策划大武汉》，红旗出版社2012年版。

［法］马里奥斯·法朗索瓦·基亚：《比较文学》，颜保译，北京大学出版社1983年版。

［瑞］麦蒂森、［英］韩礼德：《系统功能语法：理论之初探》，黄国文、王红阳译，高等教育出版社2009年版。

孟华主编：《比较文学形象学》，北京大学出版社2001年版。

蒙象飞：《中国国家形象与文化符号传播》，五洲传播出版社2016年版。

［法］米歇尔·福柯：《权力的眼睛：福柯访谈录》，严锋译，上海人民出版社1997年版。

［法］米歇尔·福柯：《知识考古学》，谢强、马月译，生活·读书·新知三联书店2003年版。

潘霁：《文化框架：美国主流媒体中的"中国制造"》，复旦大学出版社2018年版。

［美］乔舒亚·库珀·雷默：《中国形象——外国学者眼中的中国》，沈晓雷等译，社会科学文献出版社2008年版。

［美］乔治·拉考夫、马克·约翰逊：《我们赖以生存的隐喻》，何文忠译，浙江大学出版社2015年版。

［美］萨拉·邦焦尔尼：《离开中国制造的一年》，闫佳译，机械工业出版社2008年版。

施旭：《什么是话语研究》，上海外语教育出版社2017年版。

十八大报告文件起草组：《十八大报告辅导读本》，人民出版社2012年版。

十九大报告文件起草组：《党的十九大报告辅导读本》，人民出版社

2017年版。

十六大报告文件起草组：《十六大报告辅导读本》，人民出版社2002年版。

十七大报告文件起草组：《十七大报告辅导读本》，人民出版社2007年版。

［美］史景迁：《大汗之国：西方眼中的中国》，广西师范大学出版社2013年版。

束定芳：《隐喻学研究》，上海外语教育出版社2000年版。

宋颖：《美国国际形象建构》，世界知识出版社2012年版。

孙有中：《解码中国形象——纽约时报和泰晤士报中国报道比较（1993—2002）》，世界知识出版社2009年版。

唐钧：《政府形象与民意思维——社会稳定风险评估和新形势下群众工作2010—2011》，中国传媒大学出版社2011年版。

唐丽萍：《美国大报之中中国形象的语料库语言学方法辅助下的批评话语分析》，高等教育出版社2016年版。

外经贸部国际经贸研究院跨国公司研究中心：《2001跨国公司在中国投资报告》，中国经济出版社2001年版。

万晓红：《奥运传播与国家形象建构——以柏林奥运会、东京奥运会和北京奥运会为例》，华中科技大学出版社2014年版。

王华：《民族影像与国家形象塑造——中国少数民族题材纪录片研究（1979—）》，复旦大学出版社2018年版。

吴家荣：《比较文学新编》，安徽教育出版社2004年版。

［美］西蒙·安浩：《铸造国家、城市和地区的品牌：竞争优势识别系统》，葛岩、卢嘉杰译，上海交通大学出版社2010年版。

辛斌、李曙光：《汉英报纸新闻语篇互文性研究》，外语教学与研究出版社2010年版。

徐庆超：《崛起之困：后冷战时期的中国国家形象与公共外交》，新华出版社2015年版。

徐蓉：《核心价值与国家形象建设》，复旦大学出版社2013年版。

［美］亚历山大·温特：《国际政治的社会理论》，秦亚青译，上海人民出版社 2000 年版。

杨乃乔：《比较文学概论》，北京大学出版社 2014 年版。

于运全主编：《中国共产党国际形象研究》，外文出版社 2014 年版。

乐黛云、张辉主编：《文化传递与文学形象》，北京大学出版社 1999 年版。

［美］约瑟夫·奈：《软实力》，马娟娟译，中信出版社 2013 年版。

张冬梅：《中国企业形象策划》，青岛海洋大学出版社 1997 年版。

张桂珍：《中国对外传播》，中国传媒大学出版社 2006 年版。

张昆：《国家形象传播》，复旦大学出版社 2005 年版。

张昆：《跨文化传播与国家形象建构》，武汉大学出版社 2015 年版。

张昆：《中国国家形象传播报告 2016》，社会科学文献出版社 2017 年版。

张昆、张明新：《中国国家形象传播报告（2017—2018）》，社会科学文献出版社 2018 年版。

张旭东：《东南亚的中国形象》，人民出版社 2010 年版。

张玉：《日本报纸中的中国形象：以〈朝日新闻〉和〈读卖新闻〉为例》，中国传媒大学出版社 2012 年版。

张志彪：《比较文学形象学理论与实践——以中国文学中的日本形象为例》，民族出版社 2007 年版。

赵勒秋、郝晓鸣：《新加坡大众传媒研究》，中国传媒大学出版社 2012 年版。

《中国共产党章程》，人民出版社 2017 年版。

中国外文局当代中国与世界研究院：《中国话语海外认知度调研报告》，2018 年。

周宁：《天朝遥远：西方的中国形象研究》，北京大学出版社 2006 年版。

周宁：《跨文化研究：以中国形象为方法》，商务印书馆 2011 年版。

二 期刊论文

白丽梅：《UAM Corpus Tool 在英语新闻评论语篇分析中的应用——以〈卫报〉中的新闻评论为例》，《洛阳师范学院学报》2014 年第 8 期。

陈刚华：《从文化传播角度看孔子学院的意义》，《学术论坛》2008 年第 7 期。

陈杰、绽庋燕：《阿拉伯媒体中的中国形象分析》，《阿拉伯世界研究》2011 年第 5 期。

陈汝东：《论话语研究的现状与趋势》，《浙江大学学报》（人文社会科学版）2008 年第 6 期。

陈汝东：《论国家话语体系的建构》，《江淮论坛》2015 年第 2 期。

陈新仁：《国外词汇语用学研究述评》，《外语研究》2005 年第 5 期。

［法］达尼埃尔·亨利·巴柔：《比较文学意义上的形象学》，孟华译，《中国比较文学》1998 年第 4 期。

戴明：《海外华文和英文媒体的中国报道——基于新加坡〈联合早报〉网站和 The Strait Times（〈海峡时报〉）网站的比较分析》，《东南亚纵横》2018 年第 2 期。

当代中国与世界研究院课题组：《2016—2017 年中国国家形象全球调查分析报告》，《对外传播》2018 年第 2 期。

樊荣、彭爽：《汉语国际推广中的"文化融合"问题——以新加坡华文教育政策为例》，《东北师范大学学报》（哲学社会科学版）2009 年第 5 期。

范晓玲：《哈萨克斯坦主流网络媒体中的中国形象——以网络版〈哈萨克斯坦快报〉和〈哈萨克斯坦真理报〉为研究对象》，《新疆社科论坛》（汉文版）2016 年第 5 期。

关世杰：《五年间美国民众对中国文化符号喜爱度大幅提升——中华文化国际影响力问卷调查之一》，《对外传播》2018 年第 2 期。

候建波：《从话语分析角度看人民币汇率报道中的形象构建》，《当代外语研究》2012 年第 3 期。

胡江：《意义单位与批评话语分析——基于语料库的西方媒体涉华军事报道意识形态分析》，《解放军外国语学院学报》2016年第5期。

黄惠萍：《媒介框架之预设判准效应与阅听人的政策评估——以核四案为例》，中国台湾，《新闻学研究》2003年第77期。

黄敏：《货币战争中的中国形象——〈纽约时报〉有关人民币汇率议题报道的框架分析》，《华东师范大学学报》（哲学社会科学报）2010年第6期。

黄朝翰：《中新关系前景：新加坡面临的新挑战》，《河南师范大学学报》（哲学社会科学版）2014年第1期。

纪玉华、吴建平：《语义韵研究：对象、方法及应用》，《厦门大学学报（哲学社会科学版）》2000年第3期。

贾中山、朱婉君：《西班牙媒体三大报纸上的中国国家形象分析——以"十八大"期间涉华报道为例》，《现代传媒》（中国传媒大学学报）2013年第4期。

姜加林：《世界视角下的中国道路》，《求是》2013年第11期。

李本乾：《描述传播内容特征 检验传播研究假设——内容分析法简介（下）》，《当代传播》2000年第1期。

李茂君、农玉红：《经济新闻中"经济是战争"概念隐喻研究——基于认知基础和认知机制分析视角》，《桂林航天工业学院学报》2014年第4期。

李秋杨：《"中国制造"国际形象传播的文化话语研究》，《当代中国话语研究》2014年第1期。

李玮、熊悠竹：《中华文化符号更受俄罗斯精英群体喜爱——中华文化国际影响力问卷调查之三》，《对外传播》2018年第4期。

李琰、马静：《塔吉克斯坦〈亚洲之声〉传播的中国形象》，《新疆师范大学学报（哲学社会科学版）》2014年第3期。

梁冬梅：《"战争"概念隐喻在经贸用语中的应用》，《现代商业》2014年第12期。

刘智利：《国外知名媒体的中国形象探析——以半岛电视台英文频道

为例》，《理论与改革》2016年第6期。

孟昕：《英汉经济文本中战争隐喻的语义及认知分析》，《枣庄学院学报》2013年第4期。

彭宣维、杨晓军：《汉英对应评价意义语料库》，《外语电化教学》2012年第5期。

钱敏汝：《戴伊克的话语宏观结构论（上）》，《当代语言学》1988年第2期。

钱敏汝：《戴伊克的话语宏观结构论（下）》，《当代语言学》1988年第3期。

钱毓芳：《英国〈太阳报〉关于恐怖主义话语的主题词分析》，《浙江传媒学院学报》2010年第4期。

权玹廷：《伊斯兰文化影响沙特人对不同文化符号的喜爱度——中华文化国际影响力问卷调查之二》，《对外传播》2018年第3期。

冉永平：《词汇语用学及语用充实》，《外语教学与研究》2005年第5期。

任学宾：《信息传播中内容分析的三种抽样方法》，《图书情报知识》1999年第3期。

沈影、吴刚：《俄罗斯区域媒体中的中国形象——以〈州报〉、〈实业界〉、〈乌拉尔政治网〉报道为例》，《俄罗斯东欧中亚研究》2013年第1期。

施旭：《当代中国话语的中国理论》，《福建师范大学学报》（哲学社会科学版）2013年第5期。

施旭、谢秀婷：《探索中国国家安全话语体系》，《浙江传媒学院学报》2018年第3期。

苏格：《2017年国际形势与中国外交：乱中有变，变中有治》，《当代世界》2018年第1期。

孙有中：《国家形象的内涵及其功能》，《国际论坛》2002年第3期。

唐丽萍、马月秋：《"中国崛起"在美国大报中的话语建构——一项语料库语言学方法辅助下的批评话语分析》，《燕山大学学报》（哲学社会科学版）2013 年第 4 期。

田海龙：《话语研究的语言学范式：从批评话语分析到批评话语研究》，《山东外语教学》2016 年第 6 期。

王琳、孙志祥：《〈纽约时报〉涉华新闻报道的意识形态倾向分析——从名物化视角》，《长沙理工大学学报》（社会科学版）2011 年第 3 期。

王秀丽：《日本民众最爱中餐、茶和大熊猫——中华文化国际影响力问卷调查之四》，《对外传播》2018 年第 5 期。

王昇虹：《中国饮食、长城、医药在德国的认知度和喜爱度名列前三——中华文化国际影响力问卷调查之五》，《对外传播》2018 年第 6 期。

卫乃兴：《语料库数据驱动的专业文本语义韵研究》，《现代外语》2002 年第 2 期。

卫乃兴：《语义韵研究的一般方法》，《外语教学与研究》2002 年第 4 期。

卫乃兴：《语料库语言学的方法论及相关理论》，《外语研究》2009 年第 5 期。

魏炜：《蒋经国主政时期的台新关系：缘起、实质及影响》，《赣南师范学院学报》2006 年第 5 期。

夏婵：《涉及中美汇率问题的中英新闻报道中战争概念隐喻对比研究》，《经济研究导刊》2011 年第 17 期。

辛斌：《〈中国日报〉和〈纽约时报〉中转述方式和消息来源的比较分析》，《外语与外语教学》2006 年第 3 期。

邢永川、许荣华：《新加坡〈海峡时报〉关于中国报道的分析》，《东南亚纵横》2012 年第 2 期。

徐滇庆：《"汇率操纵国"悖论》，《开放时代》2010 年第 8 期。

徐赳赳：《vanDijk 的话语观》，《外语教学与研究》（外国语文双月刊）2005 年第 5 期。

徐琳瑶、向明友：《语义韵对新闻态度的操控研究》，《山东外语教学》

2017年第1期。

徐小鸽:《国际新闻传播中的国家形象问题》,《新闻与传播研究》1996年第2期。

杨鲜兰:《构建当代中国话语体系的难点与对策》,《马克思主义研究》2015年第2期。

杨洋、董方峰:《当代中国媒体话语中的战争隐喻现象研究》,《外国语文研究》2017年第2期。

杨越明、藤依舒:《国外民众对中国文化符号的认知与印象研究——〈2017外国人对中国文化认知调研〉系列报告之一》,《对外传播》2018年第8期。

姚婷:《泰国主流媒体"湄公河事件"报道中的中国形象》,《广西民族师范学院学报》2013年第6期。

易宪容:《8·11人民币"新汇改"的走势》,《探索与争鸣》2016年第1期。

尹承德:《和平发展劲风吹——试以十七大精神审视2007年国际形势》,《领导科学》2008年第1期。

游国龙:《近五年印度受访者对中国文化符号喜爱度大幅攀升——中华文化国际影响力问卷调查之六》,《对外传播》2018年第7期。

于运全、翟慧霞:《"一带一路"沿线国家中国观调查分析报告》,《对外传播》2019年第3期。

翟慧霞:《通过国际民调提升国际舆论话语权的探索与建议》,《国际传播》2017年第5期。

翟慧霞、黄传斌:《2016年度中国企业海外形象调查分析报告》,《对外传播》2016年第11期。

张洪忠:《大众传播学的议程设置理论与框架理论关系探讨》,《西南民族学院学报》(哲学社会科学版)2001年第10期。

张昆、陈雅莉:《东盟英文报章在地缘政治报道中的中国形象建构——以〈海峡时报〉和〈雅加达邮报〉报道南海争端为例》,《新闻大学》2014年第2期。

张振军：《关于中国航天新型智库建设的若干思考（上）》，《中国航天》2016 年第 3 期。

赵永刚：《评价理论视阈下中国形象在〈时代〉中的演变》，《北京科技大学学报》（社会科学版）2017 年第 5 期。

支庭荣：《国家形象传播——一个新课题的凸现》，《中国广播电视学刊》1996 年第 7 期。

中国外文局对外传播研究中心课题组：《中国国家形象全球调查报告 2013》，《对外传播》2014 年第 1 期。

中国外文局对外传播研究中心课题组：《中国国家形象全球调查报告 2014》，《对外传播》2015 年第 3 期。

中国外文局对外传播研究中心课题组：《2015 年度中国国家形象全球调查分析报告》，《对外传播》2016 年第 9 期。

朱宇、王芷：《中国航天——从航天大国走向航天强国》，《科技导报》2007 年第 23 期。

邹菲：《内容分析法的理论与实践研究》，《评价与管理》2006 年第 4 期。

三　学位论文及其他

《孔子学院章程》，孔子学院总部/国家汉办（www. hanban. org/confuciousinstitutes/node_ 7537. htm）。

李彬：《技术湃美国对华出口的政治壁垒有多高?》，澎湃新闻（www. thepaper. cn/newsDetail_ forward_ 1656276. ）。

《中华人民共和国户口登记条例》，中国人大网（www. npc. gov. cn/wxzl/gongbao/2000 - 12/10/content_ 5004332. htm）。

唐斌：《〈人民日报〉中（1987—2007）农民工的话语再现》，博士学位论文，上海外国语大学，2010 年。

王晓飞：《新加坡大国平衡外交研究（1965—2014）——基于现实主义均势理论的视角》，博士学位论文，云南大学，2015 年。

佚名：《新加坡因地制宜使孔子学院发展迅速》，中国侨网（www. chinaqw. com. 2008. 01. 02），转自［新］《联合早报》。

《流动儿童少年就学暂行办法》，中华人民共和国教育部政府门户网站（www. moe. gov. cn/s78/A02/zfs＿＿left/s5911/moe＿621/201001/t20100129＿3192. html.）。

《〈2011 中国的航天〉白皮书》，中华人民共和国中央人民政府门户网站（www. gov. cn/gzdt/2011 - 12/29/content＿2033030. htm.）。

《〈2016 中国的航天〉白皮书》，中华人民共和国中央人民政府门户网站（www. gov. cn/xinwen/2016 - 12/27/content＿5153378. htm.）。

《关于加快发展公共租赁住房的指导意见》，中华人民共和国中央人民政府门户网站（www. gov. cn/gzdt/2010 - 06/13/content＿1627138. htm.）。

《关于坚决遏制部分城市房价过快上涨的通知》，中华人民共和国中央人民政府门户网站（www. gov. cn/zhuanti/2015 - 06/13/content＿2878981. htm.）。

周宏刚：《印度英文主流报纸的中国形象研究》，博士学位论文，华中科技大学，2013 年。

四 英文著作及论文

Alexander Liss, "Images of China in the American Print Media: a Survey from 2000 to 2002", *Journal of Contemporary China*, Vol. 12, No. 35, 2003.

Alexander Wendt, *Social Theory of International Politics*, Cambridge: Cambridge University Press, 1999.

Allan Bell, *The Language of News Media*, Oxford: Blackwell, 1991.

Alpo Rusi, "Image Research and Image Politics in International Relations-transformation of Power Politics in the Television Age", *Cooperation and Conflict*, Vol. 23, No. 1, 1988.

Bernald Berelson, *Content Analysis in Communication Research*, New York: Free Press, 1952.

Chin-Chuan Lee, "Established Pluralism: US Elite Media Discourse about China Policy", *Journalism Studies*, Vol. 3, No. 3, 2002.

Christine C. M. Leung and Huang Yu, "The Paradox of Journalistic Representation of the Other: the Case of SARS Coverage on China and Vietnam by Western-led English-language Media in Five Countries", *Journalism*, Vol. 8, No. 6, 2007.

Colin Mackerras, *Western Image of China*, Beijing: China Renmin University Press, 2013.

Dell Hymes, *Foundations in Sociolinguistics: An Ethnographic Approach*, Philadelphia: University of Pennsylvania Press, 1974.

Edward Said, *Orientalism*, New York: Vintage Books, 1979.

Erving Goffman, *Frame Analysis: An Essay on the Organization of Experience*, Boston: Northeastern University Press, 1986.

Geoff Thompson, *Introducing Functional Grammar*, Beijing: Foreign Language Teaching and Research Press, 2008.

Gillian Brown and George Yule, *Discourse Analysis*, Cambridge: Cambridge University Press, 1983.

Harvey Sacks, *Lectures on Conversation* (Vols 1-2), Wiley: Blackwell Publishing, 1995.

James R. Martin and David Rose, *Working with Discourse: Meaning Beyond the Clause*, Beijing: Beijing University Press, 2007.

James R. Martin and Peter R. R. White, *The Language of Evaluation: Appraisal in English*, Beijing: Foreign Language Teaching and Research Press, 2008.

John Sinclair, *Corpus, Concordance, Collocation*, Oxford: Oxford University Press, 1991.

John Sinclair, *Reading Concordances*, London: Pearson Education Limited, 2003.

Joseph S. Nye, *The Future of Power*, New York: Public Affairs, 2011.

Kebbeth E. Boulding, "National Images and International Systems", *Journal of Conflict Resolution*, Vol. 3, No. 2, 1959.

Klaus B. Jensen, *A Handbook of Media and Communication Research*, London: Routledge, 2002.

Marcel A. Just and Patricia A. Carpenter, eds., *Cognitive Processes in Comprehension.* Hillsdale, New Jersey: Lawrence Erlbaum Associates, 1977.

Michael A. K. Halliday, *Language as Social Semiotic: The Social Interpretation of Language and Meaning*, Beijing: Foreign Language Teaching and Research Press, 2001.

Michael A. K. Halliday, *An Introduction to Functional Gramma*, Beijing: Foreign Language Teaching and Research Press, 2008.

Michael L. Geis, *The Language of Politics*, New York: Springer-Verlag, 1987.

Michael Stubbs, *Discourse Analysis: The Sociolinguistic Analysis of National Language*, Oxford: Basil Blackwell, 1983.

Michael Stubbs, *Text and Corpus Analysis*, Oxford: Blackwell Publishers, 1996.

Michele G. Alexander, Shana Levin and P. J. Henry, "Image Theory, Social Identity, and Social Dominance: Structural Characteristics and Individual Motives Underlying International Images", *Political Psychology*, Vol. 26, No. 1, 2005.

Mona Baker, Gill Francis and Elena Tognini-Bonelli, eds., *Text and Technology: in Honour of John Sinclair.* Amsterdam: John Benjamins, 1993.

Monika Bednarek, *Evaluation in Media Discourse: Analysis of A Newspaper Corpus*, New York: Continuum, 2006.

Norman Fairclough, *Critical Discourse Analysis: The Critical Study of Language*, London: Longman, 1995.

Norman Fairclough, *Analyzing Discourse: Textual Analysis for Social Research*, London: Routledge, 2003.

Ole R. Holsti, "The Belief System and National Images: A Case Study", *Journal of Conflict Resolution*, Vol. 6, No. 3, 1962.

Paul Baker, *Using Corpora in Discourse Analysis*, London: Continuum, 2006.

Paul Baker, *Using Corpora to Analyze Gender*, London: Bloomsbury, 2014.

Paul J. Gee, *An Introduction to Discourse Analysis: Theory and Method*, Beijing: Foreign Language Teaching and Research Press, 2000.

Qing Cao, "Modernity and Media Portrayals of China", *Journal of Asian Pacific Communication*, Vol. 22, No. 1, 2012.

Robert Young ed., *Untying the Text: A Post-structuralist Reader*, London: Routledge & Kegan Paul, 1982.

Roger D. Wimmer and Joseph R. Dominick, *Mass Media Research: An Introduction*, Boston: Wadsworth, 2010.

Roger Fowler, *Language in the News*, London: Routledge, 1991.

Ruth Wodak and Michael Meyer, eds., *Methods of Critical Discourse Analysis*, London: Sage, 2015.

Teun A. van Dijk, *News as Discourse*, Hillsdale, New Jersey: Lawrence Erlbaum Press, 1988.

Thomas Laszlo Dorogi, *Tainted Perceptions: Liberal-Democracy and American Popular Images of China*, Lanham: University Press of America, 2001.

后　　记

　　我对国家形象的关注始于 2014 年，当时中国国家形象研究已经伴随中国实力的大幅提升，成为国家战略的一个重要组成部分。包括新闻传播学、国际关系学、政治学、文学、语言学和心理学等多个社会科学领域的学者纷纷投身于该领域，一时之间汇聚成为国家形象研究的热潮，得到了超乎寻常的关注。据笔者不完全统计，自 2012 年以来国家社科基金立项的项目当中，有不少于 50 个有关中国形象的课题；迄今为止出版的各类专著和编著多达 100 余部，公开发表的学术论文超过 1500 篇，可谓壮观。经过认真扎实地文献梳理和反复论证，我选择了新加坡主流媒体作为切入点，以小见大地去探讨国家形象研究的理论范畴。

　　本书的顺利完成，与我的导师王晋军教授的指导分不开。王教授治学严谨、见解独到，是话语研究领域的专家。从选题、框架设计到具体写作，王教授均悉心指导，她严谨的科研态度和锲而不舍的探索精神为我提供了前进的动力。在此，特向恩师表示深深的敬意和谢意。

　　本书的顺利完成，与杭州师范大学施旭教授，厦门大学杨信彰教授，云南民族大学李强教授，云南师范大学冯智文教授、彭庆华教授、李昌银教授、胡德映教授，昆明理工大学王庆奖教授以及中南财经政法大学王革教授的指导分不开。他们对本书的写作提出了许多宝贵的意见和建议，使我深受启发！在此，仅以最真诚的敬意，向各位专家老师道一声感谢！同时，云南大学外国语学院英语专业研究生谢如月、黄素丹和郑露露等在数据处理和资料收集方面都为本书做出了贡献，此外，中国社会科学出版社的张林编辑为本书做了大量工作，在此一并表示谢意。

由于本人学识尚浅，书中难免会出现纰漏与不妥之处，敬请各位专家、同行批评指正！

刘笑元

2021年4月于昆明